航海数学

梁忠先　曹　媛　主　编
侯顺利　翟维红　副主编

南开大学出版社
天　津

图书在版编目(CIP)数据

航海数学/梁忠先，曹援主编. —天津：南开大学出版社，2019.8(2025.7 重印)
ISBN 978-7-310-05860-0

Ⅰ.①航… Ⅱ.①梁…②曹… Ⅲ.①航海学—应用数学—高等职业教育—教材 Ⅳ.①U675.11

中国版本图书馆 CIP 数据核字(2019)第 174749 号

航海数学
HANGHAI SHUXUE

南开大学出版社出版发行
出版人：王　康
地址：天津市南开区卫津路 94 号　邮政编码：300071
营销部电话：(022)23508339　营销部传真：(022)23508542
https://nkup.nankai.edu.cn

天津午阳印刷股份有限公司印刷　全国各地新华书店经销
2019 年 8 月第 1 版　2025 年 7 月第 4 次印刷
185×260 毫米　16 开本　13 印张　308 千字
定价：36.00 元

如遇图书印装质量问题，请与本社营销部联系调换，电话：(022)23508339

前　言

在人类历史发展的长河中，航海的起源早已湮没在历史的迷雾之中。但是我们能推测的是。正是人们对食物的需求，促使我们的祖先涉足江河湖海，寻找可食用的植物和动物。而且，随着人类对海洋的认识和开发的不断深入。海洋对人类文明的影响越来越深远。作为开发海洋的重要一环。航海开辟了全球贸易往来。文化传播和人类迁徙的新途径，有力促进了人类文明和科学技术的发展和进步。如在造船材料方面，从最初的芦苇，到木材、金属材料。再到目前的复合材料，无不显示人类在材料科学与技术研究方面的巨大成就；在动力驱动方面。从最初的浆撸、风帆，到蒸汽机，内燃机，再到现在的核能驱动，无不显示出人类在能源技术及动力工程方面的不断进步；在导航技术方面，天体气象观察，到指南针的出现，再到目前GPS的广泛使用，无不显示出人类对通信导航技术的不懈探索。而支撑这些技术进步的背后，一个一以贯之的学科就是数学。毫不夸张地说，没有数学，特别是航海数学的支撑，现代航海便无从谈起。

进入21世纪，随着我国经济社会的快速发展。党中央、国务院高度重视海洋产业发展，党的十九大报告提出："坚持陆海统筹，加快建设海洋强国。"建设海洋强国，首要就是要建立航运强国。正如习近平总书记所言，经济强国必定是海洋强国、航运强国。这为我国航运事业的发展指明了方向，需要我们无论是在高技术船舶和海洋装备研究与开发方面，还是在人力资源开发以及基础和应用基础研究方面进一步提升水平，提高核心竞争力。

人才资源是第一资源。培养适应现代航运产业发展需要的航运类人才已经成为建设海洋强国、航运强国的关键因素之一。航海类高职院校毕业生作为促进我国航海事业发展的有生力量，他们的知识、能力、素质如何，将直接影响我国航海事业的发展。培养高素质航海类技术技能人才，离不开高质量航海数学课程的建设。由天津海运职业学院梁忠先副教授、曹媛副教授主编的《航海数学》，立足弘扬航海文化与培养学生职业兴趣相结合，素质教育与专业教育相结合，基础与应用相结合，根据目前高职航海教育现状和人才培养目标要求编写，内容覆盖了航海技术学生所必需的航海文化、基础数学和专业数学。全书共分四篇，包括航海史篇、高等数学篇、球面三角学篇和内插法及误差基础篇，建议学习64学时。

本书作为对航海数学教育教学改革的新探索，尚望广大师生在使用过程中提出宝贵建议，以便在以后的修订中进一步完善和提高。

目　　录

Ⅰ. 航海史篇

Ⅱ. 高等数学篇

Ⅰ. 航海史篇

第一章　航海史发展综述

古代世界在初始航海阶段一直局限于东部地中海区域。苏美尔人、埃及人、克里特人、腓尼基人、希腊人相继成为上古时期世界最著名的航海民族，他们在地中海区域从事活跃的海上贸易。为了争霸地中海，海上战争不断，特别是腓尼基人在远程航海中学会了观察星座确定船位的方法。

公元7～9世纪，阿拉伯人、中国人和维京人相继兴起于海上。中国人开辟的海上丝绸之路为东西方的海上交通，架起了一座桥梁，并造就了明初郑和下西洋的千古绝唱。阿拉伯人则成为东西方海上交通的中介，中国的四大发明也通过海道由阿拉伯人传入欧洲。维京人在欧洲中世纪最黑暗的年代崛起，他们的海上探险足迹遍及世界各地，并发现了格陵兰等未知陆地，开人类远程海上探险的先例。

随着意大利的文艺复兴和15～16世纪人类的海上探险活动，导致了地球上的大发现。在这些著名的航海家中，有中国的郑和，葡萄牙的亨利王子、达·伽马、麦哲伦，意大利的哥伦布及后来的英国库克船长等。由哥伦布所发现的美洲新大陆，促进了人类对世界范围的认识，导致地狭的欧洲向外扩张的强烈欲望，欧洲人开始进入东方，打破了以往由中国人占主导地位的亚洲、地中海的海上贸易，进行肆无忌惮的殖民活动。为了瓜分世界，经历了近5～6个世纪的海上争霸，建立自己海军舰队，分别经历了葡萄牙、西班牙、荷兰、英国称霸的时期。英国作为工业革命的发源地，称霸海上时间最长；18世纪到20世纪中叶的近250年来，一直是世界最强大的资本主义国家，直到美国兴起，其地位才逐渐衰落。

回顾世界航海史的发展历程，向人们深刻地展示造船业的兴衰维系着一个国家、一个民族的兴衰荣辱。中国曾经也是一个伟大的海洋强国，但是近几百年来，中国封建王朝执行海禁政策，放弃海洋，导致国门洞开，外人入侵，竟然变成一个半封建、半殖民地的国家。中英鸦片战争、中法甲申海战、中日甲午战争导致割地赔款，福建海军和北洋海军全军覆没。这是十分惨痛的历史教训。可见一个国家的兴旺发达，其造船业和航海业的发达程度就是最好的晴雨表。

人类至迟在新石器时代晚期就已经有了航海活动。可以作为证明的是：中国大陆在新石器时代创造的彩陶文化和黑陶文化的器物已在中国澎湖岛的良文港和台湾岛的高雄、台中、台南等地被发现；代表中国东南沿海地区百越新石器的特型器物“有段石锛”（Stepped Adze），在浙、闽、粤、台湾各省屡有出土，而且在菲律宾、大洋洲岛屿，甚至远到南美洲如厄瓜多尔等地都有发现。

1. 早期的航海活动

汉代学者王充所著的《论衡》记述周成王时“越裳献雉，倭人贡畅”。越裳是古南海国名，倭人是指古代的日本人。虽非正史记载，但也反映了西周时海上航行已是经常事了。

公元前4世纪下半叶，希腊航海家皮忒阿斯驾舟从希腊当时的殖民地马西利亚（今法国马赛）出发，沿伊比利亚半岛和今法兰西海岸，再沿大不列颠岛的东岸向北探索航行到达粤克尼群岛，并由此折向东到达易北河口。这是西方最早的海上远距离航行。在此之前，地中海内的航行活动，已相当频繁，并且有海战。公元前490年发生的历史上有名的希波战争中，希腊就曾以数百艘长约130英尺、三层桨座的战舰抵抗波斯舰队。

那个时代的航海人员，不论东方的或是西方的，都只能掌握初级的引航技术，即只凭对地形、水势的辨认以计远近，观测日月星辰以判别方向。

战国末期，中国的海上交通颇有发展，沿海地区设置了一系列港口，沿海岛屿与大陆间的联系日益增进，对邻国如朝鲜、日本、越南等的海上交通逐渐增多。

秦始皇重视航海，统一全国后，曾五次巡视各地，包括渤海沿岸的一些港口，在芝罘刻立石碑。他最后一次巡视是从镇江附近乘船出海，扬帆北上，再次到达芝罘。秦朝有几次较大规模的航海活动，徐福东渡传说遍及韩国南部与日本，就是其中的一次。

从沿岸航行到远洋航海。汉代和唐代是中国历史上两个繁荣强盛的朝代，航运有较大发展。汉代不但开拓了广泛的沿海航行，而且向远洋发展，远达印度半岛的南部和锡兰（今斯里兰卡）；并以此为中介，使得当时世界上两大帝国——东方的汉帝国和西方的罗马帝国连结起来，构成一条贯通欧、非、亚的海上航线。唐代为了扩大海外贸易，开辟了海上“丝绸之路”，船舶远航到亚丁附近。贾耽《广州通夷海道》曾对这条当时是世界上最长的航线所经过的港口、转向点以及航行所需时间等等作了详细记载。海上“丝绸之路”，不仅是条贸易之路，更是一条友谊之路，为三大洲人民的文化和经济交流作出贡献。

汉唐两代的沿海航行，可以设想是根据山形水势来引航。这种引航方法，在航海学上称为地文航海或引航术。而当船舶航行在长期见不到陆岸的大海洋时，就采用天文航海技术来引航了。

《汉书艺文志》的“天文类”中有“海中占验”存目136卷。虽只有卷目而无内容，但仍不难判明是当时的天文导航著作。如《海中二十八宿国分》有二十八卷，《海中二十八宿臣分》也有二十八卷，合共五十六卷，当即是天文导航的定位部分。中国古代天文学把天区划分为二十八个星空区，称为二十八宿，并按列宿划分它们所对应的地面区域。《汉书》所载的占验，不过是以二十八宿来划分它们所对应的海上区域而已。航海有了这样的"海中占验"的卷册,理论上就不难据以判定船舶所在的地域和指导航行的方向了。但是并不能认为汉代已能在海上精确地测定船位。因为,在海上观测天体确定船位,有许多基本条件必须具备,诸如必须有天体位置的资料,观测天体的器物,准确的时计等等,而这些条件在当时几乎不可能具备。不过有了这种按星宿划分对应地面区域,至少可使海上船舶不至于迷航。

指南针应用于航海。宋代在远洋航线方面没有什么扩展,但在航海技术方面却有划时代的创新。指南针在船上的应用,是航海技术上的重大突破。指南针是中国发明创造的,把指南针应用到船上也是从中国开始的。最早的记载是宋宣和年间朱彧的《萍洲可谈》和徐竞的《宣和奉使高丽图经》。航海使用指南针,不仅解决了恶劣天气下的海上求向问题,而且为仪器导航开辟了道路,人类从此才真正摆脱了海岸的羁绊而驰骋在更加广阔的海洋上。而航海技术的提高,反过来又促进了指南针的改善和发展,创造出更适用于航海的磁罗经,也称磁罗盘。南宋吴自牧《梦粱录》中说"风雨晦冥时,唯凭针盘而行",针盘就是磁罗经。在12世纪船用磁罗经通过阿拉伯传入欧洲后,欧洲海员也开始使用。现在船上通用的磁罗经,则是经过19世纪末英国科学家开尔文改进的海军型磁罗经。

北宋科学家沈括发现地磁对指南针的影响。他在《梦溪笔谈》中记录了地磁有偏角,这一科学结论指出地点不同偏角的大小也不同。这一发现比1492年哥伦布横渡大西洋时的同一发现早4个世纪。不过地磁偏角的量值,则是1580年W.巴勒测得的,为1125′E。1724年G.格雷厄姆根据观测的结果,提出电磁偏角逐年在变化。

罗经自差也是中国最早提出来的。约在1652年前后,方以智《物理小识》提到铁器对磁针的干扰和海船不宜用铁钉的原因,因为"海咸烂铁,且妨磁也"。在西方,自差则是在18世纪才发现的。1724年前后,英国人J.史密斯发现木箱的铁钉会影响罗针的指向。1801~1802年,英国船长M.弗林德斯发现利用一根垂直软铁放在罗经前面,可以部分修正罗经自差;所以现在磁罗经的前面有一铜质垂直圆筒,内贮放筒形软铁。1839~1855年,英国皇家天文学家G.B.艾里提出,在罗经前后、左右和上下排列磁棒,可把罗经自差消除到最小程度。

助航设施的设立。在古代地中海沿岸就建有助航设施。公元前660年,小亚细亚西北部的特洛伊地方筑起灯塔,可能这就是灯塔的始祖。约在公元前280年,在埃及北部亚历山大港建造的灯塔,高逾200英尺,为古代世界七大奇景之一。

英国在1732年开始在泰晤士河口设置一艘小船,于横桁上悬灯一盏,指引行船,这是第一艘灯船。美国在独立战争前的1767年在特拉华河布设浮标,后在1820年换用圆柱形浮标。同年,在东部切萨皮克湾设置第一艘灯船。1850年,美国国会规定了水路标志的颜色和编号制度。19世纪末,铃声、汽笛、灯光浮标相继问世。1910年,在纽约安布路斯水道设置了用高压电石气的发光浮标,效果很好。

中国元朝海运漕粮,沿海岸航行,航道上有许多浅滩、暗礁,往往发生船沉人亡的惨剧。至大四年(1311年),海道府根据常熟州船户苏显臣等建议,在长江口西暗沙嘴设置了航标船,船上树立标旗,指引粮船进出。延祐元年至四年(1314~1317年),又在江阴的夏港、需沟等九处设置标旗;在龙山庙前,高筑土堆,四周砌垒石块,土堆上白天高悬布幡,夜间悬灯点火,指引粮船航行。这些航标的设置,对保障航行安全特别是沿海岸航行的安全起了有益的作用。

航海事业大发展时代。公元 15 世纪是东西方航海事业大发展的时代。

2. 郑和七下西洋

中国航海技术，经过汉、唐、宋、元几代人的积累和创新，达到很高水平，海上交通空前繁盛。1405 ~ 1433 年，明永乐至宣德年间，中国航海史中出现了一个高峰，那就是郑和率领船队七下西洋。

明朝建立初期，曾施行过“海禁”，与海外交往稀少。明成祖朱棣政权巩固之后，取消了海禁，并决定派出一支规模庞大的船队，沿着海上“丝绸之路”远航，在中国和亚、非人民之间架起一座座友谊桥梁。船队包括各类大小船只达二百余艘，船工人员二万七千余人，先后七次下西洋，历时近三十个寒暑，经过三十多个国家，最远航程到达非洲东岸现今的索马里和肯尼亚一带。率领这支船队的是中国伟大航海家郑和。

郑和船队的远航表明明代中国的航海技术已达到相当完善的程度：①能够熟练地掌握太平洋西岸和整个印度洋上的信风规律和海流形态，并能充分加以利用，使得每次出海航行都能凭借自然要素，保持船队以平均 4.5 海里/小时的航速持续航行。②能够编组成近百艘各类船的混合船队，统一行动而队形始终保持完整。③《武备志》所收录的《自宝船厂开船从龙江关出水直抵外国诸蕃图》（后人称《郑和航海图》），虽然不是当时航行所使用的海图，确切地说只能是图解的航路指南，但从内容看，基本上可与海图相补充以满足指南的要求。④“过洋牵星”就是天文导航，在海洋中厘定航向和船位，比“海中占验”有更高的实用价值。⑤船队进入印度洋后，“都尽量利用星辰定向，和罗盘针路相辅而行”，说明当时火长（船长），包括船队统帅郑和，已觉察印度洋地区的地磁偏角变化与在太平洋西岸地区的变化有很大不同，为了避免出错，所以罗盘针路总尽量与星辰定向相辅而行，显示了郑和指挥船队的科学性。⑥船队经过的港口和航道都有详细描述记载，滩、礁、屿、岩，无有遗漏，仅郑和航海图就收录了五百多个地名，供后继者参考。

3. 迪亚士、达·伽马的航海活动

大概与郑和下西洋的航海壮举同一时期，葡萄牙亲王亨利（或称航海家亨利亲王）于 1420 年在他任阿尔加维总督时办了一所航海学校，传授航海、天文和地图绘制等科学知识。这所学校年复一年地送出海上远征队，绘制了自非洲西岸伸展到狮子山国（Sierra Leone）的地图。1488 年船长 B. 迪亚士到达非洲最南端，当时叫作“暴风角”。葡萄牙国王认为既然能到达这里，就有到达东方印度的希望，就把这地方更名为“好望角”。果然在九年后，葡萄牙又一船队在船长 V. da 伽马的率领下，于 1497 年秋从葡都里斯本出发，再沿非洲西海岸南下，绕过好望角，于 1498 年抵达印度的卡利卡特，1499 年循原路安全返回里斯本。从此，葡萄牙船舶就经常取道好望角驶向东方进行贸易。随后就露出了侵略面貌，占据了锡兰、苏门答腊、爪哇和香料岛。1517 年他们到了中国广州，1542 年进入日本。

4. 哥伦布、亚美利哥发现新大陆

当葡萄牙人热衷于一条绕过非洲南端到印度去的全程水路时，意大利出生的航海家哥伦布在地圆学说的影响下，设想向西直驶渡过海洋，或许可以更迅速地和更容易地到达东方的印度、中国和日本。他于 1492 年 8 月得到西班牙国王斐迪南和王后伊萨伯拉的援助，率领三艘圆首方尾的小帆船从帕洛斯出发，向西航驶，以期能到达印度。1492 年 10 月终于发现了陆地圣萨尔瓦多,他以为这就是印度附近的一个海岛,其实乃是巴哈马群岛的一个岛。哥伦布没有意识到他所登岸的是一个新大陆。所以,哥伦布虽是第一个登上这个大陆的欧洲人,却不是第一个认识到这个新大陆的人。认识到它是新大陆的乃是另一个意大利航海家亚美利哥。亚美利哥于1499~1500年与A. de奥基达合作横渡大西洋,到达南美洲的亚马逊河口;1501~1502年他第二次再到这个大陆时,证实了这里不是亚洲,而是一个新世界,所以后人就以他的名字命名这个洲为亚美利加洲。

5. 麦哲伦环球航行

葡萄牙航海家麦哲伦于1519年奉西班牙国王之命率领船队从圣罗卡出航,越大西洋,从南美洲东海岸南下,穿过南美大陆和火地岛之间海峡(后名麦哲伦海峡)入太平洋,于1522年抵菲律宾,他本人因故被杀。船员于同年9月回到西班牙,完成了人类第一次环球航行。

6. 航海技术的进步

1569年,佛兰德地理学家G.墨卡托发明的圆柱心射投影图最适于航海使用,成为现代海图制绘的基础。墨氏海图的特点在于:在图上用直线接连任何两点,就是这两点之间的航向线,而且这条航向线是以恒向角交于子午线的。只要守定了所设的罗经航向,就能无误地从这一点驶到另一点。

海洋中船舶定位,最关键的问题在于经度的测定。这个问题,从13世纪以来就进行过多种尝试,例如测量月球与其他天体的角距而求经度,但需经过非常烦琐而复杂的数学计算,即使1614年J.纳皮尔的对数计算表问世,也不能减少若干计算量。

在此之后,虽然有很多新的计算经度的方法,但都没有离开观测月球与天体的角距的基本理论。直到1735~1765年的30年中,英国人J.哈里森研制成基本上可用于海船的天文钟,1766年经过P.勒普瓦的改进,1825年才生产出可以在海船上实用的天文钟。至此,测月球与天体的角距以求经度的方法才开始被扬弃不用。

1843年,美国船长T. H.萨姆纳发现了天测位置线,也称萨姆纳位置线;1875年法国海军军官圣伊莱尔提出了"高度差方法",此法又称"截距方法"。从此,航海者可以方便地在海上通过对天体高度的观测,求出准确的经度和纬度。

7. 现代航海技术

第二次世界大战结束以来,海上运输日益趋向于快速化和自动化,相应地航海技术也有了明显的改进和提高。

8. 奥米加导航系统的应用

20世纪60年代初出现奥米加导航系统,1966年开始建台,全球范围内只设8个发射台,便能供给航海船舶在任何海域、任何时间、任何气象条件下,选择有利的配对台组获取双曲线信号以测定位置。接收机内装有微处理机,可以自动给出测点的经度和纬度。

奥米加系统的优点在于它能够覆盖任何地区,甚至一定深度的水下。航行中的船不论在哪个海域和什么时间,只要有一台奥米加接收机,都能可靠定位。但由于电离层的突然波动,雨滴静电的干扰,天电效应等等,奥米加信号的接收受到干扰,从而影响这一系统定位的准确度。

9. 卫星导航系统的应用

地面无线电导航系统,在技术上总会受到这种或那种条件的限制,所以当 1957 年第一颗人造地球卫星送入轨道后,人们就渴望卫星能给导航系统打开一个新局面。在先后发表的多种卫星导航方法中,惟一被采用的是美国海军宇宙航空学小组研制成的“海军导航卫星系统”。这个系统于 1960 年在伊斯坦布尔讨论会上第一次公布。1964 年卫星进入轨道运行,1967 年开放作为民用,至今仍在运行。卫星经过上空时,船舶接收机收到卫星的信号,比较卫星发射的频率和接收的频率,以及卫星的轨道数据,经过机内微处理机的计算,就能在接收机的面板上显示出船舶位置的经度和纬度。

海军导航卫星系统的卫星轨道高度只有 1000 多公里,使得它的覆盖区域受到限制,尽管这个系统有 6 颗卫星按一定轨道分布在天空运行,中纬度地区也还得在每隔 90 分钟才能获得一次定位的机会。接收机定位的准确度,一般都可在 0. 15 公里的圆内,只有当卫星经过上空时,它的仰角大于 80 或小于 10 的情况是例外。

航行中的船舶利用海军导航卫星系统要隔 90 分钟才能获得一次测定位置的机会,这是不能充分满足航海定位要求的。现在已经发展一种称作“全球定位系统”的卫星导航系统,它由 18 颗同步地球卫星组成,轨道高度在 2 万公里以上。这样就使得地面上任何地点、任何时间都可有 4 颗卫星供连续定位选择。

全球定位系统从 1977 年开始进行试验,美国海军和空军联合先送入天空 6 颗卫星,以后陆续增添到 18 颗卫星,开放供航海、航空和航天使用。这样,全球定位就将提供一个真正是全球范围的、连续的、全天候的导航系统,它的定位准确度可在 10 米以内。

卫星导航系统能保证有很高的定位准确度,然而被动式的海军导航卫星系统所提供的准确度对商船并不具有很大意义。商船由于它的营运性质,对主动式的卫星导航更感兴趣。目前在试验的“海事卫星通信导航系统”就是一种既可导航,又可通信的系统。它的优点在于导航的同时,主管部门可与船舶保持不断的通信联系,随时掌握船舶动态,对船舶的运行作更有效的调度。

10. 自动标绘雷达的应用

自动标绘雷达是 20 世纪 60 年代至 70 年代初出现的对船舶避碰有很大作用的导航设备。在此之前,航海者要对通过雷达观测获得的信息进行标绘作业,量取与会遇船的最近会遇距离(CPA)以判断与会遇船有无碰撞危险和决定应否采取相应的避让操纵。自动标绘雷达问世后,标绘和判断完全可由装置在雷达内的微处理机运算,并在荧光屏上显示。如果有可能发生碰撞危险,装置会自动地以图像和音响发出警报,并进行模拟避让,以确定可采用的最佳避让措施。由于自动标绘雷达对保证航行安全有重要作用,国际海事组织规定 1984 年 9 月 1 日以后建造的 10000 总吨以上的船舶,都应装配自动标绘雷达。

11. 航海自动化的发展

20 世纪 70 年代在微处理机在船舶上应用的基础上发展出自适应自动操舵仪。当船舶的载货和航速发生变化或外界条件(气象、海浪)发生变化引起船舶操纵性能变化时,这一装置能感测到这些变化而自动调整控制参数,保持最佳的操舵状态。

航海技术应用电子技术和电子计算机技术后,各种航法计算实现了自动化;船舶定位实现了自动化;船舶的机舱管理、驾驶操纵也实现了自动化。集合这些自动化系统就能构成船舶驾驶自动化的综合导航系统。但目前这个系统有许多环节尚需人工操作,仍属半自动的性质。近期研制的综合导航系统不仅对会遇船舶,而且对岛屿、礁石等障碍物也可自动避碰,还可贮存全部海图资料、航行通告、气象海浪等有关信息,从而能完成航线选择过程的自动化。

第二章　世界航海史

一、古代阶段

在 14 世纪之前，古代世界在初始航海阶段一直局限于东部地中海区域。在古代世界航海民族行列中，以埃及人、地中海海域的腓尼基人、北欧海域的维京人、印度洋海域的阿拉伯人最为著名。他们在地中海区域从事海上贸易。为了争霸地中海，海上战争从未间断。

1. 古埃及的航海贸易

远在公元前 4000 年前后，埃及在地中海与克里特岛间就有贸易活动。大约在公元前 2500 年，埃及人便驾驶帆桨船沿地中海的亚细亚东岸行进，从西奈半岛运回砂岩、铜矿石，从黎巴嫩、叙利亚运回橄榄油和贵重的雪松。

尼罗河是埃及人第一条发展起水上航行的大河。古埃及只有极少的道路。每年的洪水把路都冲没了，最便利的出门方式是沿着尼罗河航行，因此古埃及的造船业十分发达。他们的商船常航行到红海和地中海东部的港口，沿尼罗河乘船可直下努比利，那里有丰富的金矿、铜、紫晶和大量的牛。

在埃及哈兹谢普鲁特皇后执政期间，大约公元前 1490 年曾有一支埃及海上贸易船队出红海到靠近亚丁湾的东非索马里沿岸旁特开展贸易活动。在旁特满载埃及所需的黑檀木、泻药、象牙、金子和其他珠宝等商品而归，有关当时埃及航海贸易的盛况由此可见一斑。

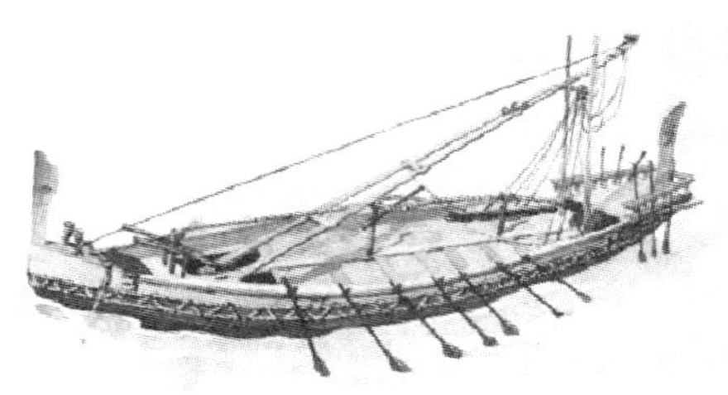

埃及古代战船

埃及纸莎草筏船

公元前 1300 年左右的埃及帆船

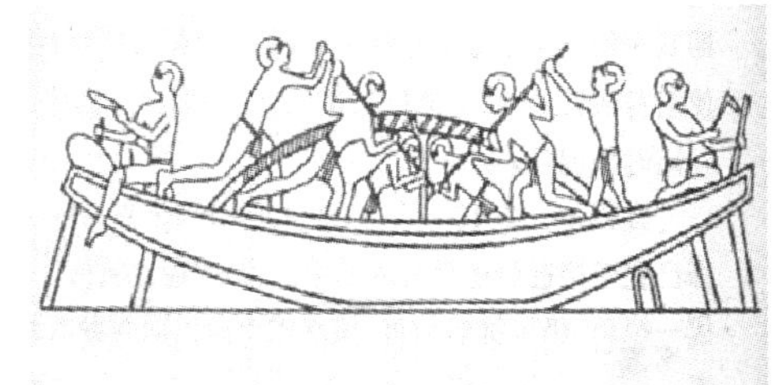

萨格拉浮雕中的埃及造船场面

2. 腓尼基人的远航贸易

腓尼基人是上古世界最著名的航海民族，他们是迦南人的后裔，生活在地中海的东端。从公元前 1200 年，他们成为古代世界最成功的航海贸易商人，由于海上贸易的兴盛，在东北地中海相继发展了推罗、西顿及拜布罗斯等港市。腓尼基人曾用一种骨螺的贝制作出昂贵的紫色染料，腓尼基的名字来源于希腊词语，即“紫色之人”。腓尼基盛产雪松木，是良好的造船材料，腓尼基人都是航海能手，不少商人拥有自己的商船，在整个地中海乃至更远的地方都可以看到腓尼基的贸易商船。船商常用本国制造的象牙雕刻、漂亮的玻璃瓶和玻璃珠分别从塞浦路斯换回铜、从非洲换回盐等诸多生活必需品。

腓尼基人在他们的鼎盛时期，甚至远航至英格兰南部的康武尔地界内开采并贸易锡矿。

公元前 7 世纪末，埃及法老尼科二世雇用腓尼基人探险家，进行了一次环绕非洲的探险航行，并取得了成功。

3. 维京人的海洋探险

维京人，亦即北欧人，又被罗马人称为诺曼人。“维京”的意思是侵略峡湾临近国家的人。有些史学家也称作“海盗”。维京人在 4 ~ 8 世纪，以劫掠作为主要的航海活动。在北欧民族于 8 ~ 11 世纪这 300 多年创造的“维京文明”的时间里，他们足迹遍及北极、西欧、北美，向东沿第聂伯河进入俄罗斯到达里海，向南进入地中海，几乎遍及世界各地，开创了人类远程海上探险的先例。

维京人建造了桨帆并用狭长型船只航行于北欧海域，这类船通称维京长船。在维京时代，北欧人特别是挪威人改进了他们的造船技术，通过若干世纪的努力，把维京船的造船技术发展到了较高水平。

维京长船

4. 阿拉伯人的东西方联结

公元 7 世纪，阿拉伯帝国建立，随着阿拉伯帝国击败拜占庭帝国和波斯萨珊王朝称霸中东，他们就完全控制了东西方贸易的通道。阿拉伯人重视商业和航海，他们在中世纪起到了联结东西方贸易的桥梁作用。阿拉伯商人和船队西到西班牙、北非，东到东非、印度、马六甲、爪哇、苏门答腊，远到中国和日本。

阿拉伯人巧妙地创制了一种用纤维和油脂混合物填塞船壳板缝的办法，保证其不浸水，以便作远洋航行，著名阿拉伯航海家辛巴达就是乘坐这类缝合木船远航探险到了中国。

二、航海事业大发展阶段

自15世纪到18世纪末，人类进入了史称“大航海时代”的时期。大航海时代，又被称作地理大发现。是15世纪末到16世纪初，由欧洲人开辟横渡大西洋到达美洲、绕道非洲南端到达印度的新航线以及第一次环球航行的成功。大航海时代是人类文明进程中最重要的历史之一。欧洲人开辟了横渡大西洋到达美洲，绕道非洲南端到达印度的新航线，以及第一次的环球航行，代表人物有哥伦布、达·伽马、麦哲伦、库克等。

15世纪，欧洲人对世界的认识还仅限于欧洲、地中海、北非海岸、中东、印度、中国和日本。尽管对于中国和日本认识的唯一依据只是一本《马克·波罗游记》，但对于“黄金之国”的说法，欧洲人还是深信不疑的。但这些令欧洲人垂涎的商品的交易权却是控制在穆斯林的手中。所有东亚的商品从海路或丝绸之路运到东地中海，再由控制地中海贸易权的意大利转卖到西南欧各国。因此葡萄牙、西班牙、法国和英国的商人非常渴望能和东亚地区直接贸易，但奥斯曼帝国的存在，使直接贸易的唯一途径为开拓一条去往东亚的新航线。

1. 迪亚士和达·伽马开辟了从欧洲到印度的直接海上航路

为打破意大利对东方市场和海上航路的垄断，欧洲人竭力开辟新的海上航路。最先探寻通往印度新航路的是葡萄牙人。1416年，亨利亲王创立的航海学校，推动了航海探险活动的开展。1488年，迪亚士沿非洲西岸航行，最先发现好望角，并绕过非洲南端进入印度洋。1497年达·伽马沿迪亚士航线继续东进，经非洲东海岸，于1498年到达印度，开辟了连接大西洋和印度洋的航线。

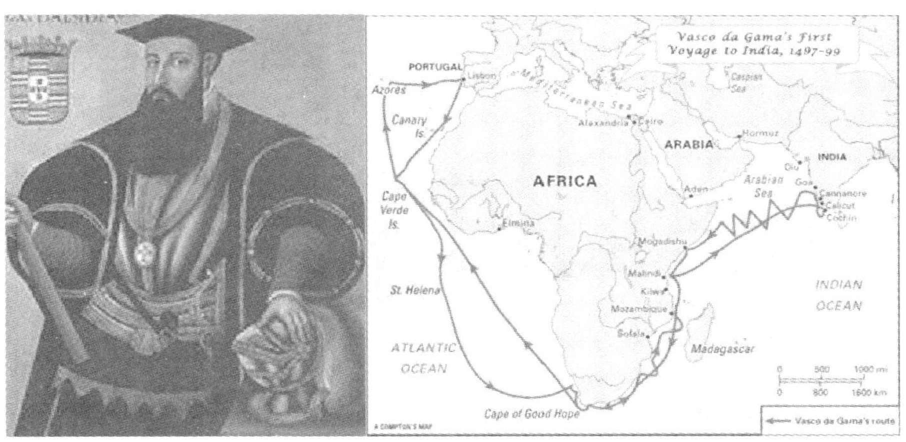

2. 哥伦布发现了新大陆

当葡萄牙人沿非洲海岸向印度探海时，西班牙航海家却朝另一方向开辟新航线。意大利出生的哥伦布受雇于西班牙，从1492年开始至1540年曾4次西航，达到了美洲。但哥伦布误认为所到之处是目的地印度。他发现新大陆的消息大大刺激了欧洲人航海探险的热情。

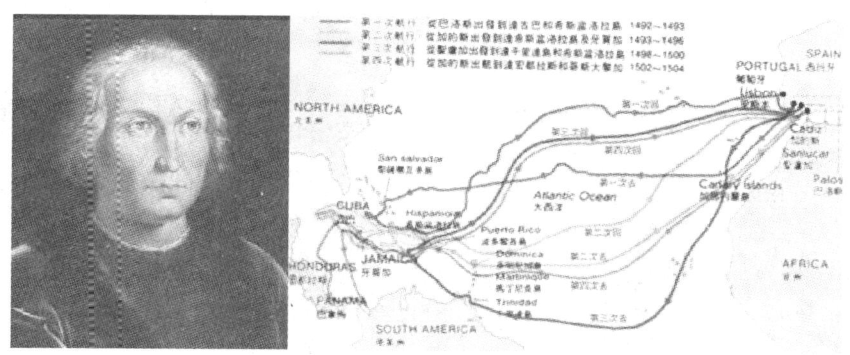

克里斯托弗·哥伦布(1451—1506)是西班牙著名航海家,是地理大发现的先驱者。哥伦布年轻时就是地圆说的信奉者,他十分推崇曾在热那亚坐过监狱的马可·波罗,立志要做一个航海家。

他在1492年到1502年间四次横渡大西洋,发现了美洲大陆,他也因此成为名垂青史的航海家。

3. 麦哲伦实现了环绕地球的航行

费尔南多·麦哲伦(约1480—1521),葡萄牙破落骑士家庭出身。1496年起,在葡萄牙的航海事务厅供职,熟悉航海事业。

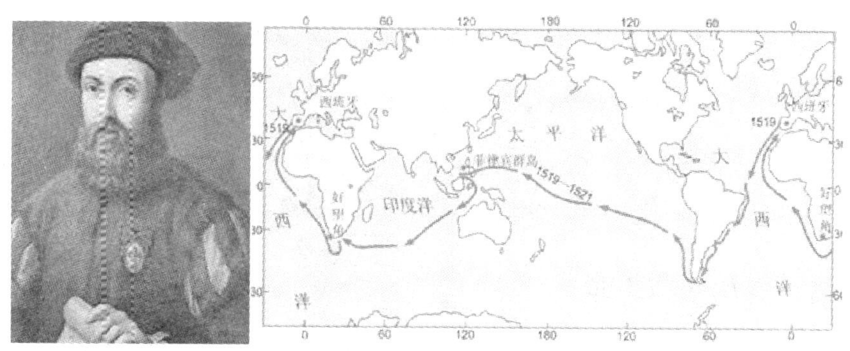

1519年,葡萄牙人麦哲伦在西班牙政府资助下,率领船队作首次环球航行。他们从西班牙出发,渡过大西洋,于次年经南美洲南端的海鲜(后被称为麦哲伦海峡),驶入浩淼无际的太平洋。1521年3月,麦哲伦去世后,其副手继续航行,于1522年9月回到西班牙。麦哲伦的环球航行,第一次证实了地圆说。

4. 詹姆斯·库克完成了人类历史上第一次环南大洋航行

16世纪,荷兰巴伦支为探寻一条由北方通向东方的航线,曾在北冰洋地区作了三次航行。17世纪初,英国哈德逊曾屡次探索经北冰洋通向中国的航路。

詹姆斯·库克是18世纪英国最伟大的航海家和探险家之一,他在1768年后的10年中曾4次跨越大洋,完成了人类历史上第一次环南大洋航行。在这期间,至少有两次穿越南极圈,创下了人类南进的新记录。1778年1月,库克船长在第三次航行中发现了夏威夷,1779年2月,他在夏威夷岛被当地人打死,使充满惊险的一生就此止步。库克船长所乘坐的“奋进”号是第一艘到达新西兰的英国船只；1770 年，“奋进”号进入澳大利亚，库克也因此被称为现代澳洲之父。

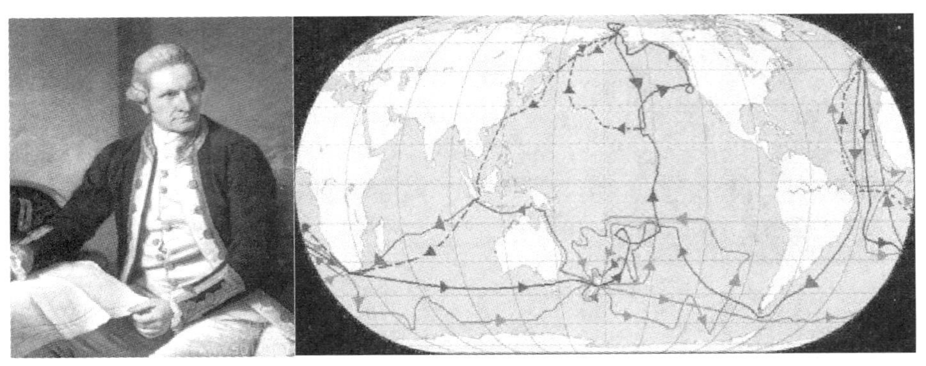

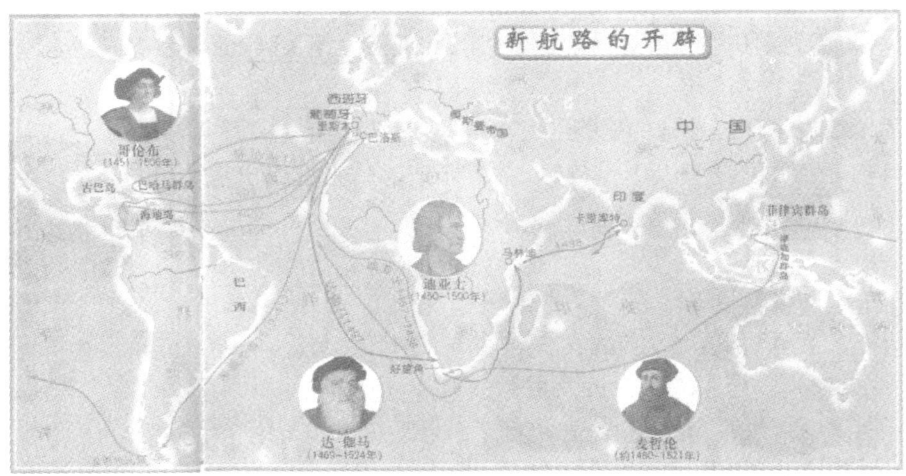

三、海权、霸权及西欧扩张

葡萄牙和西班牙积极探索新航路，也先于其他国家开始了对亚、非和美洲的殖民掠夺。两国把所到之处都宣布为本国领土，自然会发生冲突。为了平衡葡西两国的殖民冲突，在教皇平衡下，两国于 1494 年签订了瓜分世界的《托尔德西里亚条约》，西班牙获得了西印度群岛和新大陆，葡萄牙则确立了在印度、东亚和非洲广大地区的统治权（包括巴西）。这是世界上第一次瓜分殖民地。1517 年，葡萄牙人开始与中国通商；1553 年，他们借口上岸晒货，入居澳门；1557 年起，设官府、修炮台、窃取澳门作为殖民据点。1543 年，葡萄牙殖民者到达日本，不久在九州设立商站。

葡萄牙开辟新航路和随之而来的殖民掠夺，对世界历史产生了深远影响。亚洲、非洲和美洲许多国家，从此逐渐沦为殖民地或半殖民地，成为西方殖民者掠夺的对象。葡萄牙和西班牙是殖民掠夺的总先锋，而后起的荷兰、法国、英国等，利用其强大的军事和经历力量挤掉西班牙和葡萄牙，继续在亚、非、美洲进行残酷的殖民掠夺。

对于在教皇平衡下签订的《托尔德西里亚条约》，英、法、荷三国并不放在眼里。1581 年，西班牙对三国开战，不仅在海上开战，也在陆上开战。西班牙国王的愚蠢决定，使得庞大的帝国开始摇摇欲坠。1588 年无敌舰队的覆灭，标志着西班牙帝国走向衰落，英、法、荷三国的东印度公司于 17 世纪初分别成立，开始在全世界分别建立自己的殖民帝国。

在这一行动中，新兴的荷兰走在了最前面。首先荷兰人从葡萄牙人手中夺取了好望角和香料群岛，继而开始了在全世界范围内的贸易行动，一时间，“海上马车夫”遍及全球海洋。17 世纪初，荷兰的商船队拥有 1.6 万余艘船只，占欧洲商船总吨位的四分之三。面对荷兰崛起，英法两国再度联手，1652 ~ 1674 年的三次英荷战争，使荷兰人失去了马六甲、好望角及南非的殖民地，但保留住了摩鹿加群岛，并从南美获得了苏里南。不过，自此以后，荷兰人的海上霸权地位就一去不复返了。

英荷战争以后，欧洲殖民大国就剩下英法两国了。英国于英荷战争后，取得了荷兰的大量贸易权，在海上取得了优势，变成了世界上的商业和海军强国，开始把它的殖民触角伸向法国的殖民地。法国则是欧洲大陆上最强大的国家，也是一个新兴的海洋国家，1689 年，法国舰队数量相当于英国和荷兰舰队的总和，同时，法国殖民势力也在迅速扩大。在北美，法国占领了加拿大及路易斯安娜；在亚洲，法国占领了印度南部。于是，英法德殖民利益就产生了不可调和的矛盾。

在 17 世纪后期到 19 世纪初，英、法为争夺海上霸权进行了一百多年的曲折斗争，主要经历了英格兰王位继承战争、三十年战争、奥地利王位继承战争、七年战争等，战争的结果，均以英国胜利而告终，于是，英国殖民地大为增加，并巩固了在印度的统治地位。1768 年，英国人库克考察了澳大利亚东岸和新西兰，英国随即向该地移民。后来英国开始对中国下手，在两次“鸦片战争”后，不仅要中国赔款，还强迫开辟通商口岸，要去了香港。再后来英国人又把势力范围扩充到了非洲等地。到 20 世纪初，世界领土已被瓜分完毕，其中英国所占份额最大。到 1914 年，英国领地达 3350 万平方千米，人口 3.9 亿人，相当于英国本土土地的 137 倍多、人口的 8 倍多。因此，英国成为了真正的海上霸主——“日不落帝国”。

英国作为工业革命发源地，长期称霸海上。在 18 世纪到 20 世纪中叶的近 250 年间，一直是世界最强大的资本主义国家，直到二战后，美国兴起，其日不落帝国的地位才逐渐衰落。

四、近现代世界海运及航海科学

19 世纪，海上运输有了很大发展，1807 年诞生了第一艘蒸汽船，给古老的海运业注入了新的活力。资本主义国家的早期工业大多沿通航水道设厂，使得当时水运的发展对工业布局有着很大的影响。同时，由于国际贸易地理条件的限制，加上海运运量大、成本低，国际贸易量的 2/3 是通过海上运输的。

第二次世界大战以后，世界经济逐步向一体化过度，国际间的客货交流在数量上不断增加。20 世纪 80 年代初，国际海运量在货运总量中约占 82%，按货运周转量计算则占 94%。

两次世界大战，加速了科技前进的步伐，材料、机械、电气、电子、控制、信息技术等逐步应用于航海，构成了近代和现代航海科学技术。航海科学技术的不断进步，使航海从技艺逐步发展成为科学技术，从帆船时代进入了机动船时代，从地文航海和天文航海时代进入了电子航海时代。

五、当代航海科学技术

当代航海科学技术的表现为：

(1)船舶大型化；

(2)船舶专业化；

(3)船舶高速化；

(4)船舶自动化；

(5)导航定位电子化；

(6)避碰自动化；

(7)海图电子化；

(8)航海资料数字化；

(9)通信自动化；

(10)航行记录自动化。

21 世纪是海洋的世纪，海洋已经成为了人类第二大生存和发展空间。“谁控制了海洋，谁就控制了贸易，谁就控制了世界的财富，最后也就控制了世界本身”，这是英国航海探险家雷利的名言。世界各国未来的竞争将在海洋上展开，国际贸易和大宗货物运输的主要通道也只能是海洋。

第三章　中国航海史

中国航海历史悠久。早在距今7000年前的新石器时代晚期，中华民族的祖先已能用火与石斧“刳木为舟，剡木为楫”。到春秋战国时期，随着木帆船的逐步诞生，出现了较大规模的海上运输与海上战争。到秦汉时代，出现了秦代徐福船队东渡日本和西汉海船远航印度洋的壮举。在三国、两晋、南北朝时期，东吴船队巡航台湾和南洋，法显从印度航海归国，中国船队远航到了波斯湾。从随唐五代到宋元时期，中国航海业全面繁荣、海上丝绸之路远到红海与东非之滨。由于以罗盘导航为标志的航海技术取得重大突破，中国领先西方进入“定量航海”时期。到明代永乐至宣德年间，伟大的中国航海家郑和率领远洋船队，先后七次下西洋，遍访亚非各国。这一航海盛举，不但将中国古代航海业推向顶峰，而且在整个人类航海史上，竖起了一座永垂史册的丰碑。然而，随着中国晚期封建主义逐渐保守与僵化，严重阻碍了中国航海业的进一步发展和航海科学技术的不断进步，中国航海业从而进入由盛转衰的时期。虽有晚清搞洋务运动，于1865年创设江南制造局以发展民族造船业，于1873年成立轮船招商局以发展民族航运业，于1909年在高等实业学堂设立船政科以培养民族高级航海专门人才，终难成大势。

1. 先秦时期

殷商与西周时期，人们除了会制造船舶之外，已能制成帆而利用风力航行。甲骨文用“凡”通假“帆”字，说明殷人行船已经使用帆，不过，这时的帆一般主要用在陆地江河航行中。而随着春秋战国时期各国的海上活动兴起，人们航海的地理知识逐渐增加，将中国东部外测的不同水划成“北海”（今渤海）、“东海”（今黄海）、“南海”（今东海）。人们已了解到“百川归海”并一开始在沿海巡航。同时，人们在江河和航海过程中，逐渐认识了风，并利用风和帆航行。

先秦时期，人们在认识风的同时，也对一些云雨气象有所了解，如《尚书·洪范》“月之从星，则从风雨”等都是人们在航行中注意天气变化而总结出的经验规律。

这一时期，人们对海洋水文特别是潮汐有一定的了解。如《尚书·禹贡》“朝夕迎之，则遂行而上”等，说明当时人们已知知道趁涨潮出海，利用海洋定向潮流，顺流而下。

值得一提的是，春秋战国时期，海上导航技术已与天文学联系起来。战国时期人们已经对二十八星宿和一些恒星进行了定量观测，并取得了可喜成果，并把海上航行与天文学相结合，利用北极星为航行定向。战国时期，磁石“司南”已发明。但其用途主要用于陆上定位。春秋战国时期主要以太阳和北极星为海上导航标志。

总之，先秦时期的航海技术已有一定的基础，人们对海洋的认识逐渐深刻，对洋流、风力、潮汐，和海上天文、气象知识有一定的认识，利用太阳和北极星为海上导航标志，并发明了海上测天体高度的仪器。

2. 秦汉时期

秦汉时代的远洋航海，人们已开始自觉使用季风航海。中国人已掌握了西太平洋与北印度洋的季风规律，并已应用于航海活动。实际上，东汉应劭在《风俗通义》已经提到："五月有落梅风，江淮以为信风。""落梅风"意即梅雨季节以后出现的东南季风。两汉时期人们只有利用季风，才能做远洋航行。

在先秦时期天文导航的基础上，秦汉时期的导航技术有了进一步的提高。据《汉书·艺文志》载，西汉时海上导航的占星书已有《海中星占验》十二卷，《海中五星经杂事》二十二卷等有关书籍总计达一百三十六卷之多，可能是中国航海人员载航海过程中总结出来的天文经验和规律。其内容应是记录航海中对星座、行星等位置判定以确认航线。

除天文导航外，地文导航与陆地定位在航海中也占十分重要的地位。

汉时，人们已能利用"重差法"精确测量海上地形地貌。唐代李淳风《海岛精算》记载了这种利用矩或表进行两次观测，可求得海岛之高度和与船的距离，这对后世航图的测绘及航程的推算具有深远的影响。

汉时，人们对潮汐已不仅局限于水面的涨落，而能找出其中的原因。王充在《论衡·书虚篇》第一次科学地将潮汐成因与月球运动联系起来，反映了人们对潮汐认识的进步，同时对人们航海借海潮流向进出港湾有一定的帮助。

总之，秦汉时期造船业发达，已能利用季风航行，天文和地理导航几何进一步提高，并能对潮汐现象做出科学合理的解释，航海技术的进步，使中国步入世界先进航海国家的行列。

3. 魏晋南北朝时期

三国两晋南北朝时期造船业发展的同时，航海知识与技术得到了进一步的充实和提高。

三国王震《南州异物志》对当时航行于南海水域的海船风帆驶风技术有所描述："其四帆不正前向，皆驶邪移，相聚已取风吹，邪张相取风气"这段记载说明了当时中国南海航行者已拥有增减随宜的四帆帆船，掌握"邪张相取风气"的打偏驶风技术，并在印度洋上的航线，也是利用七帆帆船驶风而航行的。

随着三国以后的航海活动增多，对西太平洋和印度洋的信风规律已有所认识和利用。

这一时期航海技术有所进步，还表现在人们已对航行所经海区的海岸地形有了初步了解，如对今南海的珊瑚已有所认识，同时天文导航技术也已采用。

4. 隋唐五代时期

隋唐五代时期航海技术趋于成熟，人们已能熟练运用季风航行，天文、地理导航水平都有明显提高，对潮汐也能进一步正确解释。

唐代，人们已能认识到北起日本海，南至南海的风有规律的到来和结束，这种与航行有关的季风成为"信风"。在利用这些信风航行的同时，人们已能正确地归纳和总结出这些信风的来去规律。如义净正是借着对南海季风、北印度洋及孟加拉湾的季风和洋流规律的认识和利用而乘船到达东南亚室利佛逝国而还归中国的。同时唐代人对海洋气象有了进一步认识，已能利用赤云、晕虹等来预测台风。

唐代天文定位术的发展，集中体现在利用仰测两地北极星的高度来确定南北距离变化的大地测量术。开元年间天文学家僧一行已可以利用"复矩"仪器来测量北极星距离地面的高度,虽与实际数字有一定的差距,但这是世界首次对子午线的实测,而且这种测量术很可能已经在航行中使用。唐代航行者已掌握利用北极星的高度而进行定位导航。

与天文定位术一样,隋唐地文导航技术也有一定提高。“广州通海夷道”中对航海方向、距离、时间已相对具体,对某些地区的地理位置或地形特征已有明确的地文定位描述,并且对远洋航行中的人工航标也有记录。特别是随着数学的进步,航海家已经能在勾股定律相似关系的原理基础上,运用两次观测计算的“重差法”来测量陆标,大大提高了海岸测量术的水平。

在《海涛志》中,作者窦叔深入研究了潮汐运动与月亮运动的同步规律,对潮汐运动中的形成原因、大小潮出现的时间、计算方式、潮汐循环的周期等做了详细的论述。而稍后的封演,也对一月之中潮汐逐日推移的规律做了非常清晰的论述。

5. 两宋时期

两宋时期航海技术的提高,最突出的是指南针的广泛应用。

宋以前的航海指引,一般是凭天象、天体识别方向,夜以星星指路,日倚太阳辨向,至北宋时期,航海技术开始了重大的突破,已能利用指南针航行。而指南针的应用,在南宋时期发展成罗盘形构,随着精确度不断提高,应用越来越广泛海上航行已逐步依靠指南针指示方向,比北宋时期更为进步。也促进了中外海上交通的发展。指南针应用于航海,是世界人类文明史上的重大突破,对世界文明文化的发展作出了重大的贡献。

在两宋时期,有关海图的记述已十分明确,如徐兢的《宣和奉使高丽图经》和刘豫献于金主亶的海道图等,都说明了当时海图的发展。海上交通航线的发展,为海道图的产生创造了条件。海道图的产生出现,是人类海洋知识不断积累的结果,为人类进一步征服海洋,发展海上交通事业,提供了更多的技术工具与技术知识。在海洋地理识别探测方面也有较大进步。根据天气变化确定方位,判断环境。并已懂得利用长绳系砣测量海深,并从砣底所粘附的海底泥沙判断航行位置及情况。而且还能利用季风航行,其驾驭风力的技术也具有相当水平。在海上航行安全方面也有一定的保障措施。利用信鸽作为海上交通工具。并已能进行水下修补船只,防止渗漏致沉。由于航海技术不断提高,令两宋时期的对外海上交通更具安全,航向更为稳确,航行时间也大为缩短,有利于中外海上交通贸易的进一步发展。

6. 元朝时期

元代指南针的应用更为普遍,也更为精确,已成为船舶必备的航海工具。元代航海中,把指南针许多针位点连结起来,以标明航线,称之为针路。指南针应用的技术进一步提高。以天干、地支和四卦作为航海罗盘上编排的航路方位,这样,海船航行更能精确地确定航向,把握航线。

元朝航海技术的提高,还表现在对海岸天象与规律的认识与掌握,以保证海船航行的安全与稳定。元朝海上交通,已能熟悉地掌握与利用季风规律。元朝航海家在长期的海上交通实践中,总结经验,编成有关潮汛、风信、气象的口诀。

而有关的口诀据称“屡验皆应”,说明了元朝对海洋气象变化规律,已有相当程度的认识与掌握,有助于进一步驾驭海洋,促进海外交通贸易的进一步发展。

7. 明朝时期

明朝的航海技术主要表现在对海洋综合知识的运用以及航行技术方面有较大的提高与

进步。

(1)关于航路航向

明代指南针的应用更为普及与精确。过去指南针的运用,主要是单针与缝针之法。但明人《顺风相送》中已经有"定三针方法""定四针方法"。虽然不详其具体应用方法,但应该可以肯定其航路航向必然更为清晰准确,几个指南针一起运用于确定航向,还必须有计量单位,确定航程。至迟在明代已经以"更"作为计量单位运用于航海之中。明清时期,一更约为六十里计。因此,"更"并非是一个单纯的计时单位,而是指一更时间内,船舶在标准航速下所通过的里程。以"更"用于航海,也是明代航海技术发展的一个标志,它与指南针结合,可以推算船位航速,令航行路线方向更为精确,明代"针""更"结合的航海方法已十分普遍,反映了明代航海技术所具有的先进性。

(2)关于地形水

大海航行,必须了解航路的地形水势,掌握航道的水深及暗礁浅滩,才能安全可靠地进行海上交通活动。

明人测量水地深浅名为打水,以托为单位。明人在航海图绘制方面也作出了很大的贡献。虽然宋元时期已有航海图样问世,但只是以沿海为主,远洋航海似未能备及。直至明代,航海图的绘制已有很大的进步,具有很高的水平,不仅沿海地区,海外远洋地区也有掌握,最典型的是明人茅元仪所辑《武备志》卷二百四十附图上所载的《郑和航海图。该图自南京绘图,一直至东非沿岸,航图遍及广大西太平洋与印度洋海岸地区,记载了五百多个地名,并绘有针路,各处星位高低。对于航行途中的山峰、岛屿、浅滩、礁岩、险狭用的海图,显示了明人对掌握航路地形水势的必要性与重要性,具有深刻的认识。在实际应用中更反映了明代航海技术的发展水平。明代航海者对海外航路的地形水势已有相当的掌握。明代类似对航路地形水势的具体指南,趋于综合化与形象化,反映了明代航海技术的提高。明《东江疏揭塘报节抄》:"除一而移会登莱巡抚(袁可立)外,既经委臣查勘前来,合行覆请,伏乞皇上亟赐册号封典敕于该部,速遣使臣航海前来,不致风高浪阻,误敕封大典,并误疆场大事也。"

(3)关于航海天象

观天象,包括星位、信风及海流潮汛的变化规律。

牵星术来确定船舶的航行位置。牵星术,乃是当时一种利用天文状况进行测位的航海技术。即在船上利用牵星板来观察某一星辰的高度,借以确定船只所在的地理位置。特别是在深海中,地形水势难以提供有效的识别,无所凭依,往往以天象来确定航位。《郑和航海图》中就附有《过洋牵星图》,记录在印度洋地区的牵星航海。

对信风的利用。明人费信《星槎胜览·占城图》中云:"十二月,福建五虎门开洋,张十二帆,顺风十昼夜至占城国。"又明人马欢《瀛涯胜览·满喇加》中谓,归航,"等候南风正顺,于五月中旬开洋回还"。表明明人对季风规律的掌握与运用,已经十分得心应手。

明人对海上风云气候、海流潮汐的变化规律也十分熟悉。《顺风相送》和《指南证法》中就记载了许多关于这方面的气象记录和歌诀,说明了明人对航海天象的认识与重视,如《顺风相送》中"逐月恶风法""定潮水消长时候""论四季电歌""四方电候歌"等。按农历月日,对海洋气象的风雨规律作了详尽的记述。

8.清朝前中期

清朝前中期的航海技术虽然没有很大创新,但是对于海洋地理的重要性还是具有充分的认识与总结。航海图的绘制也有相当的水平。清陈伦炯《海国闻见录》中就有附图六幅,这些图较前人的地图详备、精确。陈氏《海国闻见录》中的《天下沿海形势录》,更对中国东北、东南沿海的海洋地貌、水文航运都有详细的说明。这些都具有重要海上指南价值。

在航海应用技术中,基本上继承前人的传统方式。但也有一定程度的发展。指南针的应用,普遍使用三针法,对航海天象观察、航海地形水势都有系统的掌握。并且开始以沙漏计时。比起传统的焚烧更香以及日月位置估算时间更为精确。清前期沙漏的运用,说明了当时在吸收外国航海技术的基础上,不断提高航海工具的技术性能与技术水平。

第四章　航海家的故事

1. 哥伦布(发现新大陆)

意大利航海家。生于意大利热那亚,卒于西班牙巴利亚多利德。先后移居葡萄牙和西班牙。

哥伦布一生从事航海活动。先后移居葡萄牙和西班牙。哥伦布相信大地球形说,认为从欧洲西航可达东方的印度和中国。

在西班牙国王支持下,1492 年 8 月 3 日,42 岁的哥伦布领着 87 名水手,分乘三只船从巴罗斯港出航。队员中有相当一部分是哥伦布的朋友,佣人,也有好奇的官员们。相当一部分是以这次航行为条件特赦的犯人。船上装有大炮,与当地土著居民做交易的物品以及 6 个月粮食和其他食品。旗舰"圣玛利亚号",重 130 吨,长约 35 米,甲板长 18 米,有 3 根桅杆,并备有角帆,由哥伦布任船长。

哥伦布先后 4 次出海远航(1492 ~ 1493 年,1493 ~ 1496 年,1498 ~ 1500 年,1502 ~ 1504 年)。到了牙买加、波多黎各等岛屿以及中美、南美洲大陆沿岸等地方。当时他误认为这就是亚洲,直到他去世时,还不知道这是一个从未被人知晓的"新大陆"。所以,加勒比海一些岛屿至今还被称为西印度群岛。哥伦布先后到达巴哈马群岛、古巴、海地、多米尼加、特立尼达等岛。在帕里亚湾南岸首次登上美洲大陆。开辟了横渡大西洋到美洲的航路。

哥伦布考察了中美洲洪都拉斯到达连湾 2000 多公里的海岸线;认识了巴拿马地峡;发现和利用了大西洋低纬度吹东风,较高纬度吹西风的风向变化。哥伦布证明了大地球形说的正确性。促进了旧大陆与新大陆的联系。哥伦布误认为到达的新大陆是印度,并称当地人为印第安人。

偌大一个美洲,在当时还不为世人所知。所以,人们称哥伦布发现了"新大陆"。哥伦布虽然没有绕地球一周,但他勇于开辟新航路的探险精神,几百年来一直鼓舞和激励着人们去探索未知的世界。

(1)第一次航行　到达古巴岛

第一次航行始于 1492 年 8 月 3 日,哥伦布率船员 87 人,分乘 3 艘船从西班牙巴罗斯港出发。

10 月 12 日哥伦布到达并命名了巴哈马群岛的圣萨尔瓦多岛。10 月 28 日到达古巴岛,哥伦布误认为这就是亚洲大陆。

随后哥伦布来到西印度群岛中的伊斯帕尼奥拉岛(今海地岛),在岛的北岸进行了考察。1493 年 3 月 15 日返回西班牙。

(2)第二次航行　探索"印度大陆"

第二次航行始于 1493 年 9 月 25 日,哥伦布率船 17 艘从西班牙加的斯港出发。

目的是要到哥伦布所谓的亚洲大陆印度建立永久性殖民统治。参加航海的达 1500 人,其中有王室官员、技师、工匠和士兵等。

1494 年 2 月因粮食短缺等原因,大部分船只和人员返回西班牙。哥伦布率船 3 艘在古巴岛和伊斯帕尼奥拉岛以南水域继续进行探索“印度大陆”的航行。

在这次航行中,哥伦布的船队先后到达了多米尼加岛、背风群岛的安提瓜岛和维尔京群岛,以及波多黎各岛。1496 年 6 月 11 日哥伦布回到西班牙。

(3)第三次航行 欧洲人首次发现南美洲

第三次航行是 1498 年 5 月 30 日开始的。哥伦布率船 6 艘、船员约 200 人,由西班牙塞维利亚出发。

航行目的是要证实在前两次航行中发现的诸岛之南有一块大陆(即南美洲大陆)的传说。7 月 31 日船队到达南美洲北部的特立尼达岛以及委内瑞拉的帕里亚湾。这是欧洲人首次发现南美洲。

此后,哥伦布由于被控告,于 1500 年 10 月被国王派去的使者逮捕后解送回西班牙。因各方反对,哥伦布不久获释。

(4)第四次航行 船被损坏

第四次航行始于 1502 年 5 月 11 日,哥伦布率船 4 艘、船员 150 人,从加的斯港出发。

哥伦布第三次航行的发现已经震动了葡萄牙和西班牙,许多人认为他所到达的地方并非亚洲,而是一个欧洲人未曾到过的“新世界”。于是斐迪南国王和伊莎贝拉王后命令哥伦布再次出航查明,并寻找新大陆中间通向太平洋的水上通道。

哥伦布到达伊斯帕尼奥拉岛后,穿过古巴岛和牙买加岛之间的海域驶向加勒比海西部,然后向南折向东沿洪都拉斯、尼加拉瓜、哥斯达黎加和巴拿马海岸航行了约 1500 公里,寻找两大洋之间的通道。哥伦布并从印第安人处得知,他正沿着一条隔开两大洋的地峡行驶。

由于一艘船在同印第安人冲突中被毁,另三艘也先后损坏,哥伦布于 1503 年 6 月在牙买加弃船登岸,1504 年 11 月 7 日返回西班牙。

哥伦布说过:那些能在别人认为的不毛之地里挖出黄金和甘泉的人被称为天才。

2. 达·伽马

达·伽马(约 1469—1524,葡萄牙语:Vasco da Gama),出生于葡萄牙锡尼什,葡萄牙航海家、探险家,从欧洲绕好望角到印度航海路线的开拓者。

青年时代的达·伽马参加过葡萄牙与西班牙的战争,后到葡宫廷任职。1497 年 7 月 8 日受葡萄牙国王派遣,率船从里斯本出发,寻找通向印度的海上航路,船经加那利群岛,绕好望角,经莫桑比克等地,于 1498 年 5 月 20 日到达印度西南部卡利卡特。同年秋离开印度,于 1499 年 9 月 9 日回到里斯本。伽马在 1502 ~ 1503 年和 1524 年又两次到印度,后一次被任命为印度总督。伽马通航印度,促进了欧亚贸易的发展。在 1869 年苏伊士运河通航前,欧洲对印度洋沿岸各国和中国的贸易,主要通过这条航路。这条航路的通航也是葡萄牙和欧洲其他国家在亚洲从事殖民活动的开端。

1524 年,达·伽马在印度科钦去世,享年 53 岁。

1497 年 7 月 8 日达·伽马奉葡萄牙国王曼努埃尔之命,率领四艘船共计 140 多水手,由首都里斯本启航,踏上了去探索通往印度的航程。于是他循着 10 年之前迪亚士发现好望角的航路，迂回曲折地驶向东方。

水手们历尽千辛万苦，在足足航行了将近 4 个月时间和 4500 多海里之后，来到了与好望角毗邻的圣赫勒章湾，看到了一片陆地。向前将遇到可怕的暴风袭击，水手们无意继续航行，纷纷要求返回里斯本，而此时达・伽马则执意向前，宣称不找到印度他是决不会罢休的。

圣诞节前夕，达・伽马率领的船队终于闯出了惊涛骇浪的海域，绕过了好望角驶进了西印度洋的非洲海岸。

1497 年圣诞节时，达・伽马来到南纬 31°附近一条高耸的海岸线面前，他想起这一天是圣诞节，于是将这一带命名为纳塔尔，现今南非共和国的纳塔尔省名即由此而来，葡语意为“圣诞节”。继后，船队逆着强大的莫桑比克海流北上，巡回于非洲中部赞比西河河口。1498 年 4 月 1 日当船队抵达今肯尼亚港口蒙巴萨，当地酋长自认为这批西方人是他们海上贸易的对手，态度极为冷淡。

然而，当达・伽马船队于 1498 年 4 月 14 日来到马林迪港口抛锚停泊时，却受到马林迪酋长的热情接待。他想与葡萄牙人结成同盟以对付宿敌蒙巴萨酋长，并为达・伽马率领的船队提供了一名理想的导航者，即著名的阿拉伯航海家艾哈迈镕・伊本・马吉德。这位出生于阿拉伯半岛阿曼地区的导航员马吉德，是当时著名的航海学专家，由他编著的有关西印度洋方面的航海指南至今仍有一定的使用价值。

达・伽马率领的船队依靠经验丰富的领航员马吉德的导航，于 1498 年 4 月 24 日从马林迪启航，乘着印度洋的季风，沿着他所熟知的航线，一帆风顺地横渡了浩瀚的印度洋，于 1498 年 5 月 20 日到达印度南部大商港卡利卡特。而该港口正好是半个多世纪以前，我国著名航海家郑和所经过和停泊的地方。

1498 年 8 月 29 日达・伽马带着香料、肉桂和五六个印度人率领船队返航，途中经过马林迪，并在此建立了一座纪念碑，这座纪念碑至今还矗立着。

1499 年 9 月带着剩下一半的船员胜利地回到了里斯本。

1502 年 2 月达・伽马再度率领船队开始了第二次印度探险，目的是建立葡萄牙在印度洋上的海上霸权地位。船队途经基尔瓦时，达・伽马背信弃义地把该国埃米尔扣押到自己的船上，威胁埃米尔臣服葡萄牙向葡萄牙国王进贡。船队在坎纳诺尔附近海面上，达・伽马捕俘了一艘阿拉伯商船，将船上几百名乘客，包括妇女儿童全部烧死。据一名葡萄牙目击者叙述：“……在持续了长时间的战斗之后，司令以残暴和最无人性的手段烧毁了那只船，烧死了船上所有的人。”

为了减弱和打击阿拉伯商人在印度半岛上的利益，达・迦马下令卡利卡特城统治者驱逐该地阿拉伯人，尔后又在附近海域的一次战斗中，击溃了阿拉伯船队。1503 年 2 月，达・伽马满载着从印度西南海岸掠夺来的大量价值昂贵的香料，乘着印度洋的东北季风，率领 13 艘船只向葡萄牙返回，同年 10 月回到了里斯本。据说，达・伽马此次航行掠夺而来的东方珍品：香料、丝绸、宝石等，其所得纯利竟超过第二次航行总费用的 60 倍以上。

当达・伽马完成了第二次远航印度的使命后，得到了葡萄牙国王的额外赏赐，1519 年受封为伯爵。1524 年，他被任命为印度副王。同年 4 月以葡属印度总督身份第三次赴印度，9 月到达果阿，不久染疾。12 月在卡利卡特逝世。

3. 麦哲伦

麦哲伦(全名费南多·德·麦哲伦;葡萄牙文:Fernão de Magalhães;西班牙文:Fernando de Magallanes;1480—1521),葡萄牙探险家,为西班牙政府效力探险。1519～1521年率领船队首次环航地球,死于与菲律宾当地部族的冲突中。虽然他没有亲自环球,但他船上余下的水手却在他死后继续向西航行,回到欧洲。

麦哲伦1480年出生于葡萄牙北部波尔图的一个没落的骑士家庭。10岁时他的父亲将他送进王宫服役,他后来担任王后的侍童。1496年,他被编入国家航海事务所,1505年参加了葡萄牙第一任驻印度总督阿尔梅达的远征队。先后跟随远征队到过东部非洲、印度和马六甲等地探险和进行殖民活动。这段经历使他积累了丰富的航海经验。

25岁那年,他参加了对非洲的殖民战争。以后,又与阿拉伯人为争夺贸易地盘打了战役。30岁离开印度回国。但是,他在归国途中触礁,被困在一个孤岛上。麦哲伦和他的海员们等了很长时间才等到援救船只。随后他升任船长,并在军队里服役。

他在东南亚参与殖民战争时了解到,香料群岛东面还是一片大海。而且,他的朋友占星学家法力罗亦计算出香料群岛的位置。他猜测,大海以东就是美洲,并坚信地球是圆的。于是,他便有了做一次环球航行的打算。

33岁时,麦哲伦回到了家乡葡萄牙。他向葡萄牙国王曼努埃尔申请组织船队去探险,进行一次环球航行。可是,国王没有答应,因为国王认为东方贸易已经得到有效的控制,没有必要再去开辟新航道了。1517年,他离开了葡萄牙,来到了西班牙塞维利亚并又一次提出环球航行的请求。塞维利亚的要塞司令非常欣赏他的才能和勇气,答应了他的请求,并把女儿也嫁给了他。

1518年3月,西班牙国王查理五世接见了麦哲伦,麦哲伦再次提出了航海的请求,并献给了国王一个自制的精致的彩色地球仪。国王很快就答应了他。不久,在国王的指令下,麦哲伦组织了一支船队准备出航。

但是,葡萄牙国王很快知道这一件事,他害怕麦哲伦的这一次航行会帮助西班牙的势力超过葡萄牙。于是,他不但派人在塞尔维亚不断制造谣言,还派了一些奸细打进麦哲伦的船队,并准备伺机破坏,暗杀麦哲伦。

1519年8月10日,麦哲伦率领五条船的船队出发了。船队在大西洋中航行了70天,11月29日到达巴西海岸。第二年1月10日,船队来到了一个无边无际的大海湾。船员们以为到了美洲的尽头,可以顺利进入新的大洋,但是经过实地调查,那只不过是一个河口,即现在乌拉圭的拉普拉塔河。

3月底,南美进入隆冬季节,于是麦哲伦率船队驶入圣胡安港准备过冬。由于天气寒冻,粮食短缺,船员情绪十分颓丧。船员内部发生叛乱,三个船长联合反对麦哲伦,不服从麦哲伦的指挥,责令麦哲伦去谈判。麦哲伦便派人假意去送一封同意谈判的信,并趁机刺杀了叛乱的船长。

不久,麦哲伦在圣胡安港发现了大量的海鸟、鱼类还有淡水,饮食问题终于得到解决。麦哲伦还发现附近还有当地的原住居民,这些人体格高大,身披兽皮;他们的鞋子也很特别,他们把湿润的兽皮套在脚上,上至膝盖。雨雪天 就在外面再套一双大皮靴。麦哲伦把他们称为

“大脚人”，并以欺骗的方法逮捕了两个“大脚人”，并戴上脚镣手铐关在船舱里，作为献给西班牙国王的礼物。

8 月，麦哲伦率领船队继续出发。但他们只剩下四条船了。

1520 年 8 月底，船队驶出圣胡安港，沿大西洋海岸继续南航，准备寻找通往“南海”的海峡。经过三天的航行，在南纬 52°的地方，发现了一个海湾。麦哲伦派两艘船只前去探察，希望查明通向“南海”的水道。当夜遇到了一场风暴，狂飙呼啸，巨浪滔天，派出的船只随时都会有撞上悬崖峭壁和沉没的危险，如此紧急情况，竟持续了两天。说来也巧，就在这风云突变的时刻，他们找到了一条通往“南海”的峡道，即后人所称的麦哲伦海峡。

麦哲伦率领船队沿麦哲伦海峡航行。峡道弯弯曲曲，时宽时窄，两岸山峰耸立，奇幻莫测。海峡两岸的土著居民，欢喜燃烧篝火，白日蓝烟缕缕，夜晚一片通明，好像专门为麦哲伦的到来而安排的仪仗队。麦哲伦高兴极了，他在夜里见到陆地上火光点点，便把海峡南岸的这块陆地命名为“火地”，这就是今日智利的火地岛。

经过 20 多天艰苦迂回的航行，终于到达海峡的西口，走出了麦哲伦海峡，眼前顿时呈现出一片风平浪静、浩瀚无际的“南海”。

历经 100 多天的航行，一直没有遭遇到狂风大浪，麦哲伦的心情从来没有这样轻松过，好像上帝帮了他大忙。他就给“南海”起了个吉祥的名字，叫“太平洋”。在这辽阔的太平洋上，看不见陆地，遇不到岛屿，食品成为最关键的难题，100 多个日日夜夜里，他们没有吃到一点新鲜食物，只有面包干充饥，后来连面包干也吃完了，只能吃点生了虫的面包干碎屑，这种食物散发出像老鼠尿一样的臭气。船舱里的淡水也越来越浅，最后只能喝带有臭味的混浊黄水。为了活命，连盖在船桁上的牛皮也被充作食物，由于日晒、风吹、雨淋，牛皮硬得像石头一样，要放在海水里浸泡四五天，再放在炭火上烤好久才能食用。有时，他们还吃了木头的锯末粉。

1521 年 3 月，船队终于到达三个有居民的海岛，这些小岛是马里亚纳群岛中的一些岛屿，岛上土著人皮肤黝黑，身材高大，他们赤身露体，然而却戴着棕榈叶编成的帽子。热心的岛民们给他们送来了粮食、水果和蔬菜。在惊奇之余，船员们对居民们的热情，无不感到由衷的感激。但由于土人们从未见到过如此壮观的船队，对船上的任何东西都表现出新奇感，于是从船上搬走了一些物品，船员们发觉后，便大声叫嚷起来，把他们当做强盗，还把这个岛屿改名为“强盗岛”。当这些岛民偷走系在船尾的一只救生小艇后，麦哲伦生气极了，他带领一队武装人员登上海岸，开枪打死了 7 个土著人，放火烧毁了几十间茅屋和几十条小船。于是在麦哲伦的航行日记上留下了很不光彩的一页。

船队再往西行，来到现今的菲律宾群岛。此时，麦哲伦和他的同伴们终于首次完成横渡太平洋的壮举，证实了美洲与亚洲之间存在着一片辽阔的水域。这个水域要比大西洋宽阔得多。哥伦布首次横渡大西洋只用了两个月零几天的时间，而麦哲伦在天气晴和、一路顺风的情况下，横渡太平洋却用了一百多天。

麦哲伦首次横渡太平洋，在地理学和航海史上产生了一场革命。证明地球表面大部分地区不是陆地，而是海洋，世界各地的海洋不是相互隔离的，而是一个统一的完整水域。这样为后人的航海事业起到了开路先锋的作用。

一天，麦哲伦船队来到萨马岛附近一个无人居住的小岛上，以便在那里补充一些淡水，并让海员们休整一下。邻近小岛上的居民前来观看西班牙人,用椰子、棕榈酒等换取西班牙人的红帽子和一些小玩物。几天以后,船队向西南航行,在棉兰老岛北面的小岛停泊下来。当地土著人的一只小船向"特立尼达"号船驶来,麦哲伦的一个奴仆恩里克用马来西亚语向小船的桨手们喊话,他们立刻听懂了恩里克的意思。恩里克生在苏门答腊岛,是 12 年前麦哲伦从马六甲带到欧洲去的。两个小时后,驶来了两只大船,船上坐满了人,当地的头人也来了。恩里克与他们自由地交谈。这时,麦哲伦才恍然大悟,现在又来到了说马来语的人们中间,离"香料群岛"已经不远了,他们快要完成人类历史上首次环球航行了。

岛上的头人来到麦哲伦的指挥船上,把船队带到菲律宾中部的宿雾大港口。麦哲伦表示愿意与宿雾岛的首领和好,如果他们承认自己是西班牙国王的属臣,还准备向他们提供军事援助。为了使首领信服西班牙人,麦哲伦在附近进行了一次军事演习。宿雾岛的首领接受了这个建议,一星期后,他携带全家大小和数百名臣民作了洗礼,在短时期内,这个岛和附近岛上的一些居民也都接受了洗礼。

麦哲伦成了这些新基督徒的靠山。为了推行殖民主义的统治,他插手附近小岛首领之间的内讧。夜间,他带领 60 多人乘三只小船前往小岛,由于水中多礁石,船只不能靠岸,麦哲伦和船员 50 多人便涉水登陆。不料,反抗的岛民们早已严阵以待,麦哲伦命令火炮手和弓箭手向他们开火,可是攻不进去。接着,岛民向他们猛扑过来,船员们抵挡不住,边打边退,岛民们紧紧追赶。麦哲伦急于解围,下令烧毁这个村庄,以扰乱人心。岛民们见到自己的房子被烧,更加愤怒地追击他们,射来了密集的箭矢,掷来了无数的标枪和石块。当他们得知麦哲伦是船队司令时,攻击更加猛烈,许多人奋不顾身,纷纷向他投来了标枪,或用大斧砍来,麦哲伦就在这场战斗中被砍死。

麦哲伦死后,他的同伴们继续航行。1521 年 11 月 8 日,他们在马鲁古群岛的蒂多雷小岛一个香料市场抛锚停泊。在那里他们以廉价的物品换取了大批香料,如丁香、豆蔻、肉桂等堆满了船仓。

1522 年 5 月 20 日"维多利亚"号船绕过非洲南端的好望角。在这段航程中,船员减少到只剩 35 人。后来到了非洲西海岸外面的佛得角群岛,他们把一包丁香带上岸去换取食物,被葡萄牙人发现,又捉去 13 人,只留下 22 人。

1522 年 9 月 6 日,"维多利亚"号返抵西班牙,终于完成了历史上首次环球航行。当"维多利亚"号船返回圣罗卡时,船上只剩下 18 人了。他们已经极度疲劳衰弱,就是原来认识他们的人也分辨不出来了。他们运回来数量十分可观的香料,一把新鲜的丁香可以换取一把金币,把香料换取金钱,不仅能弥补探险队的全部耗费,而且还挣得一大笔利润。

4. 詹姆斯·库克

詹姆斯·库克(James Cook,1728—1779)人称库克船长(Captain Cook),是英国皇家海军军官、航海家、探险家和制图师,他曾经三度奉命出海前往太平洋,带领船员成为首批登陆澳洲东岸和夏威夷群岛的欧洲人,也创下首次有欧洲船只环绕新西兰航行的纪录。

库克年少时曾于英国商船队服役,在 1755 年加入皇家海军后,他参与过七年战争,后来又在魁北克围城战役期间协助绘制圣劳伦斯河河口大部份地区的地图,战后在 1760 年代为纽芬兰岛制作多张精细的地图。库克绘制地图的才能获得海军部和皇家学会的青睐,促成他在

1766 年获委任为 HMS 奋进号司令,首度出海往太平洋探索。

库克曾经三度出海前往太平洋地区,在数千公里的航程途中深入不少地球上未为西方所知的地带。透过运用测经仪,他为新西兰与夏威夷之间的太平洋岛屿绘制大量地图,地图的精确度和规模皆为前人所不能及的。在探索旅途中,库克也为不少新发现的岛屿和事物命名,大部份经他绘制的岛屿和海岸线地图,都是首次出现于西方的地图集和航海图集内。在历次的航海旅程中,他展现出集合航海技术、测量和绘图技术、逆境自强能力和危机领导能力等各方面的才华。

1779 年 2 月 14 日,库克和他的船员在第三次探索太平洋期间,与夏威夷岛上的岛民发生打斗,不幸身亡。

(1)第一次探索(1768 ~ 1771 年)

库克在 1767 年 11 月 15 日返回英国,碰巧皇家学会正计划派出考察船前往太平洋协助观测金星凌日的天文现象,以求计算出地球与太阳之间的距离,时年 39 岁的库克遂在 1768 年获皇家学会聘用为考察队指挥,并在同年 5 月 25 日获擢升为海军上尉。皇家学会原拟派出地理学家亚历山大・道尔林普(Alexander Dalrymple)为考察队指挥,但碍于考察船由海军部提供,而海军部又要求指挥一位由皇家海军军官出任,结果库克成了最合适的人选。

库克的考察队在 1768 年 8 月 25 日乘坐 HMS 奋进号从英格兰普利茅斯出发,向西横越大西洋后,经南美洲南端合恩角进入太平洋,最终在 1769 年 4 月 13 日抵达位于大洋洲的大溪地。虽然库克在大洋洲期间主要逗留于大溪地,但也到访了附近多个大洋洲岛屿,并把各个岛屿统称为社会群岛。在大溪地,库克一行与当地岛民建立起良好的关系,他们在岛上架设观察台,并在 6 月 3 日观测金星凌日,然而,该次观察结果并不如原先预期般准确和成功。

观察结束后,库克拆开由海军部发出的密函,根据指示接受考察队的秘密任务,就是要在南太平洋寻找广阔且"未知的南方大陆"(即现今所知的南极洲)。库克与奋进号在 1769 年 8 月离开社会群岛向西进发,约两个月后于 10 月 6 日抵达新西兰,新西兰这个地名源于荷兰文"Nova Zeelandia",经库克翻译后,地名遂以英文正名为"New Zealand"。

库克抵达新西兰后随即作环岛航行,虽然他证实了新西兰不是传说中的南方大陆,但却因此成为历来首位环绕新西兰航行的航海家。除此之外,他还得以绘制新西兰全域的海岸线,制成的地图相当准确,只有些微小的错误。探索新西兰期间,经库克命名的地方众多,当中包括波特兰岛、贫穷湾、丰盛湾、霍克湾、水星湾和南阿尔卑斯山脉等地。

库克证实了分隔开新西兰北岛与南岛的库克海峡并不是前人所以为的海湾。不过,库克驶经新西兰最南端的时候,却把那里的岛屿误认为是接壤南岛的一个海岬,并将之命名为"南岬",这处地方即为后人所知的斯图尔特岛。

库克一行在新西兰五个多月,期间曾与当地毛利人接触,一直到 1770 年 3 月 31 日,他们驶离新西兰,继续往西探索,终于在 4 月 19 日抵达澳洲大陆东南方海岸(今澳洲新南威尔士省一带),立下欧洲人首次抵达澳洲东岸的创举。库克有感当地景致与威尔士南部格拉摩根郡(Glamorganshire)相似,遂将之命名为新威尔士,后来又改为新南威尔士。

在 4 月 23 日,库克在周记中纪录了他在波尔利角(Bawley Point)附近的布鲁舒岛(Brush Island)岸边直接见到澳洲原住民的情况,他写到:"……他们的颜色像相当深色或黑色,但我可不知道这究竟是他们真正的肤色，抑或是衣服的颜色。”在4月29日，库克与随员在现称为科内尔半岛（Kurnell Peninsula）的岸边正式登陆，由于随船植物学家约瑟夫·班克斯和丹尼尔·索兰德在该处发现不少独特的物种，因此库克又将该处命名为“植物湾”（Botany Bay）。在那里，库克还首次与一名叫格威盖尔（Gweagal）的原住民进行接触和交流。

从植物湾离开后，库克一行人乘奋进号向北进发，但旅途不太顺利。在6月11日，奋进号在大堡礁一处浅滩触礁受损，随后又于6月18日误进一处河口。一连串事故使奋进号船身严重受损，被迫待在一处海滩（今奋进河河口的库克镇港口附近一带）上进行修理，使整个航程延误近七个星期。奋进号维修过后重新出发，驶经澳洲北端的托利斯海峡，亲自证实了澳洲大陆与新几内亚并不相连。

不久，库克于8月22日在澳洲北端登陆新发现的占领岛（Possession Island），并以英王乔治三世之名宣布该岛与整个新南威尔士为英国领土。此后，库克一行转往巴达维亚（今印尼雅加达），但不少船员在当地感染疟疾死亡，几经波折，奋进号最后途经好望角和圣海伦娜岛，终于1771年6月12日返抵英格兰唐斯（The Downs）。

库克在一次旅程中记录了逾5000公里的海岸线，返国他把自己的周记出版成书，一时为科学界所重视，不过在坊间，出身名门的随船植物学家约瑟夫·班克斯则比库克更有名气。班克斯甚至一度希望取代库克指挥第二次的探索旅程，但最终在旅程开始前选择退出。班克斯退出后，约翰·雷茵霍尔德·福斯特（Johann Reinhold Forster）及其子格奥尔格·福斯特遂取而代之成为第二次旅程的随船科学家。

（2）第二次探索（1772～1775年）

从第一次探索返国后不久，库克就在1771年8月29日擢升为海军中校。翌年，库克再次受皇家学会所托，展开第二次航海旅程，探索传闻中“未知的南方大陆”。在第一次探索中，库克已经证明新西兰并不接壤任何大陆，虽然他几乎勘察了整个澳洲大陆东岸，但从测绘的资料所得，澳洲大陆的规模仍然不及那块神秘大陆，因此那块大陆是否存在，在当时仍然是一个谜。一般相信，如果这块“未知的南方大陆”是存在的，就应该比澳洲大陆位处更南的地方，而亚历山大·道尔林普等皇家学会成员则始终相信，这块南方大陆是确实存在的。

这次旅程除了由库克指挥的HMS决心号（HMS Resolution）带领外，还由托拜厄斯·弗诺负责指挥伴舰HMS探险号（HMS Adventure）同行。在1772年7月13日，两舰从普利茅斯出发，与上一次不同，这次库克向东途经好望角前往太平洋，而且还设法靠南航行，以求发现南方大陆，这使得船队在1773年1月17日创下横跨南极圈的创举。

可是不久以后，决心号和探险号在1773年2月9日于南冰洋因为大雾而分道扬镳，结果两船到5月17日才于新西兰夏洛特王后海湾（Queen Charlotte Sound）的预定会合点重新会合。在失散期间，弗诺的探险号曾驶往塔斯曼尼亚一带，而库克的决心号则驶过新西兰南岛西南岸，期间在1773年3月发现乔基岛，并为该岛绘制地图。

决心号与探险号重新会合后于1773年8月抵达大溪地补给，此后向西进发，于9月转抵一处曾经有西班牙和葡萄牙航海家到访过的群岛，他把这个群岛命名为赫维群岛（即库克群岛旧名）。在10月，库克一行还到访了汤加，更因岛上土著友善热情而获库克称之为“友谊群岛（Friendly Islands）’。

不过,决心号和探险号从汤加返回新西兰途中遇上风暴,于10月30日再度失散。库克本来与弗诺约定在夏洛特王后海湾会合,但先到的库克在11月26日决定先行离去,而后到的弗诺要到四天以后的11月30日才抵达会合点。未能会合库克的弗诺唯有指挥探险号启程返国,但船员在动身起程前与当地毛利人发生争执,造成部分船员死亡,探险号最终在1774年7月14日返抵英格兰。

库克的决心号离探险号而去后,继续在茫茫大海中试图寻找南极洲大陆。在1773年12月,决心号第二度进入南极圈,随后于1774年1月26日第三度驶入南极圈,并于1月30日成功驶至南纬71°10′离南极洲不远的海域,成为整个18世纪中航海家所到过最南的地方。可是,未找到南极洲的库克在这时却因为天气环境恶劣而决定折返,使寻找神秘大陆的希望落空。此后,库克决定待在太平洋地区,以便南半球夏天来临的时候可以再度南下探索。

这个时期的库克游走于大洋洲多处地方,他在1774年2月到访复活节岛后,旋于3月转到马克萨斯群岛,以及在4月重返社会群岛和大溪地。在6月,库克成为首位发现纽埃的西方航海家,他虽然多次尝试登岸,但均被岛上怀有敌意的岛民阻止,结果库克把该岛命名为“野人岛”(Savage Island),并只好返回附近的汤加补给。在1774年7月,库克转抵曾经有欧洲航海家到访的瓦努阿图,而且以苏格兰的赫布里底群岛,把群岛命名为新赫布里底。

不久以后,库克在1774年9月成为首位发现新喀里多尼亚的西方航海家,库克选用的地名则取材自苏格兰古地名喀里多尼亚。在同年11月返回新西兰夏洛特王后海湾前,库克还在途中于10月10日发现诺福克岛,诺福克岛以他的其中一位赞助人,第九代诺福克公爵夫人命名,可是库克命名的时候,还不知道公爵夫人早已于1773年逝世。

在1774年11月,库克的决心号从新西兰出发,向东驶经南美洲南端合恩角进入大西洋,途中在1775年1月17日抵达位于南大西洋的南乔治亚岛。该岛事实上早于1675年已由英国商人安东尼·德拉罗雪(Anthony de la Roché)发现,但库克等人则是首批登陆该岛的西方人。库克抵达后,他不单宣布该岛为英国领土外,还负责勘查和绘制了该岛的地图。

除了南乔治亚岛外,库克又以其随员查尔斯·克拉克(Charles Clerke)的名字,把附近新发现的礁岛命名为克拉克礁岛(Clerke Rocks)。1775年1月31日,库克进一步发现多个细小岛屿,于是以第一海军大臣兼其航海探索赞助人三明治勋爵的封号,把群岛命名为“桑威奇领地”(今南桑威奇群岛)。南乔治亚岛与桑威奇群岛是库克在整个旅程到访的众多岛屿中,唯一一处覆满冰雪的岛屿。

横越南大西洋的库克在1775年3月21日抵达开普敦桌湾,在当地停留五周以维修决心号的索具后,决心号途经圣海伦娜岛和费尔南多·迪诺罗尼亚群岛,最终在7月30日返抵英格兰普利茅斯,时间比探险号足足迟了一年回国。尽管库克返国后提交的报告令人们对发现“未知的南方大陆”的憧憬沉寂下来,但他在第二次航海的其中一项重要成就,是成功运用由英国钟表匠拉科姆·肯德尔(Larcum Kendall)制作的K1型经线仪制作精细的航海图。

这部经线仪让库克在航海途中更精确地计算自己的所在经度,而他在航海日志中更是对肯德尔的K1型经线仪赞口不绝。库克运用这部经线仪制作了不少相当精确的南太平洋航海图,这些航海图一直到20世纪中期仍为航海人士所使用和信赖。

库克返国后于1775年8月9日获进一步擢升为上校舰长(Post-captain),时年47岁的他还获准从皇家海军荣誉退役，并在格林尼治荣军院荣任第四上校。不过，库克一心继续航海事业，因此他只有勉强接受荣誉退役的安排，但他同时要求将来如果获召出海，可以随时卸下荣军院的职务。这个时候的库克已不止为海军部所赏识，他除了在1776年2月29日当选为皇家学会院士外，同年还获学会颁授科普利奖章，以表扬他对科学界的贡献。

两次的航海经历令库克逐渐成为英国家喻户晓的航海家，著名画家纳撒尼尔·丹西尔-霍兰(Nathaniel Dance-Holland)为他作画，传记作家詹姆士·包斯威尔为他设宴，在上议院的辩论中，他甚至被高门世族誉为"欧洲第一航海家"。虽然如此，库克始终不愿长时间待在国内，在1776年，他终于第三度获得机会出发前往太平洋，获指派寻找连接太平洋和大西洋的西北航道，库克在这次旅程负责向东进发，由太平洋前往大西洋，而另一支船队则从反方向向西进发，由大西洋前往太平洋。

(3)第三次探索(1776～1779年)

库克的第三次航海旅程是他人生最后一次航海旅程，如前所述，虽然他的真正任务是要寻找西北航道，但一般的普罗大众却所知不多，只以为他的任务是要把随HMS探险号带来英国的土著欧迈(Omai)送回大溪地。在这次旅程，库克再一次负责指挥HMS决心号，而他的随员查尔斯·克拉克则指挥伴舰HMS发现号(HMS Discovery)。

两舰在1776年7月12日正式由普利茅斯出发，至1777年10月成功把欧迈送回大溪地后，库克的船队随即向北进发，途中于12月24日平安夜发现圣诞岛(即基里巴斯)，未几于1778年1月发现夏威夷群岛，成为历来首批登陆群岛的欧洲人。库克一行于可爱岛(Kauai)威美亚作首次登陆，且决定再以三明治勋爵的封号把群岛命名为"桑威奇群岛"。

在夏威夷停留过后，库克的船队在太平洋向东北方进发，并驶至上加利福尼亚西班牙人聚落以北的北美洲西岸地带。在1778年3月7日，库克等抵达俄勒冈沿岸海域，他除了把最先看到的一处海角命名为恶劣天气角(Cape Foulweather)，又在附近大约位于北纬44°30′的一处岸边登陆。可是，该处地如其名，库克一行不久就因为恶劣天气而被迫向南折到大约北纬43°的地方，此后待天气回复正常，才能够重新沿着海岸向北上溯。

库克的船队此后在不知情下驶过胡安·德·富卡海峡，随后驶进今温哥华岛西部的努特卡海峡(Nootka Sound)，最终于育谷(Yuquot，又名"友谊湾")一个属于努特卡族(现今属于加拿大第一民族之一)的村落附近停靠。在1778年3月29日至4月26日期间，决心号和发现号两船停靠在努特卡海峡一处被库克命名为船湾(Ship Cove)的地方，这个小海湾即今日的决心湾(Resolution Cove)，位置处于今布莱岛(Bligh Island)南端，育谷以东约8公里，两地之间为努特卡海峡所相隔。

库克的船员与育谷村民虽然曾有一些不愉快的经历，但双方关系尚算融洽。在贸易方面，库克一方在夏威夷的时候，他们只要用一些小饰物便可以换取所需物资；但在育谷，他们却要使用更贵重的物品，对方才愿意贸易。一般而言，金属品都是育谷村民接受的物品，但他们很快便对铅、白银和锡制品失去兴趣；至于库克从对方贸易得到最贵重的物品，就只有一些海獭毛皮。

库克一行待在育谷期间，基本上都是由当地村民操控双方贸易，育谷村民甚至曾登上库克的船舰观察，但库克等人却不得入其村。库克也无法得悉谁是当地长老，但有学者推测，当地长老有可能是在16世纪80年代至90年代期间，活跃于皮草贸易的马奎纳(Maquinna)。

离开努特卡海峡后，库克等继续向北上溯至白令海峡，沿途一边探索一边绘制海岸地图，并在阿拉斯加纪录了后人所知的库克湾。在仅仅一次的航海旅程中，库克便为北美洲西北岸绝大部份海岸线绘制航海图，成为第一位为这个地区绘制地图的航海家。从此以后，世界地图首度确定了阿拉斯加的延伸部分，至于俄罗斯以东和上加利福尼亚西班牙聚落以北之间一大片空白的太平洋海岸线，也因为库克的考察成果而得以填补和连接起来。

库克的船队在1778年8月8日驶过威尔士亲王角进入白令海峡，数日后于8月14日驶入北极圈。不过，作出几次尝试的库克始终无法继续北往，在8月18日，决心号和发现号驶至北纬70°44′的海域，这是库克在整个旅程到过最北的地方，但也是在这个时候，受到冰山和冰封的海面阻隔，库克唯有决定向南折返。这时的库克开始泄气，而且还可能得上胃痛的毛病，他对船员的态度变得愈来愈不合理，更要求他们进食被认为不能食用的海象肉。

库克在回程时途经阿留申群岛，期间曾在一些俄罗斯商旅的贸易基地稍作停顿，一直到1778年12月，决心号和发现号驶返夏威夷群岛过冬，在群岛一带巡弋约8个星期后，库克一行人最终在1779年1月17日于凯阿拉凯夸湾登陆，造访群岛最大的岛屿夏威夷岛。库克到访的时候，当地人恰巧正在庆祝“玛卡希基节”(Makahiki)，该节日是一个祭祀波利尼西亚神明龙诺(Lono)和庆祝收成的节日。

无独有偶的是，决心号的桅杆、帆和索具的形态，与部分用于节日祭祀的手工艺品相似，再加上库克一行登岸前，曾经顺时针环绕夏威夷岛一圈，而碰巧祭祀龙诺的队伍也是在岛上顺时针环岛巡游一圈。一连串的巧合使身为决心号舰长的库克被部分岛民误认为是龙诺下凡，一时间对他，甚至他的部分随员顶礼膜拜、奉若神明。当地部族长老还向库克赠与头盔和斗蓬，以突显其在岛民眼中的崇高地位。以上的说法最先由参与探索旅程的人士提出，并得到美国人类学家马歇尔·萨林斯(Marshall Sahlins)等学者支持，但对于库克是否真的被岛民神化，各界始终仍存有一定争议。

(4)遇害身亡

库克与他的船员在夏威夷岛逗留了大约一个月的时间后，于1779年2月4日重新出发，再一次向北寻找西北航道。然而，就在出发后不久，由于决心号的前桅损毁，库克被迫带领船队折返，并在2月11日返回凯阿拉凯夸湾修理。库克的回归不只出乎夏威夷岛民的意料之外，也不为他们所欢迎，原因是祭祀龙诺的“玛卡希基节”已经完结，他们突如其来地回归使岛民大感惊讶和错愕，这不单对岛民的心灵构成沉重打击，更使他们对库克的虔诚信奉转化成为愤怒。

库克一行人返回夏威夷岛后，岛民不单拒绝补给食物和禁止他们砍伐木材，而且还随手抢走他们的物品，种种争执和不和使双方关系变得紧张。1779年2月13日晚，发现号的小艇被当地岛民偷走。库克起初仍不以为然，认为这种偷窃行为在大溪地等小岛屡见不鲜，于是计划在翌日到岛上捉走部族首领或其他岛民作为人质，以求岛民交还小艇。

在2月14日清早，库克带同一批海军陆战队员登陆凯阿拉凯夸湾，试图平息事件，但双方早有成见，再加上彼此误会对方的暗号和枪火，使双方冲突一触即发。在混乱中，库克一方由于寡不敌众，唯有后退到凯阿拉凯夸湾滩头，他不单只安排同伴登上小艇撤退，而且还留守到最后。

就在这个时候,库克被岛民从后打中头部倒地,他虽然立即起来反抗,但随即又被按在地上,然后再被岛民用乱石掷打,继而被人刺死,死时脸部朝下,贴着被浪花冲刷的岸边。终年仅50岁的库克,遇害时间约为早上九时正,除他以外,同时遇害的还有四名海军陆战队员,另有两名海军陆战队员受伤。

后世留传有关库克遇害前的画作,大多数把库克描绘成调停者,尝试在混乱中平息两派纷争;但在2004年公开的一幅画作,却显示库克遇害前挥舞枪支,意图攻击迎面而来的岛民。这幅把库克描绘得富攻击性的画作由画家约翰·克利弗雷(John Cleveley)绘制,而正好克利弗雷的兄弟詹姆士·克利弗雷(James Cleveley)是库克的决心号上的木匠,曾经目击事发经过,因此有学者认为,这幅画作或许更如实记录库克死前的行径,也比其他版本显得更符合前文后理。

根据夏威夷人流传下来的说法,库克是被一名叫“卡拉尼玛诺卡豪奥韦阿哈(Kalanimano-kahoowaha)”的酋长杀害的,而他的遗体与其他遇害海军陆战队员的遗体则当场被岛民拖走。库克虽为岛民杀害,但死后尸首却获得当地部族首领和其他长老保留,他们还以部族首领和最高长老专享的规格,为库克举行丧礼。

在丧礼中,库克尸身的内脏被悉数移除,尸身然后再被烘烤,以便除去肉体;至于剩下的骨头则被小心清洁,以便保存下来作宗教供奉。库克死后,决心号船长一职改由发现号船长查尔斯·克拉克出任,而克拉克的遗缺则由决心号一级上尉约翰·戈尔(John Gore)替补。

克拉克主持大局后很快便成功缓和与岛民的紧张关系,在他的要求下,岛民在1779年2月20日交还库克的部分尸骸,当中包括已经损毁变形和难以辨认的头部以及被切断的双手。库克的右手姆指和食指之间有一道独特的疤痕,而岛民交出的右手与这一特征吻合,因此库克的同僚均相信岛民交出的尸骸正是库克本人。同日,岛民又交出疑似属于库克的颌骨和双脚,还有属于他的一双鞋子和已损毁的滑膛枪。库克的尸骸随后由船员安放于一道棺木内,复于2月21日下午时分举行海葬,把棺木投进大海。

在2月22日,决心号和发现号在克拉克的指挥下重新出发,再一次前往白令海峡,试图继续履行库克寻找西北航道的任务。可是在8月22日,克拉克自己却在距离堪察加半岛不远的海域因结核病病逝。数日后,戈尔于8月25日正式接任决心号船长一职,而发现号船长则由决心号二级上尉詹姆士·金恩(James King)出任。此后,决心号和发现号放弃探索西北航道的计划,决定启程返国。

两船由阿瓦查湾出发,一路沿日本、福尔摩沙、担杆列岛和澳门南下至南中国海,然后由巽他海峡穿过印度洋,再经好望角驶入大西洋,经过长时间的航行,最终在1780年10月7日返抵英国伦敦,正式为前后超过四年的航程划上句号。库克与克拉克的死讯早在决心号和发现号返国前已传至英国,因此两船返国的消息未有引起很大震撼,而库克生前撰写关于第三次航海的周记,则由金恩返国后加以整理和发表。

英王乔治三世曾打算在库克返国后,向他授予世袭从男爵爵位,但因为库克之死而未能实现。虽然如此,英王仍向库克的遗孀伊丽莎白授予一笔可观的长俸,以作慰问。在1785年,乔治三世复向伊丽莎白颁授一面纹章,供库克的家族成员使用。伊丽莎白一直活到1835年,即库克死后56年,才以93岁之龄逝世。

詹姆斯·库克是一位因进行了三次探险航行而闻名于世的伟大探险家。他给人们关于大洋——特别是太平洋的地理学知识增添了新的内容。他还被认为在通过改善船员的饮食——包括增加水果和蔬菜等来预防长期航行中出现的坏血病方面也有所贡献。库克船长在太平洋和南极洲伟大的航行为世界科学发展作出了巨大的贡献，同时他也是第一位绘制澳大利亚东海岸海图的人。

5. 郑和

郑和(1371—1433),明朝太监,原姓马,名和,小名三宝，又作三保,云南昆阳(今晋宁昆阳街道)宝山乡知代村人。中国明朝航海家、外交家。

郑和于明洪武四年(1371年)出生。洪武十三年(1381年)冬明朝军队进攻云南,马和仅十岁,被明军副统帅蓝玉掠走至南京,阉割成太监之后,进入朱棣的燕王府。永乐元年(1403年),姚道衍和尚收马和为菩萨戒弟子,法名福吉祥。

永乐二年(1404年),郑和立下赫赫战功。明成祖朱棣在南京御书“郑”字赐马和郑姓,以纪念战功,史称“郑和”。并升任为内官监太监,官至四品,地位仅次于司礼监。郑和有智略,知兵习战,明成祖对郑和十分信赖。1405到1433年,郑和七下西洋,完成了人类历史上伟大的壮举,宣德八年(1433年)四月,郑和在印度西海岸古里国去世,赐葬南京牛首山。

(1)第一次下西洋

永乐三年六月十五(1405年7月11日)朱棣命正使郑和,副使王景弘率士兵二万八千余人出使西洋,造长44丈广18丈大船62艘,从苏州刘家河泛海到福建,再由福建五虎门杨帆,先到占城(今越南中南部地区),张辅讨平安南后于1406年六月初一,朱棣以平安南诏告天下,改安南为交趾,设立布政使司、都指挥使司、按察使司,正式将安南变成明朝的一个省,郑和向爪哇方向南航。

1406年6月30日在爪哇三宝登陆,进行贸易。时西爪哇与东爪哇内战,西爪哇灭东爪哇,西爪哇兵杀郑和士兵170人,西王畏惧,献黄金6万两,补偿郑和死难士兵。

随后到三佛齐旧港,时旧港广东侨领施进卿来报,海盗陈祖义凶横,郑和兴兵剿灭贼党五千多人,烧贼船十艘,获贼船五艘,生擒海盗陈祖义等三贼首。

郑和船队后到过苏门答腊、满剌加、锡兰、古里等国家。在古里赐其王国王诰命银印,并起建碑亭,立石碑“去中国十万余里,民物咸若,熙嗥同风,刻石于兹,永示万世”。

永乐五年九月初二(1407年10月2日)回国,押陈祖义等献上,陈祖义等被问斩。施进卿被封为旧港宣慰使。旧港擒贼有功将士获赏:指挥官钞一百锭,彩币四表里;千户钞八十锭,彩币三表里;百户钞六十锭,彩币二表里;医士,番火长钞五十锭,彩币一表里,锦布三匹。

(2)第二次下西洋

永乐五年(1407年)九月十三日,在郑和回国十几天后,就第二次下西洋了。主要访问了占城、爪哇、暹罗(今泰国)、满剌加、南巫里、加异勒(今印度南端)、锡兰、柯枝(今印度西南岸柯钦一带)、古里等国。于永乐七年(1409年)夏七八月间回国。

郑和专程到锡兰,对锡兰山佛寺进行布施,并立碑为文,以垂永久。碑文中记有“谨以金银织金、纺丝宝幡、香炉花瓶、表里灯烛等物,布施佛寺以充供养,惟世尊鉴之”。此碑于1911

年在锡兰岛的迦里镇被发现,现保存于锡兰博物馆中,是用汉文、泰米尔文及波斯文所刻,今汉文尚存,是中斯两国友好关系史上的珍贵文物,也是斯里兰卡的国宝。第二次下西洋人数据载有27000人。

(3)第三次下西洋

1409年10月(永乐七年九月),郑和从太仓刘家港启航,姚广孝、费信、马欢等人会同前往,到达越南、马来西亚、印度等地,回国途中访锡兰山,1411年7月6日(永乐九年六月十六)回国。

姚广孝下西洋的史料给另一个关于郑和航海目的的假设也提供了佐证。潘教授说:在《大唐西域记》中,明人的注中有这样的记载:"皇帝遣中使太监郑和,奉香花往诣彼国(指锡兰,今斯里兰卡)供养……当就礼,请佛牙(传为释迦牟尼的牙齿,据说释迦牟尼遗体火化后,牙齿完整无损,称为佛牙舍利)至舟,灵异非常,光彩照耀……永乐九年七月初九至京师。皇帝命于皇城内庄严栴檀金刚宝座贮之……"永乐九年正是郑和第三次下西洋期间。

"姚广孝参与了第三次下西洋,迎回了佛牙,这说明第三次下西洋显然是朱棣事先计划好的,否则就不会派出姚广孝这样级别极高的官员。目的也很明确,那就是'迎佛牙'!"有学者如是分析。至于朱棣为什么要派遣船队,不远万里从斯里兰卡迎回佛牙,更有学者指出,这是因为朱棣是篡建文帝的位上台的,他劳师动众迎回佛牙,一个主要用意可能是为了证明他的正统地位,平息民间的不满和反抗情绪。这种做法,前代的帝王就曾经用过。

(4)第四次下西洋

1413年11月(永乐十一年十一月)出发,随行有通译马欢,绕过阿拉伯半岛,首次航行东非麻林迪,1415年8月12日(永乐十三年七月初八)回国。

1415年11月,麻林迪特使来中国进献"麒麟"(即长颈鹿)。第四次下西洋人数据载有27670人。

(5)第五次下西洋

1417年6月(明永乐十五年五月)出发,随行有蒲寿庚的后代蒲日和,途经泉州,到占城、爪哇,最远到达东非木骨都束、卜喇哇、麻林等国家,1419年8月8日(明永乐十七年七月十七)回国。

(6)第六次下西洋

1421年3月3日(明永乐十九年正月三十)出发,往榜葛刺(孟加拉),史载"于镇东洋中,官舟遭大风,掀翻欲溺,舟中喧泣,急叩神求佑,言未毕,……风恬浪静",中道返回,1422年9月2日(明永乐二十年八月十八)回国。

明永乐二十二年,朱棣死后,明仁宗朱高炽即位,调整了其父的扩张政策,对内采取措施减轻民困,对外进行战略收缩。当时由于营建北京、连年北征,致使军民疲敝、财政紧张,夏元吉劝说他停罢下西洋。

既然明成祖在永乐十九年后再未派遣舟师下西洋,那么明仁宗为什么还要下诏停罢下西洋呢?其实成祖的诏令中,对于下西洋诸项都只是"暂行停止",并没有对下西洋的人员、装备等另行安排处置,下西洋官军还是处在待命状态。仁宗停罢下西洋后,令船只回南京,货物收入府库,内外官员回京,民梢人等各还其家,并停止了船只的修造,显然打算长期停止这一活动。洪熙元年(1425)二月,仁宗又命郑和领下番官军守备南京,与内官王景弘、朱卜花、唐观保协同管理内事,彻底停罢了下西洋事务。仁宣二宗开始整体战略收缩。

(7)第七次下西洋

1431年1月(宣德五年闰十二月初六)从龙江关(今南京下关)启航,朱瞻基因弃交趾导致明朝失去了控制南海的地理优势诸海外藩国多不来朝,为了挽回地缘地震所带来的恶劣影响派遣年老体衰的郑和出使诸国,返航后,郑和因劳累过度于1433年(宣德八年)四月初在印度西海岸古里去世,船队由太监王景弘率领返航,1433年7月22日(宣德八年七月初六)返回南京。重启的这次下西洋当时虽然产生了一定的效果,来自南洋、波斯湾和非洲的大约十五个国家向明朝遣使纳贡。然而之后更多的事实证明,宣德"弃置交趾"所造成的消极影响是长期的和致命的。这一事件沉重地打击了明朝在西洋地区的国际声望,动摇了明朝的宗主国地位。失去了安南意味着失去了西洋,这一点恐怕是朱瞻基也没有料到的。此后西洋番国贡使渐稀,朱棣张辅郑和所经营的西洋朝贡体系趋向松散与瓦解,明朝宗主国的地位名存实亡。

第五章　人类航海史就是人类流动史

在我们赖以生存的地球上，地表面积5.1亿平方公里，其中海洋3.61亿平方公里，占70.8%。32亿年前原始生命在海洋中诞生，3.5亿年前生命从大海向陆地过渡，开始物种进化的瑰丽篇章。自船这种海上交通工具发明之后，人类探索世界的能力不断增强，开始不断地进行着征服海洋的活动，并通过航海把不同社会和文明连接起来，为商品的交换和分配、政治经济权力的展现、思想和文化的融合提供了渠道。直至当今社会，航海业依然是世界经济的重要产业，大宗商品的运输和流动基本都依靠海运。可以说，没有海洋，就没有生命和人类；没有航海，更没有我们的现代文明。

关于航海，我们历史上也曾经因为郑和下西洋而辉煌过，但更因为闭关锁国而饱受摧残。历史的事实已经证明，谁先认识到航海的价值、大力发展航海事业，就能够实现跨越发展，成为军事、经济和文化强国；所有无视航海、闭关锁国的国家基本都沦落为被武力或经济征服的对象。因此，历史的事实告诉我们，拥抱海洋则繁荣，掌握海权则兴国。

当今的世界，是海洋的世界。航运业的发展，缩短了世界各经济体之间的距离，使得跨国贸易、环球贸易变得更加便捷。航海成为经济全球化的载体和基础。据统计，在过去的20年间，全球航海运输量翻了4番，大约90%的全球贸易是通过海运实现的。对此，我们国家有着充分地认识，在总结清国被动挨打经验的基础上，审时度势，提出发展海洋经济，打造海上丝绸之路的宏伟蓝图。未来的蓝图正在写就，历史的经验不能忽视。英国航海考古协会会员和皇家历史学会会员菲利普·德·索萨（Philip de Souza）撰写的《极简海洋文明史》，从航海、贸易、帝国、宗教、食物与健康五个方面，全面讲述了近5000年的航海文明史。正是基于“极简”二字，使得菲利普·德·索萨能够脱离细枝末节的描述，站在宏观的高度，以更为宏大的视角观看人类的航海史，为开发海洋经济、探索海上贸易指出了历史发展规律。

1. 航海工具的进化，代表了时代科技的变化

最早的航海工具起源于可以跨骑的单一原木，之后稍加改进，变成把原木捆绑起来而建造的粗陋船只。人类学家和考古学家在中非的维多利亚湖、图尔卡纳湖和乍得都发现了用芦苇捆绑的简易船只。此外，动物毛皮也被广泛用于制作船只、独木舟和皮筏子。

由于材料获取的便捷性以及材质的物理性质，最受欢迎的制造航海船只材料还是木材。根据文献记载，公元前第三个千年中期，美索不达米亚就开始使用木板制作船只。木板船只更小，力量更大，操纵更灵活。在某种意义上，木板船被用于世界各地，包括哥伦布到达之前的美洲和太平洋群岛。

金属材质参与船舶制造可以追溯至公元前第四个千年，由青铜制造的金属工具被用于船舶建造。公元前第四个千年末，风帆已经开始在地中海、红海和印度洋使用。风帆船是人类伟大的技术革新之一，在文明史上的地位可以比肩陶轮和印刷术。木质帆船在此后2000年首选的海上交通工具。

到公元前第一个千年中期，人类开始使用风帆和船桨两种推动船只的方法，并按照功能进行专业化设计，货船、战船等用途的船只被制造出来。最具代表性的是三角帆船、维京海盗船、浮船、单帆船等等。之后，欧洲造船技术主要进步局限在增加船只吨位和提高航行速度方面。帆船越来越大、船面越来越光滑，桅杆和风帆也越来越多，以便有效地利用风力。西班牙发明的“大帆船”，就是一种船身修长，拥有单层或双层甲板的还穿，前后甲板搞搞翘起，船体镂空用于安放大炮，用以保护大宗货物安全运输。

16 世纪，欧洲发展除了新式战舰，被设计成一个操作平台，目的是远距离炮击敌人。此时的战舰由多层甲板建造而成，重心低而且异常坚固。从 17 世纪到 18 世纪，欧洲大国海船的吨位和火力都在不断增长。17 世纪法国和英国舰队的大战舰都装载了 50～70 门大炮，排水量达到 2000 吨。到 19 世纪中叶，一线作战的军舰可以装在 130 门大炮，排水量达到 3000 吨。

19 世纪开始采用钢铁和蒸汽动力，20 世纪开始采用柴油机动力。在动力技术和螺旋桨技术飞速发展的推动下，真正的巨无霸战舰得以建造出来，排水量达到 5 万吨。后膛式高速发射火炮使他们能够进行远距离攻击。制导导弹和飞机进一步扩大了作战双方之间的距离，但是军舰作为移动炮台的原则基本没有改变。

2. 航海事业的发展，推动了人类活动的交融

经济是航海活动最重要的目的。最早的海上贸易是以物易物，捕鱼共同体用海产品来交换粮食、衣服和工具等。几千年前，生活必需品如食物、家畜、奴隶以及更精致的物品，如香木、香料、贵金属和纺织品贸易等，在古代地中海、印度洋和大西洋地方性或区域性层面上进行。由于可以通过海上贸易获得，他们的价格根本不与实际价值挂钩。但海上贸易网络促进与维持了高度多样化的社会结构，同时社会内部开始出现专职的商人、神职人员、军人和教师。随着食品、原材料和奴隶等物品的贸易交换，这些商品已经深深融入欧洲、地中海地区以及近东和中东、南亚和东亚地区，并成为当地文明化的一部分。从考古发现来看，打火石、陶器、石珠子和衣服配饰都是加勒比地区海上贸易的商品，经由海洋到达世界其他地区。15 世纪，随着汉萨同盟以及威尼斯对海上商业的有力推动，使得全球贸易网络开始发端，以葡萄牙、西班牙和英国为代表的海上势力先后统治了大部分海上贸易。由欧洲殖民主义力量创造的高风险高利润的跨世界贸易网络，随着影响深远的社会与政治变化，形成一种不可小觑的经济动力。现代资本主义的传播以及全球工业化等多种因素造就了现代国家的雏形。我们必须承认，16 至 17 世纪海上贸易的扩张在很大程度上奠定了 21 世纪的世界经济发展，包括其优势与缺陷。15 世纪末到 16 世纪初是世界航海文明史上的分水岭。正是在这个时期，几个欧洲国家开始将它们的航海范围延伸至大西洋、印度洋和太平洋，到达以前他们很少或者没有任何政治经济实力的地区。这次扩张最突出的象征是哥伦布、达伽马、麦哲伦等人的著名航行。全球海路的最终建立，使世界范围的经济和政治网络得以形成。

欧洲各国迅速发展的航海贸易，繁荣了市场经济，拉动本国经济高速发展，加快了资本原始积累，推动产业革命，并带来经济跨越式发展，使之逐步发展成为工业化的现代文明社会。

政治的影响力是通过海上力量实现的。经济网络本质上是贸易网络，它们使国家或者其他组织能够获取、分配、转移和消费诸如食物、金属或木材等资源。政治网络是航海帝国或者联盟，其统治集团指挥别人，以满足自己的需要。事实上，这两种做法经常重叠。最成功的航海文明可以被定义为那些最有效地利用经济网络和政治网络去达成其目的的文明。从最初的葡萄牙发现佛得角、几内亚到哥伦布发现美洲大陆,欧洲大陆和非洲、美洲大陆之间的联系变得更加紧密,随之而来的殖民扩张对西方的资本主义发展起到了重要的促进作用。随着远航成功,西欧各国出现了远航殖民掠夺的高潮,这给非洲与美洲大陆的人民带来了灭顶之灾。在黄金之乡和贩卖黑奴等利益驱使之下,地理大发现变成了赤裸裸的武力征服,并最终演变为残酷的殖民主义统治。

在殖民统治过程中,文化和生活方式也随之输出到弱势国家,在殖民地生根发芽。范围最广泛、影响最深远的当属英国,英语的使用范围更加广泛,英国的政治影响力仍然在殖民地国家中大大存在。

马克思指出:"美洲金银产地的发现,土著居民的被剿灭、被奴役、被埋葬于矿井,对东印度开始进行的征服和掠夺,非洲变成商业性猎获黑人的场所:这一切标志着资本主义生产时代的曙光。这些田园诗式的过程是原始积累的主要要素。"当今社会,殖民地统治的时代已经结束,以政治政策、经济政策殖民的方式依然大行其道,使得被殖民国家发展远远落后于发达国家。

文化交流是航海事业发展的附属品。航海事业的发展推动了世界各国文化大交流。通过东西方航海,沟通了世界海洋,开创了人类活动舞台向海洋的大转移,突破了文化、宗教的区域性,奠定了世界、地区文化的交融性、多元性格局,世界沿海城市均发展成为多元文化的国际化港口城市。特别是在宗教方面,海洋和航海与宗教信仰及宗教习俗有着千丝万缕的联系。在许多宗教中,船象征着通往来世之旅,鱼则象征着死亡和来世。考古学家们在祭祀、葬礼和其他形式的宗教仪式中发现了小型船只,甚至与原物同样大小的船只。人类的力量是有限的,出没于浩瀚的大海,宗教信仰就成了人类最好的精神寄托。

航海事业的发展,使得各国人民能够漂洋过海到达海之彼岸,以寻找新资源和开辟新的生活空间。与此同时,随着人口的流动,宗教也随之落地生根、发芽开花。各大教派传教活动则推动海上贸易网络的形成,同时也产生了教派之间的冲突。比如16、17世纪的欧洲战争就是宗教冲突与争夺霸权的共同产物。这些发生在天主教国家与新教国家之间的战争,如哈布斯堡—瓦鲁瓦战争、三十年战争等,将当时欧洲的主要海上强国西班牙、法国、神圣罗马帝国、荷兰、英国都卷入其中。

其中,宗教跨洋传播最明显的活动就是北美的宗教传播。后来发展为美国核心地区的英属北美殖民地几乎从一开始就有着明显的宗教特征。许多早期的移居者是"清教徒",他们努力在英国国教内部开展严格的加尔文主义思想运动。但到16世纪末,他们经受失败后,寻求在新世界建立一个更神圣更独立的宗教团体。1620年11月,他们乘坐"五月花"号从英国出发到达新大陆的普利茅斯湾并创建了定居地。越来越多的殖民地建立起来,越来越多的务实派清教徒加进来,使得殖民地数量不断膨胀。到1640年移居者达到2万人。相对便利的海上运输为不同区域的殖民者提供了方便,他们可以沿着好望角的海岸线从南到北寻找更多可供选择的定居点。19至20世纪,航船提速、船体增大、海上商业与全球经济融为一体等一系列变化,均推动了来自世界各地的大规模人口迁移。在这里,多种宗教思想相互交织、错综复杂。

3. 航海活动的频发，带动了物种的流动

航海、食物与人类之间的关系很大程度上取决于越洋输送人类和商品的交易网络的性质。众所周知，政治和经济的发展对人类文明中基本的食物与健康水平有重要的影响。

（1）人的流动

排除殖民统治、移民等因素，奴隶的买卖加快了世界各国人口的流动。比如古罗马时期，由于罗马大规模航海，奴隶占有制在社会上占支配地位，使得大规模的奴隶贸易产生了大规模的人员流动。流动更为激烈的当属非洲奴隶贸易，前后延续了400多年，掠夺黑人奴隶几千万人。世界著名的黑人学者杜波依斯曾经讲过：当人们注意到欧洲的太太小姐们开宴会，在客厅里弹钢琴，奏起美妙的音乐，她们白皙的手指在洁白的象牙的琴键上奏起一曲又一曲非常令人沉醉的乐曲，但是谁也没有想到这个白色的下面是黑色和红色。黑色和红色分别是大量黑人奴隶的尸体和鲜血！因为运一支象牙出来，从内地运到海岸，要死4~7个黑人奴隶。

（2）食物的流动

海上航线开辟后，世界各地之间的联系日渐加强，贸易也日渐繁盛。贸易的繁荣就意味着新的产品越来越多地出现在各国的市场上。作为生活必需品的食物，首当其冲。特别是美洲大陆的许多农产品传播到欧亚大陆，欧亚大陆的很多物种也传播到美洲大陆。比如水稻、马铃薯、香料、玉米、蔗糖、棉花以及不同种类的甜味马铃薯、番薯等，跨越大洋实现了物种的交流。物种的交流促进了人口的增长，维持了大规模人口的迁移。

（3）病毒的流动

由于诸多文明之间建立了和海上和陆上贸易联系，因而他们也分享了疾病，且逐渐融合了免疫力。但是突然的远距离运输将携带病原体的船员带到他们以前从未踏足的土地上，会造成生命的巨大痛楚和死亡。传染病通过海上贸易网络进行传播的一个早期例子，是公元前5世纪伯罗奔尼撒战争时期摧毁古代雅典的瘟疫。它似乎起源于波斯或埃及，然后沿着完善建立的海上航线扩散至希腊，于公元前430年到达雅典，致使雅典三分之一的人口死于这场瘟疫，并导致雅典人战败交出海外帝国。后来的黑死病、天花、麻疹、流感、鼠疫等等，都通过全球海上贸易路线扩散到整个世界，给全球经济和社会造成了混乱。虽然随着科学技术的进步和卫生条件的改善，大部分流行疾病得到了遏制，但是疾病越洋交流的历史还远远没有结束。从非洲传播到世界各地的艾滋病就是明证。

航海，本身就是一种流动，一种开放式的流动。所以，要发展海洋事业，就要始终保持一种开放的心态，积极地参与其中，也只有这样才能推动我国的航海事业快速发展。

课外读物Ⅰ

地球

地球(Earth)是太阳系八大行星之一,按离太阳由近及远的次序排为第三颗,也是太阳系中直径、质量和密度最大的类地行星,距离太阳1.5亿公里。地球自西向东自转,同时围绕太阳公转。现有40~46亿岁,它有一个天然卫星——月球,二者组成一个天体系统——地月系统。46亿年以前起源于原始太阳星云。

地球

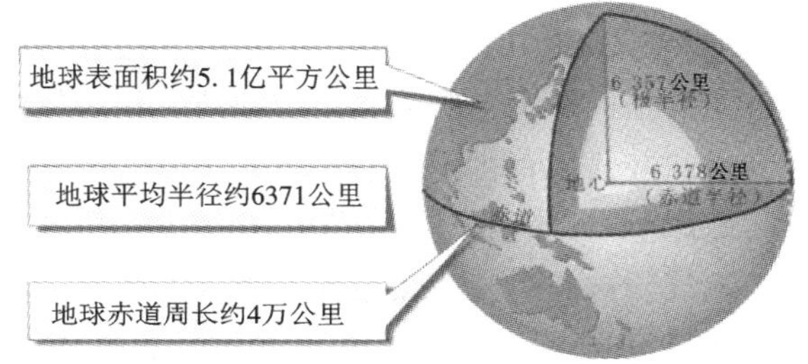

地球结构

地球赤道半径6 378.137公里,极半径6 356.752公里,平均半径约6 371公里,赤道周长大约为40 076公里,呈两极稍扁赤道略鼓的不规则的椭圆球体。地球表面积5.1亿平方公里,其中71%为海洋,29%为陆地,在太空看地球呈蓝色。

地球内部有核、幔、壳结构,地球外部有水圈、大气圈以及磁场。地球是目前宇宙中已知存在生命的唯一的天体,是包括人类在内上百万种生物的家园。

地球表面的气温受到太阳辐射的影响,全球地表平均气温15℃左右。而在不见阳光的地下深处,温度则主要受地热的影响,随深度的增加而增加。在地球中心处的地核温度更高达6 000℃以上,比太阳光球表面温度(5 500℃)更高。地球表面最热的地方出现在巴士拉,最高气温为58.8℃。地球北半球的"冷极"在东西伯利亚山地的奥伊米亚康,1961年1月的最低温度是-71℃。世界的"冷极"在南极大陆,1967年初,俄罗斯人在东方站曾经记录到-89.2℃的最低温度。

因为地球自西向东旋转,而地磁场外部是从磁北极指向磁南极(即南极指向北极),所成的环形电流与地球自转的方向相反,所以是带负电的。

科学家经过长期的精密测量,发现地球并不是一个规则球体,而是一个两极部位略扁赤道稍鼓的不规则椭圆球体,夸张地说,有点像"梨子",称之为"梨形体"。从宇宙空间看地球,仍可将它视为一个规则球体。如果按照这个比例制作一个半径为1米的地球仪,那么赤道半径仅仅比极半径长了大

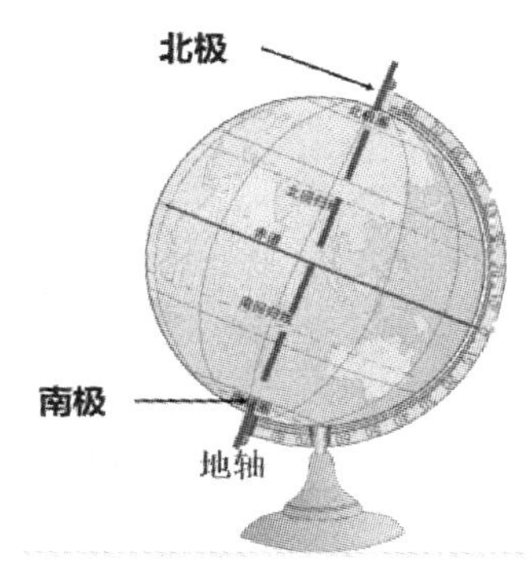

"地球仪"

约3毫米,凭着人的肉眼是难以察觉出来的,因此在制作地球仪时总是将它做成规则球体。

在最近的一个世纪里,地球在宇宙中的位置发生了根本性的拓展。起初,地球被认为是宇宙的中心,而当时对宇宙的认识只包括那些肉眼可见的行星和天球上看似固定不变的恒星。17世纪日心说被广泛接受,其后威廉·赫歇尔和其他天文学家通过观测发现,太阳位于一个由恒星构成的盘状星系中。到了20世纪,对螺旋状星云的观测显示我们的银河系只是膨胀宇宙中的数十亿计的星系中的一个。到了21世纪,宇宙的整体结构开始变得明朗——超星系团构成了包含大尺度纤维和空洞的巨大的网状结构。超星系团、大尺度纤维状结构和空洞可能是宇宙中存在的最大的相干结构。在更大的尺度上(十亿秒差距以上)宇宙是均匀的,也就是说其各个部分平均有着相同的密度、组分和结构。

宇宙是没有“中心”或者“边界”的,因此我们无法标出地球在整个宇宙中的绝对位置。地球位于可观测宇宙的中心,这是因为可观测性是由到地球的距离决定的。在各种尺度上,我们可以以特定的结构作为参照系来给出地球的相对位置。目前依然无法确定宇宙是否无穷。

因为地球气候从亘古到现在都有发生巨大变化并且这种变化将继续演进,很难把地球气候概括。地球上与天气和气候有关的自然灾害包括龙卷风、台风、洪水、干旱等。

两极地气候被两个温度相差并非很大的区域分隔开来:赤道附近宽广的热带气候和稍高纬度上的亚热带气候,降水模式在不同地区也差异巨大,降水量从一年几米到一年少于1毫米的地区都有。

地球陆地主要在北半球,有五个大陆:欧亚大陆、非洲大陆、美洲大陆、澳大利亚大陆和南极大陆,另外还有很多岛屿。大洋则包括太平洋、大西洋、印度洋,北冰洋和南冰洋五个大洋及其附属海域。海岸线共35.6万公里。

陆地上最低点是死海 -418米。全球最低点是马里亚纳海沟 -11 034米。全球最高点是珠穆朗玛峰8 844.43米。

地球圈层分为地球外圈和地球内圈两大部分。地球外圈可进一步划分为四个基本圈层,即大气圈、水圈、生物圈和岩石圈;地球内圈可进一步划分为三个基本圈层,即地幔圈、外核液体圈和固体内核圈。此外在地球外圈和地球内圈之间还存在一个软流圈,它是地球外圈与地球内圈之间的一个过渡圈层,位于地面以下平均深度约150公里处。这样,整个地球总共包括八个圈层,其中岩石圈、软流圈和地球内圈一起构成了所谓的固体地球。对于地球外圈中的大气圈、水圈和生物圈,以及岩石圈的表面,一般用直接观测和测量的方法进行研究。而地球内圈,主要用地球物理的方法,例如地震学、重力学和高精度现代空间测地技术观测的反演等进行研究。地球各圈层在分布上有一个显著的特点,即固体地球内部与表面之上的高空基本上是上下平行分布的,而在地球表面附近,各圈层则是相互渗透甚至相互重叠的,其中生物圈表现最为显著,其次是水圈。

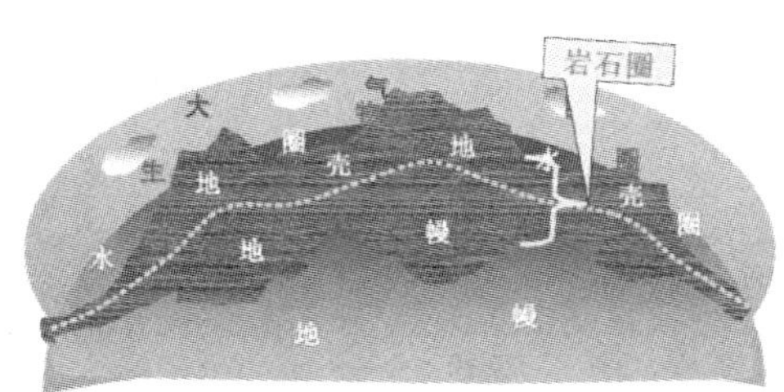

地球的圈层结构

地球大气圈是地球外圈中最外部的气体圈层,它包围着海洋和陆地。大气圈没有确切的上界,在 2 000 ~ 15 000 万公里高空仍有稀薄的气体和基本粒子。在地下,土壤和某些岩石中也会有少量空气,它们也可认为是大气圈的一个组成部分。地球大气的主要成分为氮、氧、氩、二氧化碳和不到 0.04% 比例的微量气体。地球大气圈气体的总质量约为 5.136×10^{21} 克,相当于地球总质量的 0.86% 。由于地心引力作用,几乎全部的气体集中在离地面 100 公里的高度范围内,其中 75% 的大气又集中在地面至 10 公里高度的对流层范围内。根据大气分布特征,在对流层之上还可分为平流层、中间层、热成层等。

水圈包括海洋、江河、湖泊、沼泽、冰川和地下水等,它是一个连续但不很规则的圈层。从离地球数万公里的高空看地球,可以看到地球大气圈中水汽形成的白云和覆盖地球大部分的蓝色海洋,它使地球成为一颗“蓝色的行星”。地球水圈总质量为 1.66×10^{24} g,约为地球总质量的 1/3 600,其中海洋水质量约为陆地(包括河流、湖泊和表层岩石孔隙和土壤中)水的 35 倍。如果整个地球没有固体部分的起伏,那么全球将被深达 2 600 米的水层所均匀覆盖。大气圈和水圈相结合,组成地表的流体系统。

由于存在地球大气圈、地球水圈和地表的矿物,在地球上这个合适的温度条件下,形成了适合于生物生存的自然环境。人们通常所说的生物,是指有生命的物体,包括植物、动物和微生物。据估计,现有生存的植物约有 40 万种,动物约有 110 多万种,微生物至少有 10 多万种。据统计,在地质历史上曾生存过的生物约有 5 ~ 10 亿种之多,然而,在地球漫长的演化过程中,绝大部分都已经灭绝了。现存的生物生活在岩石圈的上层部分、大气圈的下层部分和水圈的全部,构成了地球上一个独特的圈层,称为生物圈。生物圈是太阳系所有行星中仅在地球上存在的一个独特圈层。

对于地球岩石圈,除表面形态外,是无法直接观测到的。它主要由地球的地壳和地幔圈中上地幔的顶部组成,从固体地球表面向下穿过地震波在近 33 公里处所显示的第一个不连续面(莫霍面),一直延伸到软流圈为止。岩石圈厚度不均一,平均厚度约为 100 公里。由于岩石圈及其表面形态与现代地球物理学、地球动力学有着密切的关系,因此,岩石圈是现代地球科学中研究得最多、最详细、最彻底的固体地球部分。由于洋底占据了地球表面总面积的 2/3 之多,而大洋盆地约占海底总面积的 45% ,其平均水深为 4 000 ~ 5 000 米,大量发育的海底火山就是分布在大洋盆地中,其周围延伸着广阔的海底丘陵。因此,整个固体地球的主要表面形态可认为是由大洋盆地与大陆台地组成,对它们的研究,构成了与岩石圈构造和地球动力学有直接联系的“全球构造学”理论。

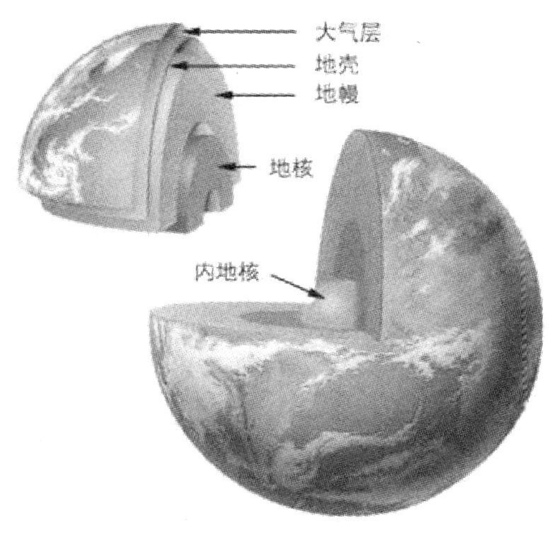

在距地球表面以下约 100 公里的上地幔中,有一个明显的地震波的低速层,这是由古登堡在 1926 年最早提出的,称之为软流圈,它位于上地幔的上部即 B 层。在洋底下面,它位于约 60 公里深度以下;在大陆地区,它位于约 120 公里深度以下,平均深度约位于 60 ~ 250 公里处。现代观测和研究已经肯定了这

个软流圈层的存在。也就是由于这个软流圈的存在,将地球外圈与地球内圈区别开来了。

地震波除了在地面以下约 33 公里处有一个显著的不连续面(称为莫霍面)之外,在软流圈之下,直至地球内部约 2 900 公里深度的界面处,属于地幔圈。由于地球外核为液态,在地幔中的地震波 S 波不能穿过此界面在外核中传播。P 波曲线在此界面处的速度也急剧减低。这个界面是古登堡在 1914 年发现的,所以也称为古登堡面,它构成了地幔圈与外核流体圈的分界面。整个地幔圈由上地幔(33 ~410 公里)、下地幔的 D′层(1 000 ~2 700 公里深度)和下地幔的 D″层(2 700 ~2 900 公里深度)组成。地球物理的研究表明,D′层存在强烈的横向不均匀性,其不均匀的程度甚至可以和岩石层相比拟,它不仅是地核热量传送到地幔的热边界层,而且极可能是与地幔有不同化学成分的化学分层。

地幔圈之下就是所谓的外核液体圈,它位于地面以下约 2 900 ~5 120 公里深度。整个外核液体圈基本上可能是由动力学粘度很小的液体构成的,其中 2 900 ~4 980 公里深度称为 E 层,完全由液体构成。4 980 ~5 120 公里深度层称为 F 层,它是外核液体圈与固体内核圈之间一个很薄的过渡层。

地球八个圈层中最靠近地心的就是所谓的固体内核圈了,它位于 5 120 ~6 371 公里地心处,又称为 G 层。根据对地震波速的探测与研究,证明 G 层为固体结构。地球内层不是均质的,平均地球密度为 5.515 克/厘米^3,而地球岩石圈的密度仅为 2.6 ~3.0 克/厘米^3。由此,地球内部的密度必定要大得多,并随深度的增加,密度也出现明显的变化。地球内部的温度随深度而上升。根据最近的估计,在 100 公里深度处温度为 1 300°C,300 公里处为 2 000°C,在地幔圈与外核液态圈边界处,约为 4 000°C,地心处温度则在 6 000°C 以上。

地球存在绕自转轴自西向东的自转,平均角速度为每小时转动 15 度。在地球赤道上,自转的线速度是每秒 465 米。天空中各种天体东升西落的现象都是地球自转的反映。人们最早利用地球自转作为计量时间的基准。自 20 世纪以来由于天文观测技术的发展,人们发现地球自转是不均的。1967 年国际上开始建立比地球自转更为精确和稳定的原子时。由于原子时的建立和采用,地球自转中的各种变化相继被发现。天文学家已经知道地球自转速度存在长期减慢、不规则变化和周期性变化。

地球自转的周期性变化主要包括周年周期的变化,月周期、半月周期变化以及近周日和半周日周期的变化。周年周期变化,也称为季节性变化,是 20 世纪 30 年代发现的,它表现为春天地球自转变慢,秋天地球自转加快,其中还带有半年周期的变化。周年变化的振幅为 20 ~25 毫秒,主要由风的季节性变化引起。半年变化的振幅为 8 ~9 毫秒,主要由太阳潮汐作用引起的。此外,月周期和半月周期变化的振幅约为 ±1 毫秒,是由月亮潮汐力引起的。地球自转具有周日和半周日变化是在最近的十年中才被发现并得到证实的,振幅只有约 0.1 毫秒,主要是由月亮的周日、半周日潮汐作用引起的。

地球公转的轨道是椭圆的,公转轨道半长径为 149 597 870 公里,轨道的偏心率为 0.016 7,公转的平均轨道速度为每秒 29.79 公里;公转的轨道面(黄道面)与地球赤道面的交角为 23°27′,称为黄赤交角。地球自转产生了地球上的昼夜变化,地球公转及黄赤交角的存在造成了四季的交替。

从地球上看,太阳沿黄道逆时针运动,黄道和赤道在天球上存在相距 180°的两个交点,其中太阳沿黄道从天赤道以南向北通过天赤道的那一点，称为春分点，与春分点相隔 180°的另一点，称为秋分点。太阳分别在每年的春分（3 月 21 日前后）和秋分（9 月 23 日前后）通过春分点和秋分点。对居住的北半球的人来说，当太阳分别经过春分点和秋分点时，就意味着已是春季或是秋季时节。太阳通过春分点到达最北的那一点称为夏至点，与之相差 180°的另一点称为冬至点，太阳分别于每年的 6 月 22 日前后和 12 月 22 日前后通过夏至点和冬至点。同样，对居住在北半球的人，当太阳在夏至点和冬至点附近，从天文学意义上，已进入夏季和冬季时节。上述情况，对于居住在南半球的人，则正好相反。

21 世纪科学家对地球的年龄再次进行了确认，认为地球产生要远远晚于太阳系产生的时间，跨度约为 1.5 亿年，这远远晚于此前认为的 4 500 万年。此前科学家通过太阳系年龄计算公式算出了太阳系产生的时间为 55.68 亿年前，而地球产生的年龄要比太阳系晚 30 亿年到 45 亿年左右，大约为 25.48 亿年前左右。在 2007 年时，瑞士的科学家对此数据进行了修正，认为地球的产生要在太阳系形成的 6 200 万年之后。

科学家一般是通过同位元素铪 182 和钨 182 两种放射元素来计算地球和月球年龄的。铪 182 的衰变期为 900 万年衰变之后的同位素为钨 182，而钨 182 则是地核的组成部分之一。科学家们认为在地球形成时，几乎所有的铪 182 元素全部已经衰变成了钨 182。仅有极少量存在，正是这微量的铪 182 才能够帮助科学家测算地球的真实年龄。尼尔斯研究所的教授说道：“所有的铪完全衰变成钨需要 50 ~ 60 亿年的时间，并且都会沉在地核，而新的表明，地球和月球上地幔含有的元素量高于太阳系，而经过测算时间大约为 1.5 亿年”。

地球有一个卫星月球，月球俗称月亮，也称太阴。在太阳系中是地球唯一的天然卫星。月球是最明显的天然卫星的例子。在太阳系里，除水星和金星外，其他行星里面都有天然卫星。月球直径约 3 476 公里，是地球的 1/4。体积只有地球的 1/49，质量约 7 350 亿吨，相当于地球质量的 1/81，月球表面的重力差不多是地球重力的 1/6。

Ⅱ. 高等数学篇

第一章　函数与极限

第一节　函数

1. 函数概念

定义：设数集 $D\subset R$，f 为定义在 D 上的函数，通常简记为

$$y=f(x),x\in D,$$

其中 x 称为自变量，y 称为因变量，D 称为定义域，可表示为 D_f 。当 x 取 D 的各个数值时对应的函数值的全体组成的数集

$$W=\{\ y|y=f(x),x\in D\ \}$$

称为函数的值域。表示为 R_f。

例题Ⅱ－1－1　求函数 $y=\frac{1}{x}-\sqrt{x^2-4}$ 的定义域。

解：要使函数有意义，必须 $x\neq0$，且 $x^2-4\geqslant0$。

解不等式得 $|x|\geqslant2$。

所以函数的定义域为 $D=\{x||x|\geqslant2\}$，或 $D=(-\infty,2]\cup[2,+\infty])$。

2. 函数的表示方法

表格法、图形法、解析法（公式法）。

函数 $y=|x|=\begin{cases}x, & x\geqslant0\\ -x, & x<0\end{cases}$。

称为绝对值函数，其定义域为 $D=(-\infty,+\infty)$，值域为 $R_f=[0,+\infty)$。

函数 $y=\text{sgn}x=\begin{cases}1, & x>0\\ 0, & x=0\\ -1, & x<0\end{cases}$。

称为符号函数，其定义域为 $D=(-\infty,+\infty)$，值域为 $R_f=\{-1,0,1\}$。

分段函数：在自变量的不同变化范围中，对应法则用不同式子来表示的函数称为分段函数。

设 x 为任意实数。不超过 x 的最大整数称为 x 的整数部分，记作 $[x]$。函数 $y=[x]$ 称为取整函数。其定义域为 $D=(-\infty,+\infty)$，值域为 Z 。

如：$\left[\frac{4}{11}\right]=0$，$[\sqrt{3}]=1$，$[\pi]=3$，$[-1]=-1$，$[-2.5]=-3$。

例题Ⅱ－1－2　求函数 $y=\begin{cases}4\sqrt{x}, & 0\leqslant x\leqslant1\\ 3+2x, & x>1\end{cases}$ 的定义域及 $f(0.5)$、$f(1)$、$f(3)$ 的值。

解:这是一个分段函数,其定义域为 $D=[0,1]\cup(1,+\infty)=[0,+\infty)$。

当 $0\leqslant x\leqslant 1$ 时,$y=4\sqrt{x}$;当 $x>1$ 时,$y=3+2x$。

$f(0.5)=4\sqrt{0.5}=2\sqrt{2}$;

$f(1)=4\sqrt{1}=2$;

$f(3)=3+6=9$。

3. 函数的几种特性

(1)函数的有界性

设函数 $f(x)$ 的定义域为 D,若存在数 M,使对任一 $x\in D$,有 $f(x)\leqslant M$,则称函数 $f(x)$ 在 D 上有上界,而称 M 为函数 $f(x)$ 在 D 上的一个上界. 图形特点是 $y=f(x)$ 的图形在直线 $y=M$ 的下方。

若存在数 M,使对任一 $x\in D$,有 $f(x)\geqslant M$,则称函数 $f(x)$ 在 D 上有下界,而称 M 为函数 $f(x)$ 在 D 上的一个下界. 图形特点是 $y=f(x)$ 的图形在直线 $y=M$ 的上方。

函数 $f(x)$ 无界,就是说对任何 M,总存在 $x_1\in X$,使 $|f(x)|>M$。

$|\cos x|\leqslant 1$,则 $f(x)=\cos x$ 在 $(-\infty,+\infty)$ 上是有界的。函数 $f(x)=x^2$ 在开区间 $(-\infty,+\infty)$ 内是无上界的。

(2)函数的单调性

设函数 $y=f(x)$ 的定义域为 D,区间 $I\subset D$. 如果对于区间 I 上任意两点 x_1 及 x_2,当 $x_1<x_2$ 时,恒有

$$f(x_1)<f(x_2),$$

则称函数 $f(x)$ 在区间 I 上是单调增加的。

如果对于区间 I 上任意两点 x_1 及 x_2,当 $x_1<x_2$ 时,恒有

$$f(x_1)>f(x_2),$$

则称函数 $f(x)$ 在区间 I 上是单调减少的。

单调增加和单调减少的函数统称为单调函数。

函数 $y=x^3$ 在区间 $(-\infty,+\infty)$ 上是单调增加的,$y=3-2x$ 在区间 $(-\infty,+\infty)$ 上是单调减少的。

(3)函数的奇偶性

设函数 $f(x)$ 的定义域 D,如果对于任一 $x\in D$,有 $f(-x)=f(x)$,则称 $f(x)$ 为偶函数。

如果对于任一 $x\in D$,有 $f(-x)=-f(x)$,则称 $f(x)$ 为奇函数。

偶函数的图形关于 y 轴对称,奇函数的图形关于原点对称。

$y=1+x^4$,$y=\cos x$ 都是偶函数。$y=x$,$y=\tan x$ 都是奇函数,$y=1+\sin x$ 是非奇非偶函数。

(4)函数的周期性

设函数 $f(x)$ 的定义域为 D. 如果存在一个正数 T,使得对于任一 $x\in D$ 有 $(x\pm T)\in D$,且 $f(x+T)=f(x)$,则称 $f(x)$ 为周期函数,T 称为 $f(x)$ 的周期。

4. 基本初等函数

幂函数:$y=x^\mu$($\mu\in R$ 是常数);

指数函数：$y=a^x(a>0$ 且 $a\neq 1)$；

对数函数：$y=\log_a x(a>0$ 且 $a\neq 1$，特别当 $a=e$ 时，记为 $y=\ln x)$；

三角函数：$y=\sin x, y=\cos x, y=\tan x, y=\cot x, y=\sec x, y=\csc x$；

反三角函数：$y=\arcsin x, y=\arccos x, y=\arctan x, y=\operatorname{arccot} x$ 。

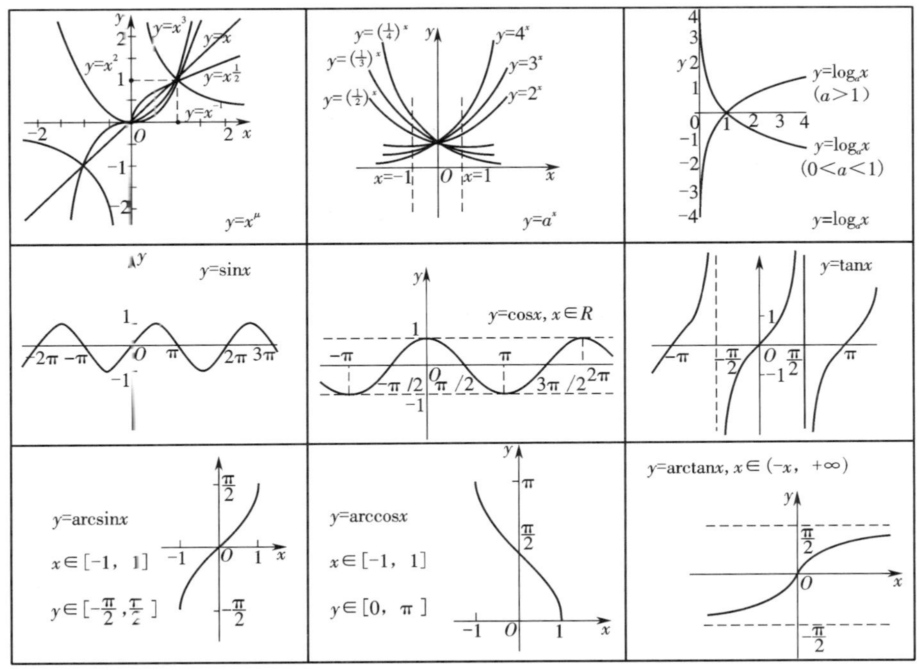

图Ⅱ-1-1　函数图像

5. 复合函数与初等函数

(1)复合函数

设函数 $y=f(u)$ 的定义域为 D_1，函数 $u=g(x)$ 在 D 上有定义且 $g(D)\subset D_1$，则由下式确定的函数

$$y=f[g(x)], x\in D$$

称为由函数 $u=g(x)$ 和函数 $y=f(u)$ 构成的复合函数，它的定义域为 D，变量 u 称为中间变量。

例如，$y=f(u)=\arcsin u$ 的定义域为 $[-1,1]$，$u=g(x)=2\sqrt{1-x^2}$ 在 $D=\left[-1,-\frac{\sqrt{3}}{2}\right]\cup\left[\frac{\sqrt{3}}{2},1\right]$ 上有定义，且 $g(D)\subset[-1,1]$，则 g 与 f 可构成复合函数

$$y=\arcsin 2\sqrt{1-x^2}, x\in D;$$

但函数 $y=\arcsin u$ 和函数 $u=2+x^2$ 不能构成复合函数，这是因为对任意 $x\in R$，$u=2+x^2$ 均不在 $y=\arcsin u$ 的定义域 $[-1,1]$ 内。

(2)初等函数

由常数和基本初等函数经过有限次的四则运算和有限次的函数复合步骤所构成并可用一个式子表示的函数,称为初等函数。例如

$$y=\sqrt{1-x^2},y=\sin^2 x,y=\sqrt{\cot\frac{x}{2}}$$

等都是初等函数。

6. 反函数

给定函数 $y=f(x)$,$x\in D$,$y\in W$,若把 x 作为函数,y 作为自变量,对于任意 $y\in W$,D 上有确定的 x 与 y 对应,则由 $y=f(x)$ 所确定的 $x=\varphi(y)$ 称为 $y=f(x)$ 的反函数。

$y=f(x)$ 称为直接函数。

习惯上 $y=f(x)$ 的反函数 $x=\varphi(y)$ 记作 $y=\varphi(x)$,直接函数与反函数的图像对称于直线 $y=x$。

例如求 $y=\frac{x-1}{x+1}$ 的反函数的时候需要推出 $x=\frac{1+y}{1-y}$,故 $y=\frac{x-1}{x+1}$ 的反函数为 $y=\frac{1+x}{1-x}$。

第二节 数列的极限

一、数列的概念

如果按照某一法则,使得对任何一个正整数 n 有一个确定的数 x_n,则得到一列有次序的数

$$x_1,x_2,x_3,\cdots,x_n,\cdots$$

这一列有次序的数就叫作数列,记为 $\{x_n\}$,其中第 n 项 x_n 叫作数列的一般项。

数列的例子:

$$\left\{\frac{n}{n+1}\right\}:\frac{1}{2},\frac{2}{3},\frac{3}{4},\cdots,\frac{n}{n+1},\cdots$$

$$\{2^n\}:2,4,8,\cdots,2^n,\cdots$$

$$\left\{\frac{1}{2^n}\right\}:\frac{1}{2},\frac{1}{4},\frac{1}{8},\cdots,\frac{1}{2^n},\cdots$$

$$\{(-1)^{n+1}\}:1,-1,1,\cdots,(-1)^{n+1},\cdots$$

$$\left\{\frac{n+(-1)^{n-1}}{n}\right\}:2,\frac{1}{2},\frac{4}{3},\cdots,\frac{n+(-1)^{n-1}}{n},\cdots$$

它们的一般项依次为 $\frac{n}{n+1}$,2^n,$\frac{1}{2^n}$,$(-1)^{n+1}$,$\frac{n+(-1)^{n-1}}{n}$。

二、数列的极限

对于数列 $\{x_n\}$,如果当 n 无限增大时,数列的一般项 x_n 无限地接近于某一确定的数值 a,则称常数 a 是数列 $\{x_n\}$ 的极限,或称数列 $\{x_n\}$ 收敛 a,记为 $\lim\limits_{n\to\infty}x_n=a$。如果数列没有极限,就说数列是发散的。

例如：$\lim\limits_{n\to\infty}\frac{n}{n+1}=1$，$\lim\limits_{n\to\infty}\frac{1}{2^n}=0$，$\lim\limits_{n\to\infty}\frac{n+(-1)^{n-1}}{n}=1$ 都是收敛的，而 $\{2^n\}$，$\{(-1)^{n+1}\}$，是发散的。

对无限接近的刻画：x_n 无限接近于 a 等价于 $|x_n-a|$ 无限接近于 0 。

第三节　函数的极限

一、函数极限的定义

函数的自变量有几种不同的变化趋势：

x 无限接近 x_0：$x\to x_0$。

x 从 x_0 的左侧（即小于 x_0）无限接近 x_0：$x\to x_0^-$ 。

x 从 x_0 的右侧（即大于 x_0）无限接近 x_0：$x\to x_0^+$ 。

x 的绝对值 $|x|$ 无限增大：$x\to\infty$ 。

x 小于零且绝对值 $|x|$ 无限增大：$x\to-\infty$ 。

x 大于零且绝对值 $|x|$ 无限增大：$x\to+\infty$ 。

1. 自变量趋于有限值时函数的极限

如果当 x 无限接近于 x_0，函数 $f(x)$ 的值无限接近于常数 A，则称当 x 趋于 x_0 时，$f(x)$ 以 A 为极限。记作

$$\lim_{x\to x_0}f(x)=A$$

二、单侧极限

若当 $x\to x_0^-$ 时，$f(x)$ 无限接近于某常数 A，则常数 A 叫作函数 $f(x)$ 当 $x\to x_0$ 时的左极限，记为 $\lim\limits_{x\to x_0^-}f(x)=A$ 。

若当 $x\to x_0^+$ 时，$f(x)$ 无限接近于某常数 A，则常数 A 叫作函数 $f(x)$ 当 $x\to x_0$ 时的右极限，记为 $\lim\limits_{x\to x_0^+}f(x)=A$ 。

函数 $f(x)$ 当 $x\to x_0$ 时的极限存在又可定义为：函数 $f(x)$ 当 $x\to x_0$ 时的左极限与右极限相等。

例题Ⅱ－1－3　证明函数 $f(x)=\begin{cases}x-1, & x<0\\ 0, & x=0\\ x+1, & x>0\end{cases}$ 当 $x\to0$ 时的极限不存在。

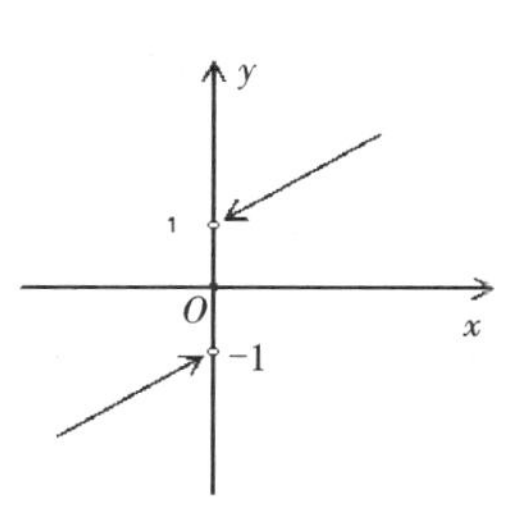

图Ⅱ－1－2

证明：图Ⅱ－1－2 为函数的图像。由于

$$\lim_{x\to0^-}f(x)=\lim_{x\to0^-}(x-1)=-1,$$

$$\lim_{x\to0^+}f(x)=\lim_{x\to0^+}(x+1)=1,$$

所以 $\lim\limits_{x\to0^-}f(x)\neq\lim\limits_{x\to0^+}f(x)$，极限不存在。

三、极限运算法则

如果 $\lim f(x)=A,\lim g(x)=B$，那么

(1) $\lim[f(x)\pm(x)]=\lim f(x)\pm\lim g(x)=A\pm B$；

(2) $\lim f(x)\cdot g(x)=\lim f(x)\cdot\lim g(x)=A\cdot B$；

(3) $\lim\dfrac{f(x)}{g(x)}=\dfrac{\lim f(x)}{\lim g(x)}=\dfrac{A}{B}(B\neq0)$。

例题Ⅱ－1－4 求极限 $\lim\limits_{x\to1}\dfrac{x^2-1}{2x^2-x-1}$。

解： $\lim\limits_{x\to1}\dfrac{x^2-1}{2x^2-x-1}=\lim\limits_{x\to1}\dfrac{(x-1)(x+1)}{(x-1)(2x+1)}=\lim\limits_{x\to1}\dfrac{x+1}{2x+1}=\dfrac{2}{3}$。

例题Ⅱ－1－5 求极限 $\lim\limits_{x\to4}\dfrac{\sqrt{1+2x}-3}{\sqrt{x}-2}$。

解： $\lim\limits_{x\to4}\dfrac{\sqrt{1+2x}-3}{\sqrt{x}-2}=\lim\limits_{x\to4}\dfrac{\sqrt{x}+2}{\sqrt{1+2x}+3}\dfrac{2(x-4)}{(x-4)}=\lim\limits_{x\to4}\dfrac{2(\sqrt{x}+2)}{\sqrt{1+2x}+3}=\dfrac{2(\sqrt{4}+2)}{\sqrt{1+8}+3}=\dfrac{4}{3}$。

例题Ⅱ－1－6 求极限 $\lim\limits_{x\to0}\dfrac{\sqrt{1+\tan x}-\sqrt{1+\sin x}}{x(1-\cos x)}$。

解： 原式 $=\lim\limits_{x\to0}\dfrac{1+\tan x-(1+\sin x)}{x(1-\cos x)(\sqrt{1+\tan x}+\sqrt{1+\sin x})}$

$$=\lim_{x\to0}\frac{1}{\sqrt{1+\tan x}+\sqrt{1+\sin x}}\cdot\lim_{x\to0}\frac{\frac{\sin x}{\cos x}-\sin x}{x(1-\cos x)}$$

$$=\frac{1}{2}\lim_{x\to0}\frac{\sin x}{x}\cdot\lim_{x\to0}\frac{1}{\cos x}=\frac{1}{2}。$$

四、自变量趋于无穷大时函数的极限

设 $f(x)$ 当 $|x|$ 大于某一正数时有定义，当 $x\to\infty$ 时，对应的函数数值 $f(x)$ 无限接近确定的数 A，则称 A 是函数 $f(x)$ 为 $x\to\infty$ 时的极限。记作

$$\lim_{x\to\infty}f(x)=A。$$

类似地可定义

$$\lim_{x\to-\infty}f(x)=A \text{ 和 } \lim_{x\to+\infty}f(x)=A。$$

结论：$\lim\limits_{x\to\infty}f(x)=A\Leftrightarrow\lim\limits_{x\to-\infty}f(x)=A$ 且 $\lim\limits_{x\to+\infty}f(x)=A$。

例Ⅱ－1－7 求极限 $\lim\limits_{x\to\infty}\dfrac{2x^3+4x^2+2}{5x^3+5x^2-3}$。

解： 先用 x^3 去除分子及分母，然后取极限：

$$\lim_{x\to\infty}\frac{2x^3+4x^2+2}{5x^3+5x^2-3}=\lim_{x\to\infty}\frac{2+\dfrac{4}{x}+\dfrac{2}{x^3}}{5+\dfrac{5}{x}-\dfrac{3}{x^3}}=\frac{2}{5}。$$

例题Ⅱ－1－8 求极限$\lim\limits_{n\to\infty}\dfrac{1+2+\cdots+n}{n^2+3n}$。

解: $\lim\limits_{n\to\infty}\dfrac{1+2+\cdots+n}{n^2+3n}=\lim\limits_{n\to\infty}\dfrac{\dfrac{n(n+1)}{2}}{n(n+3)}=\dfrac{1}{2}\lim\limits_{n\to\infty}\dfrac{n+1}{n+3}=\dfrac{1}{2}$。

第四节 无穷小与无穷大

一、无穷小

如果函数$f(x)$当$x\to x_0$(或$x\to\infty$)时的极限为零,那么称函数$f(x)$为当$x\to x_0$(或$x\to\infty$)时的无穷小。

特别地,以零为极限的数列$\{x_n\}$称为$n\to\infty$时的无穷小。

例如:

因为$\lim\limits_{x\to\infty}\dfrac{1}{x}=0$,所以函数$\dfrac{1}{x}$为当$x\to\infty$时的无穷小。

因为$\lim\limits_{x\to1}(x-1)=0$,所以函数为$x-1$当$x\to1$时的无穷小。

因为$\lim\limits_{n\to\infty}\dfrac{1}{n+1}=0$,所以数列$\left\{\dfrac{1}{n+1}\right\}$为当$n\to\infty$时的无穷小。

二、无穷小的性质

(1)有限个无穷小的和也是无穷小。例如,当$x\to0$时,x与$\sin x$都是无穷小,$x+\sin x$也是无穷小。

(2)有界函数与无穷小的乘积是无穷小。例如,当$x\to\infty$时,$\dfrac{1}{x}$是无穷小,$\cos x$是有界函数,所以$\dfrac{1}{x}\cos x$也是无穷小。

(3)常数与无穷小的乘积是无穷小。

(4)有限个无穷小的乘积也是无穷小。

例题Ⅱ－1－9 求极限$\lim\limits_{x\to\infty}\dfrac{\sin x}{x}$。

解: $x\to\infty$时,$\dfrac{\sin x}{x}=\dfrac{1}{x}\cdot\sin x$,是无穷小与有界函数的乘积,所以

$\lim\limits_{x\to\infty}\dfrac{\sin x}{x}=0$。

三、无穷大

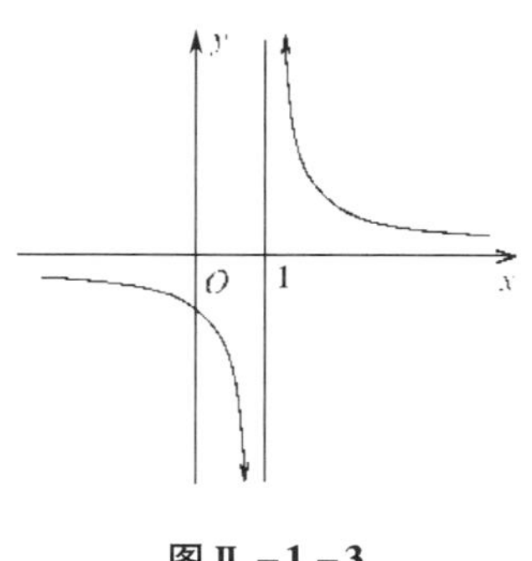

图Ⅱ-1-3

如果当 $x\to x_0$（或 $x\to\infty$）时，对应的函数值的绝对值 $|f(x)|$ 无限增大，就称函数 $f(x)$ 为当 $x\to x_0$（或 $x\to\infty$）时的无穷大。记为

$$\lim_{x\to x_0}f(x)=\infty\ (\text{或}\lim_{x\to\infty}f(x)=\infty)。$$

如果 $\lim\limits_{x\to x_0}f(x)=\infty$，则称直线 $x=x_0$ 是函数 $y=f(x)$ 的图形的铅直渐近线。

如图Ⅱ-1-3，直线 $x=1$ 是函数 $y=\dfrac{1}{x-1}$ 的图形的铅直渐近线。

四、无穷大与无穷小之间的关系

在自变量的同一变化过程中，如果 $f(x)$ 为无穷大，则 $\dfrac{1}{f(x)}$ 为无穷小；反之，如果 $f(x)$ 为无穷小，且 $f(x)\neq 0$，则 $\dfrac{1}{f(x)}$ 为无穷大。

第五节　极限存在准则　两个重要极限

一、极限存在准则

1. 准则Ⅰ

如果数列 $\{x_n\}$、$\{y_n\}$ 及 $\{z_n\}$ 满足下列条件：

(1) $y_n\leqslant x_n\leqslant z_n\ (n=1,2,3,\cdots)$；

(2) $\lim\limits_{n\to\infty}y_n=a$，$\lim\limits_{n\to\infty}z_n=a$；

那么数列 $\{x_n\}$ 的极限存在，且 $\lim\limits_{n\to\infty}x_n=a$。

2. 准则Ⅱ

如果函数 $f(x)$、$g(x)$ 及 $h(x)$ 满足下列条件：

(1) $g(x)\leqslant f(x)\leqslant h(x)$；

(2) $\lim g(x)=A$，$\lim h(x)=A$；

那么 $\lim f(x)$ 存在，且 $\lim f(x)=A$。

注：如果上述极限过程是 $x\to x_0$，要求函数在 x_0 的某一去心邻域内有定义，上述极限过程是 $x\to\infty$，要求函数当 $|x|>M$ 时有定义。

准则Ⅰ及准则Ⅱ称为两边夹准则。

二、下面根据准则Ⅱ证明第一个重要极限

$$\lim_{x\to 0}\frac{\sin x}{x}=1$$

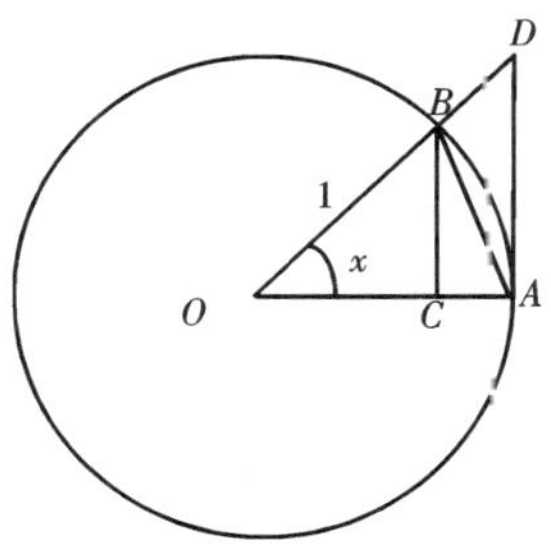

图Ⅱ－1－4

证明:首先注意到,函数$\frac{\sin x}{x}$对于一切 $x\neq 0$ 都有定义。图Ⅱ－1－4 中的圆为单位圆,$BC\perp OA$,$DA\perp OA$,圆心角$\angle AOB$设为$x(0<x<\frac{\pi}{2})$,显然 $\sin x=CB$,$x<\overset{\frown}{AB}$,$\tan x=AD$。因为

$$S_{\triangle AOB}<S_{\text{扇形}AOB}<S_{\triangle AOD},$$

所以

$$\frac{1}{2}\sin x<\frac{1}{2}x<\frac{1}{2}\tan x,$$

即 $\sin x<x<\tan x$。

不等号各边都除以 $\sin x$,就有

$$1<\frac{x}{\sin x}<\frac{1}{\cos x},\text{或}\cos x<\frac{\sin x}{x}<1\text{。}$$

注意此不等式当$\frac{\pi}{2}<x<0$ 时也成立,而$\lim\limits_{x\to 0}\cos x=1$,根据准则Ⅱ,

$$\lim_{x\to 0}\frac{\sin x}{x}=1\text{。}$$

例题Ⅱ－1－10 求极限$\lim\limits_{x\to 0}\frac{\sin x^2}{x}$。

解:原式$=\lim\limits_{x\to 0}\left(\frac{\sin x^2}{x^2}\cdot x\right)=\lim\limits_{x\to 0}\frac{\sin x^2}{x^2}\cdot\lim\limits_{x\to 0}x=1\cdot 0=0$。

例题Ⅱ－1－11 求极限$\lim\limits_{x\to 0}\frac{\tan x-\sin x}{x^3}$。

解:$\lim\limits_{x\to 0}\frac{\tan x-\sin x}{x^3}=\lim\limits_{x\to 0}\frac{\sin x\cdot 1\cdot(1-\cos x)}{x\cdot\cos x\cdot x^2}=\frac{1}{2}$。

例题Ⅱ－1－12 求极限$\lim\limits_{x\to 0}\frac{\tan x}{x}$。

解:$\lim\limits_{x\to 0}\frac{\tan x}{x}=\lim\limits_{x\to 0}\frac{\sin x}{x}\cdot\frac{1}{\cos x}=\lim\limits_{x\to 0}\frac{\sin x}{x}\cdot\lim\limits_{x\to 0}\frac{1}{\cos x}=1$。

例题Ⅱ－1－13 求极限$\lim\limits_{x\to 0}\frac{1-\cos x}{x^2}$。

解:$\lim\limits_{x\to 0}\frac{1-\cos x}{x^2}=\lim\limits_{x\to 0}\frac{2\sin^2\frac{x}{2}}{x^2}=\frac{1}{2}\lim\limits_{x\to 0}\frac{\sin^2\frac{x}{2}}{\left(\frac{x}{2}\right)^2}$

$$=\frac{1}{2}\lim_{x\to0}\left(\frac{\sin\frac{x}{2}}{\frac{x}{2}}\right)^2=\frac{1}{2}\cdot1^2=\frac{1}{2}。$$

准则Ⅲ 单调有界数列必有极限。

如果数列$\{x_n\}$满足条件

$$x_1\leqslant x_2\leqslant x_3\leqslant\cdots\leqslant x_n\leqslant x_{n+1}\leqslant\cdots$$

就称数列$\{x_n\}$是单调增加的;如果数列$\{x_n\}$满足条件

$$x_1\geqslant x_2\geqslant x_3\geqslant\cdots\geqslant x_n\geqslant x_{n+1}\geqslant\cdots$$

就称数列$\{x_n\}$是单调减少的。

单调增加和单调减少数列统称为单调数列。

准则Ⅲ的几何解释:单调增加数列的点只可能向右一个方向移动,或者无限向右移动,或者无限趋近于某一定点A,而对有界数列只可能后者情况发生。

根据准则Ⅲ,可以证明极限$\lim\limits_{n\to\infty}\left(1+\frac{1}{n}\right)^n$存在。

设$x_n=\left(1+\frac{1}{n}\right)^n$,现证明数列$\{x_n\}$是单调有界的。

按牛顿二项公式,有

$$\begin{aligned}x_n&=\left(1+\frac{1}{n}\right)^n\\&=1+\frac{n}{1!}\cdot\frac{1}{n}+\frac{n(n-1)}{2!}\cdot\frac{1}{n^2}+\frac{n(n-1)(n-2)}{3!}\cdot\frac{1}{n^3}+\cdots+\\&\quad\frac{n(n-1)\cdots(n-n+1)}{n!}\cdot\frac{1}{n^n}\\&=1+1+\frac{1}{2!}(1-\frac{1}{n})+\frac{1}{3!}\left(1-\frac{1}{n}\right)\left(1-\frac{2}{n}\right)+\cdots+\\&\quad\frac{1}{n!}\left(1-\frac{1}{n}\right)\left(1-\frac{2}{n}\right)\cdots\left(1-\frac{n-1}{n}\right),\end{aligned}$$

$$\begin{aligned}x_{n+1}&=1+1+\frac{1}{2!}\left(1-\frac{1}{n+1}\right)+\frac{1}{3!}\left(1-\frac{1}{n+1}\right)\left(1-\frac{2}{n+1}\right)+\cdots+\\&\quad\frac{1}{n!}\left(1-\frac{1}{n+1}\right)\left(1-\frac{2}{n+1}\right)\cdots\left(1-\frac{n-1}{n+1}\right)+\\&\quad\frac{1}{(n+1)!}\left(1-\frac{1}{n+1}\right)\left(1-\frac{2}{n+1}\right)\cdots\left(1-\frac{n}{n+1}\right)。\end{aligned}$$

比较x_n,x_{n+1}的展开式,可以看出,除前两项外,x_n的每一项都小于x_{n+1}的对应项,并且x_{n+1}还多了最后一项,其值大于0,因此

$$x_n<x_{n+1}。$$

这就是说数列$\{x_n\}$是单调有界的。

这个数列同时还是有界的。因为x_n的展开式中各项括号内的数用较大的数1代替,得

$$x_n < 1 + 1 + \frac{1}{2!} + \frac{1}{3!} + \cdots \frac{1}{n!} < 1 + 1 + \frac{1}{2} + \frac{1}{2^2} + \cdots + \frac{1}{2^{n-1}} = 1 + \frac{1 - \frac{1}{2^n}}{1 - \frac{1}{2}} = 3 - \frac{1}{2^{n-1}} < 3。$$

根据准则Ⅱ，数列$\{x_n\}$必有极限。这个极限我们用 e 来表示。即

$$\lim_{n\to\infty}\left(1 + \frac{1}{n}\right)^n = e。$$

我们还可以证明

$$\lim_{x\to\infty}\left(1 + \frac{1}{x}\right)^x = e。$$

e 是个无理数，它的值是 e = 2. 718 281 828 459 045…。

指数函数 $y = e^x$ 以及对数函数 $y = \ln x$ 中的底 e 就是这个常数。

在极限 $\lim\,[1 + \alpha(x)]^{\frac{1}{\alpha(x)}}$ 中，只要 $a(x)$ 是无穷小，就有 $\lim[1 + \alpha(x)]^{\frac{1}{\alpha(x)}} = e$。

这是因为，令 $u = \dfrac{1}{\alpha(x)}$，则 $u \to \infty$，于是 $\lim\,[1 + \alpha(x)]^{\frac{1}{\alpha(x)}} = \lim\limits_{u\to\infty}\left(1 + \dfrac{1}{u}\right)^u = e$。

$$\lim_{x\to\infty}(1 + \frac{1}{x})^x = e, \lim\,[1 + \alpha(x)]^{\frac{1}{\alpha(x)}} = e((x)\to 0)。$$

例题Ⅱ-1-14 求极限$\lim\limits_{x\to\infty}(1 - \dfrac{1}{x})^x$。

解：令 $t = x$，则 $x \to \infty$ 时，$t \to \infty$。于是

$$\lim_{x\to\infty}\left(1 - \frac{1}{x}\right)^x = \lim_{t\to\infty}\left(1 + \frac{1}{t}\right)^{-t} = \lim_{t\to\infty}\frac{1}{\left(1 + \frac{1}{t}\right)^t} = \frac{1}{e}。$$

或
$$\lim_{x\to\infty}\left(1 - \frac{1}{x}\right)^x = \lim_{x\to\infty}\left(1 + \frac{1}{-x}\right)^{-x(-1)} = \left[\lim_{x\to\infty}\left(1 + \frac{1}{-x}\right)^{-x}\right]^{-1} = e^{-1}。$$

例题Ⅱ-1-15 求极限$\lim\limits_{x\to\infty}\left(\dfrac{x-1}{x+1}\right)^x$。

解：$$\lim_{x\to\infty}\left(\frac{x-1}{x+1}\right)^x = \lim_{x\to\infty}\left(\frac{1 - \frac{1}{x}}{1 + \frac{1}{x}}\right)^x = \frac{\lim\limits_{x\to\infty}\left[\left(1 + \frac{1}{-x}\right)^{-x}\right]^{-1}}{\lim\limits_{x\to\infty}\left(1 + \frac{1}{x}\right)^x} = \frac{e^{-1}}{e} = e^{-2}。$$

例题Ⅱ-1-16 求极限$\lim\limits_{x\to\infty}\left(\sin\dfrac{1}{x} + \cos\dfrac{1}{x}\right)^x$。

解：$$\lim_{x\to\infty}\left(\sin\frac{1}{x} + \cos\frac{1}{x}\right)^x = \lim_{x\to\infty}\left[\left(\sin\frac{1}{x} + \cos\frac{1}{x}\right)^2\right]^{\frac{x}{2}} = \lim_{x\to\infty}\left(1 + \sin\frac{2}{x}\right)^{\frac{x}{2}}$$

$$= \lim_{x\to\infty}\left[\left(1 + \sin\frac{2}{x}\right)^{\frac{1}{\sin\frac{2}{x}}}\right]^{\frac{\sin\frac{2}{x}}{\frac{2}{x}}} = e^1 = e。$$

例题Ⅱ-1-17 求极限$\lim\limits_{x\to 0}(x + e^x)^{\frac{1}{x}}$。

解：$$\lim_{x\to 0}(x + e^x)^{\frac{1}{x}} = \lim_{x\to 0}e^{\frac{\ln(x + e^x)}{x}} = e^{\lim\limits_{x\to 0}\frac{\ln(x + e^x)}{x}}$$

因为$\lim\limits_{x\to 0}\dfrac{\ln(x+e^x)}{x}=\lim\limits_{x\to 0}\dfrac{1+e^x}{x+e^x}=2$，

故$\lim\limits_{x\to 0}(x+e^x)^{\frac{1}{x}}=e^2$。

例题Ⅱ－1－18 求极限$\lim\limits_{x\leftarrow 0}(\cos x)^{\sin^{-2}\frac{x}{2}}$。

解:原式$=\lim\limits_{x\leftarrow 0}(1-2\sin^2\dfrac{x}{2})^{\sin^{-2}\frac{x}{2}}=\left\{\lim\limits_{x\leftarrow 0}\left[1+(-2\sin^2\dfrac{x}{2})\right]^{-\frac{1}{2}\sin^{-2}\frac{x}{2}}\right\}^{-2}=e^{-2}$。

第六节 函数的连续性与间断点

一、函数的连续性

函数连续的定义:设函数$y=f(x)$在点x_0的某一个邻域内有定义,如果当自变量的增量$\Delta x=x-x_0$趋于零时,对应的函数的增量$\Delta y=f(x_0+x)-f(x_0)$也趋于零,即

$$\lim_{x\to x_0}f(x)=f(x_0),$$

那么就称函数$y=f(x)$在点x_0处连续。

如果$\lim\limits_{x\to x_0^-}f(x)=f(x_0)$,则称$y=f(x)$在点$x_0$处左连续。

如果$\lim\limits_{x\to x_0^+}f(x)=f(x_0)$,则称$y=f(x)$在点$x_0$处右连续。

二、函数的间断点

1.间断定义

设函数$f(x)$在点x_0的某去心邻域内有定义。在此前提下,如果函数$f(x)$有下列三种情形之一:

(1)在x_0没有定义;

(2)虽然在x_0有定义,但$\lim\limits_{x\to x_0}f(x)$不存在;

(3)虽然在x_0有定义且$\lim\limits_{x\to x_0}f(x)$存在,但$\lim\limits_{x\to x_0}f(x)\neq f(x_0)$;

则函数$f(x)$在点x_0为不连续,而点x_0称为函数$f(x)$的不连续点或间断点。

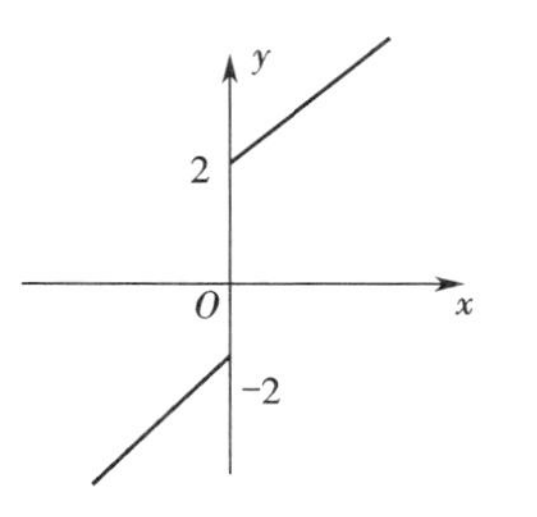

图Ⅱ－1－5

例题Ⅱ－1－19 讨论函数$f(x)=\begin{cases}x+2, & x\geqslant 0\\ x-2, & x<0\end{cases}$在$x=0$的连续性。

解:如图Ⅱ－1－5所示,因为

$$\lim_{x\to 0^+}f(x)=\lim_{x\to 0}(x+2)=2=f(0),$$

$$\lim_{x\to 0^-}f(x)=\lim_{x\to 0}(x-2)=-2\neq f(0),$$

所以$f(x)$在$x=0$右连续,但不左连续,从而$f(x)$在$x=0$不连续。

2.间断点的分类

如果 x_0 是函数 $f(x)$ 的间断点,但左极限及右极限都存在,那么 x_0 称为函数 $f(x)$ 的第一类间断点,左、右极限相等者称为可去间断点,不相等者称为跳跃间断点。

不是第一类间断点的任何间断点,称为第二类间断点,无穷间断点是第二类间断点。

例题Ⅱ-1-20 函数 $f(x)=\begin{cases}\dfrac{\sin x}{x}, & x\neq 0\\ -1, & x=0\end{cases}$,判断间断点及类型。

解: $\lim\limits_{x\to 0}f(x)=1\neq -1=f(0)$。

$x=0$ 是 $f(x)$ 的可去间断点。

例题Ⅱ-1-21 函数 $y=[x]$(取整函数),判断间断点及类型。

解: 因为 $\lim\limits_{x\to n^+}f(x)=n$, $\lim\limits_{x\to x_0^-}=n-1$,所以 $y=[x]$ 的整数点为跳跃间断点。如图Ⅱ-1-6 所示。

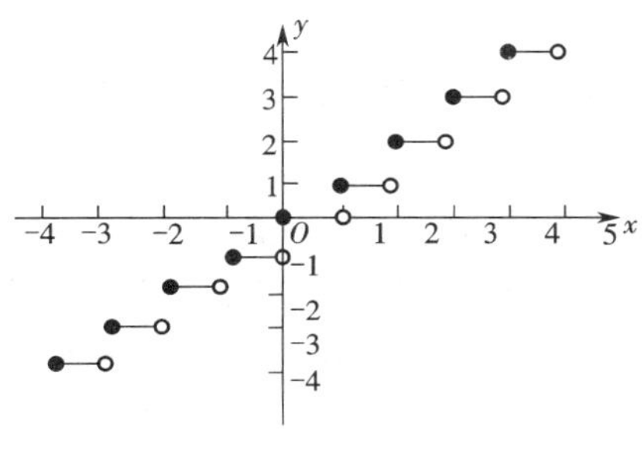

图Ⅱ-1-6

例题Ⅱ-1-22 函数 $f(x)=\dfrac{1}{x}$,判断间断点及类型。

解: $f(x)=\dfrac{1}{x}$, $\lim\limits_{x\to 0}f(x)=\infty$,所以 $x=0$ 是 $f(x)$ 的第二类不连续点。

第七节 闭区间上连续函数的性质

一、最大值最小值定理

设函数 $f(x)$ 在闭区间 $[a,b]$ 上连续,则 $f(x)$ 在 $[a,b]$ 上必能取得最大值(M)与最小值(m)(如图Ⅱ-1-7 所示)。

二、介值定理

设 $f(x)$ 在闭区间 $[a,b]$ 上连续,m 和 M 分别为 $f(x)$ 在 $[a,b]$ 上的最大值与最小值,若 $m<c<M$,则至少存在一点 $\xi\in(a,b)$,使得 $f(\xi)=c$(如图Ⅱ-1-8 所示)。

三、零点定理

设$f(x)$在闭区间$[a,b]$上连续，$f(a)\cdot f(b)<0$，则至少存在一点$\xi\in(a,b)$，使得$f(\xi)=0$（如图Ⅱ－1－9所示）。

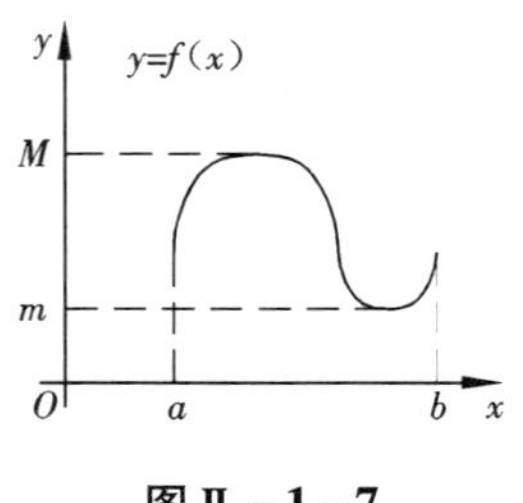

图Ⅱ－1－7

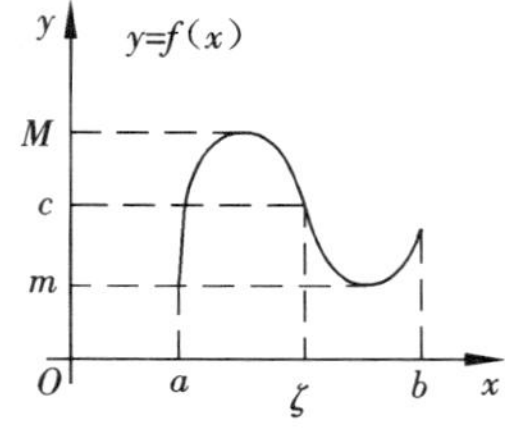

图Ⅱ－1－8

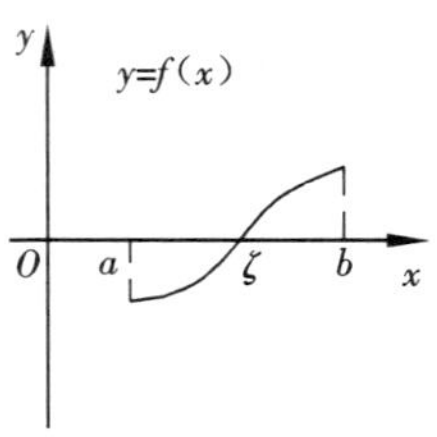

图Ⅱ－1－9

四、最大值与最小值

对于在区间I上有定义的函数$f(x)$，如果有$x_0\in I$，使得对于任一$x\in I$都有

$$f(x)\leqslant f(x_0)\ (f(x)\geqslant f(x_0)),$$

则称$f(x_0)$是函数$f(x)$在区间I上的最大值（最小值）。

例如，函数$f(x)=1+\sin x$在区间$[0,2\pi]$上有最大值2和最小值0。又如，函数$f(x)=\sin x$在区间$(-\infty,+\infty)$内有最大值1和最小值-1。但函数$f(x)=x$在开区间(a,b)内既无最大值又无最小值。

推论：在闭区间上连续的函数必取得介于最大值M与最小值m之间的任何值。

例题Ⅱ－1－23 证明方程$x^3-4x^2+1=0$在区间$(0,1)$内至少有一个根。

证明：函数$f(x)=x^3-4x^2+1$在闭区间$[0,1]$上连续，又$f(0)=1>0$，$f(1)=-2<0$。
根据零点定理，在$(0,1)$内至少有一点ξ，使得$f(\xi)=0$，即$\xi^3-4\xi^2+1=0\ (0<\xi<1)$。
这等式说明方程$x^3-4x^2+1=0$在区间$(0,1)$内至少有一个根是ξx。

复习题Ⅱ－1

一、填空题

1. 设$\mathrm{f}(\mathrm{x})=\sqrt{2-\mathrm{x}}+\lg\lg x$，其定义域为________。
2. 设$f(x)=\ln(x+1)$，其定义域为________。
3. 设$f(x)=\arcsin(x-3)$，其定义域为________。
4. 设$f(x)$的定义域是$[0,1]$，则$f(\sin x)$的定义域为________。
5. 设$y=f(x)$的定义域是$[0,2]$，则$y=f(x^2)$的定义域为________。
6. $\lim\limits_{x\to3}\dfrac{x^2-2x+k}{x-3}=4$，则$k=$________。
7. 函数$y=\dfrac{x}{\sin x}$有间断点________，其中________为其可去间断点。

8. 若当 $x \neq 0$ 时，$f(x)=\dfrac{\sin 2x}{x}$，且 $f(x)$ 在 $x=0$ 处连续，则 $f(0)=$________。

9. $\lim\limits_{n\to\infty}\left(\dfrac{n}{n^2+1}+\dfrac{n}{n^2+2}+\cdots+\dfrac{n}{n^2+n}\right)=$________。

10. 函数 $f(x)$ 在 x_0 处连续是 $|f(x)|$ 在 x_0 连续的________条件。

11. $\lim\limits_{x\to\infty}\dfrac{(x^3+1)(x^2+3x+2)}{2x^5+5x^3}=$________。

12. $\lim\limits_{n\to\infty}\left(1+\dfrac{2}{n}\right)^{kn}=\mathrm{e}^{-3}$，则 $k=$________。

13. 函数 $y=\dfrac{x^2-1}{x^2-3x+2}$ 的间断点是________。

14. 当 $x\to+\infty$ 时，$\dfrac{1}{x}$ 是比 $\sqrt{x+3}-\sqrt{x+1}$________的无穷小。

15. 当 $x\to 0$ 时，无穷小 $1-\sqrt{1-x}$ 与 x 相比较是________无穷小。

16. 函数 $y=\mathrm{e}^{\frac{1}{x}}$ 在 $x=0$ 处是第________类间断点。

17. 设 $y=\dfrac{\sqrt[3]{x}-1}{x-1}$，则 $x=1$ 为 y 的________间断点。

18. 已知 $f\left(\dfrac{\pi}{3}\right)=\sqrt{3}$，则当 a 为________时，函数 $f(x)=a\sin x+\dfrac{1}{3}\sin 3x$ 在 $x=\dfrac{\pi}{3}$ 处连续。

19. 设 $f(x)=\begin{cases}\dfrac{\sin x}{2x}, & x<0\\ (1+ax)^{\frac{1}{x}}, & x>0\end{cases}$，若 $\lim\limits_{x\to 0}f(x)$ 存在，则 $a=$________。

20. 曲线 $y=\dfrac{x+\sin x}{x^2}-2$ 水平渐近线方程是________________。

21. $f(x)=\sqrt{4-x^2}+\dfrac{1}{\sqrt{x^2-1}}$ 的连续区间为________。

22. 设 $f(x)=\begin{cases}x+a, & x\leqslant 0\\ \cos x, & x>0\end{cases}$ 在 $x=0$ 连续，则常数 $a=$________。

二、计算题

1. 求下列函数定义域。

(1) $y=\dfrac{1}{1-x^2}$；　　(2) $y=\sin\sqrt{x}$；

(3) $y=\mathrm{e}^{\frac{1}{x}}$。

2. 下列函数 $f(x)$ 和 $g(x)$ 是否相同？为什么？

(1) $f(x)=\ln x^2, g(x)=2\ln x$；

(2) $f(x)=x, g(x)=\sqrt{x^2}$；

(3) $f(x)=1, g(x)=\sec^2 x-\tan^2 x$。

3. 判定下列函数的奇偶性。

(1) $y=x^2(1-x^2)$；

(2) $y=3x^2-x^3$；

(3) $y=x(x-1)(x+1)$。

4. 求由所给函数构成的复合函数。

(1) $y=u^2, u=\sin v, v=x^2$；

(2) $y=\sqrt{u}, u=1+x^2$；

(3) $y=u^2, u=e^v, v=\sin x$。

5. 计算下列极限。

(1) $\lim\limits_{n\to\infty}(1+\frac{1}{2}+\frac{1}{4}+\cdots+\frac{1}{2^n})$；

(2) $\lim\limits_{n\to\infty}\frac{1+2+3+\cdots+(n-1)}{n^2}$；

(3) $\lim\limits_{x\to2}\frac{x^2+5}{x-3}$；

(4) $\lim\limits_{x\to1}\frac{x^2-2x+1}{x^2-1}$；

(5) $\lim\limits_{x\to\infty}(1+\frac{1}{x})(2-\frac{1}{x^2})$；

(6) $\lim\limits_{x\to2}\frac{x^3+2x^2}{(x-2)^2}$；

(7) $\lim\limits_{x\to0}x^2\sin\frac{1}{x}$；

(8) $\lim\limits_{x\to1}\frac{x^2-1}{\sqrt{3-x}-\sqrt{1+x}}$；

(9) $\lim\limits_{x\to+\infty}x(\sqrt{x^2+1}-x)$。

6. 计算下列极限。

(1) $\lim\limits_{x\to0}\frac{\sin wx}{x}$；

(2) $\lim\limits_{x\to0}\frac{\sin 2x}{\sin 5x}$；

(3) $\lim\limits_{x\to0}x\cot x$；

(4) $\lim\limits_{x\to\infty}\left(\frac{x}{1+x}\right)^x$；

(5) $\lim\limits_{x\to\infty}\left(\frac{x+1}{x-1}\right)^{x-1}$；

(6) $\lim\limits_{x\to0}(1-x)^{\frac{1}{x}}$；

(7) $\lim\limits_{x\to\infty}\left(\frac{2x+3}{2x+1}\right)^{x+1}$。

7. 比较无穷小的阶。

(1) $x\to0$ 时，$2x-x^2$ 与 x^2-x^3；

(2) $x\to1$ 时，$1-x$ 与 $\frac{1}{2}(1-x^2)$。

8. 利用等价无穷小性质求极限。

(1) $\lim\limits_{x\to0}\frac{\tan x-\sin x}{\sin x^3}$；

(2) $\lim\limits_{x\to0}\frac{\sin(x^n)}{(\sin x)^m}$ （n,m 是正整数）。

9. 讨论函数的连续性。

$f(x)=\begin{cases}x-1, & x\leqslant1\\ 3-x, & x>1\end{cases}$ 在 $x=1$。

10. 利用函数的连续性求极限。

(1) $\lim\limits_{x\to\frac{\pi}{6}}\ln(2\cos 2x)$；

(2) $\lim\limits_{x\to+\infty}(\sqrt{x^2+x}-\sqrt{x^2-x})$；

(3) $\lim\limits_{x\to 0}\ln\dfrac{\sin x}{x}$； (4) $\lim\limits_{x\to\infty}\left(1+\dfrac{1}{x}\right)^{2x}$；

(5) 设 $f(x)=\lim\limits_{n\to\infty}\left(1-\dfrac{x}{n}\right)^{n}$，求 $\lim\limits_{t\to 1^{+}}f\left(\dfrac{1}{t-1}\right)$；

(6) $\lim\limits_{x\to\infty}x\ln\left(\dfrac{x-1}{x+1}\right)$。

11. 设函数 $f(x)=\begin{cases} e^{x}, & x<0 \\ a+x, & x\geqslant 0 \end{cases}$。

应当怎样选择 a，使得 $f(x)$ 成为在 $(-\infty,+\infty)$ 内的连续函数。

12. 设 $f(x)=\begin{cases} x\sin\dfrac{1}{x}, & x>0 \\ a+x^{2}, & x\leqslant 0 \end{cases}$，要使 $f(x)$ 在 $(-\infty,+\infty)$ 内连续，应当怎样选择数 a？

13. 设 $f(x)=\begin{cases} e^{\frac{1}{x-1}}, & x>0 \\ \ln(1+x), & -1<x\leqslant 0 \end{cases}$，求 $f(x)$ 的间断点，并说明间断点类型。

14. 证明方程 $x^{5}-3x=1$ 至少有一个根介于 1 和 2 之间。

第二章　导数

第一节　导数的概念

一、导数的定义及变化率

1. 平均变化率和瞬时变化率

(1)平均变化率:函数 $y=f(x)$,如果自变量 x 在 x_0 处有增量 Δx,那么函数 y 相应地有增量 $\Delta y=f(x_0+\Delta x)-f(x_0)$,比值$\frac{\Delta y}{\Delta x}$叫作函数 $y=f(x)$在 x_0 到 $x_0+\Delta x$ 之间的平均变化率,即$\frac{\Delta y}{\Delta x}=\frac{f(x_0+\Delta x)-f(x_0)}{\Delta x}$。

(2)瞬时变化率:当 $\Delta x\to 0$ 时,此时的$\frac{\Delta y}{\Delta x}$就叫作瞬时变化率。

2. 导数的定义

如果当 $\Delta x\to 0$ 时,$\frac{\Delta y}{\Delta x}$有极限,我们就说函数 $y=f(x)$在点 x_0 处可导,并把这个极限叫作 $f(x)$在点 x_0 处的导数,记作$f'(x_0)$或 $y'|_{x=x_0}$。

即 $$f'(x_0)=\lim_{\Delta x\to 0}\frac{\Delta y}{\Delta x}=\lim_{\Delta x\to 0}\frac{f(x_0+\Delta x)-f(x_0)}{\Delta x}。$$

说明:

(1)函数$f(x)$在点 x_0 处可导,是指 $\Delta x\to 0$ 时,n 有极限。如果$\frac{\Delta y}{\Delta x}$不存在极限,就说函数在点 x_0 处不可导,或说无导数。

(2)Δx 是自变量 x 在 x_0 处的改变量,$\Delta x\neq 0$,而 Δy 是函数值的改变量,可以是零。

二、求导数的步骤

①求函数的增量　　$\Delta y=f(x_0+\Delta x)-f(x_0)$

②求平均变化率　　$\frac{\Delta y}{\Delta x}=\frac{f(x_0+\Delta x)-f(x_0)}{\Delta x}$

③取极限,得导数　　$f'(x_0)=\lim\limits_{\Delta x\to 0}\frac{\Delta y}{\Delta x}$

例题Ⅱ-2-1　求函数 $y=x^2$ 的导数。

解:(1)求增量:$\Delta y=(x+\Delta x)^2-x^2=2x\Delta x+(\Delta x)^2$;

(2)算比值：$\frac{\Delta y}{\Delta x}=\frac{2x\Delta x+(\Delta x)^2}{\Delta x}=2x+\Delta x$；

(3)取极限：$y'=\lim\limits_{\Delta x\to 0}\frac{\Delta y}{\Delta x}=\lim\limits_{\Delta x\to 0}(2x+\Delta x)=2x$，即$(x^2)'=2x$。

更一般地有

$$(x^n)'=nx^{n-1}。$$

例题Ⅱ-2-2 讨论$f(x)=\begin{cases}x^2+1, & x<1\\ 2x, & x\geqslant 1\end{cases}$在点 $x=1$ 处的可导性。

解：$f'_-(1)=\lim\limits_{x\to 1^-}\frac{f(x)-f(1)}{x-1}=\lim\limits_{x\to 1^-}\frac{x^2+1-2}{x-1}=2$，

$f'_+(1)=\lim\limits_{x\to 1^+}\frac{f(x)-f(1)}{x-1}=\lim\limits_{x\to 1^+}\frac{2x-2}{x-1}=2$，

所以$f'(1)=2$，$f(x)$在 $x=1$ 可导。

例题Ⅱ-2-3 讨论$f(x)=\begin{cases}x, & x\leqslant 1\\ 2-x, & x>1\end{cases}$在 $x=1$ 的可导性。

解：$f'_-(1)=\lim\limits_{x\to 1^-}\frac{f(x)-f(1)}{x-1}=\lim\limits_{x\to 1^-}\frac{x-1}{x-1}=1$，

$f'_+(1)=\lim\limits_{x\to 1^+}\frac{f(x)-f(1)}{x-1}=\lim\limits_{x\to 1^+}\frac{2-x-1}{x-1}=-1$，

所以$f(x)$在 $x=1$ 不可导。

三、导数几何意义

函数 $y=f(x)$在点 x_0 处的导数等于函数所表示的曲线 L：$y=f(x)$上在相应点(x_0,y_0)处的切线斜率。

有了曲线在点(x_0,y_0)处的切线斜率，就很容易写出曲线在该点处的切线方程，事实上，若$f'(x_0)$存在，则曲线 L 在点 $M(x_0,y_0)$处的切线方程就是：

$$y-y_0=f'(x_0)(x-x_0)。$$

若$\lim\limits_{\Delta x\to 0}\frac{\Delta y}{\Delta x}=\infty$，则切线垂直于 x 轴，切线方程就是 x 轴的垂线 $x=x_0$。

若$f'(x_0)\neq 0$，则过点 $M(x_0,y_0)$的法线方程是

$$y-y_0=-\frac{1}{f'(x_0)}(x-x_0)，$$

而当$f'(x_0)=0$时，法线为 x 轴的垂线 $x=x_0$.

例题Ⅱ-2-4 求曲线 $y=x^3$ 在点(1,1)处的切线方程和法线方程。

解：因为 $y'=3x^2$，由导数的几何意义可知，曲线 $y=x^3$ 在点(1,1)处的切线斜率为 $y'|_{x=1}=3x^2|_{x=1}=3$，所以所求的切线方程为：

$$y-1=3(x-1)，$$

即 $$y=3x-2。$$

法线方程为

$$y-1=-\frac{1}{3}(x-1),$$

即 $$y=-\frac{1}{3}x+\frac{4}{3}。$$

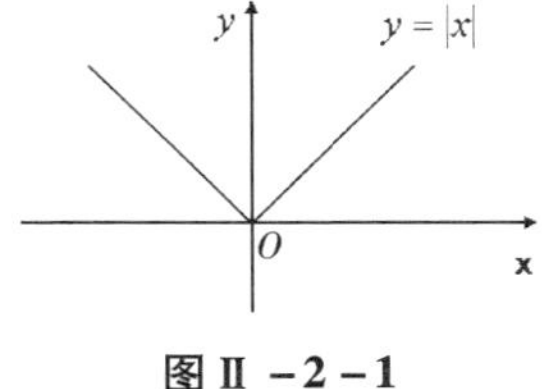

图Ⅱ -2-1

四、函数可导与连续的关系

如果函数 $y=f(x)$ 在点 x 处可导,则函数在该点必连续。一个函数在某点连续却不一定在该点处可导。如 $y=|x|$ 在 $x=0$ 处连续,但不可导。如图Ⅱ -2-1 所示。

第二节 基本初等函数求导

一、基本初等函数求导公式

(1) $(C)'=0$　　(2) $(x^{\alpha})'=\alpha x^{\alpha-1}$

(3) $(a^x)'=a^x\ln a$　　(4) $(e^x)'=e^x$

(5) $(\sin x)'=\cos x$　　(6) $(\cos x)'=-\sin x$

(7) $(\tan x)'=\sec^2 x$　　(8) $(\cot x)'=-\csc^2 x$

(9) $(\sec x)'=\sec x\tan x$　　(10) $(\csc x)'=-\csc x\cot x$

(11) $(\log_a x)'=\frac{1}{x\ln a}$　　(12) $(\ln x)'=\frac{1}{x}$,

(13) $(\arcsin x)'=\frac{1}{\sqrt{1-x^2}}$　　(14) $(\arccos x)'=-\frac{1}{\sqrt{1-x^2}}$

(15) $(\arctan x)'=\frac{1}{1+x^2}$　　(16) $(\operatorname{arccot} x)'=-\frac{1}{1+x^2}$

二、函数的和、差、积、商的求导法则

设 $u=u(x)$, $v=v(x)$ 都可导,则

$$(u+v)'=u'\pm v',$$

$$(Cu)'=Cu'(C\text{ 是常数}),$$

$$(uv)'=u'c+uv',$$

$$\left(\frac{u}{v}\right)'=\frac{u'v-uv'}{v^2}。$$

例题Ⅱ -2-5　求函数 $y=x^4+\cos x+\ln x+\frac{\pi}{2}$ 的导数。

解: $y'=\left(x^4+\cos x+\ln x+\frac{\pi}{2}\right)'$

$$=(x^4)'+(\cos x)'+(\ln x)'+\left(\frac{\pi}{2}\right)'$$

$$=4x^3-\sin x+\frac{1}{x}。$$

例题Ⅱ-2-6 求 $y=x^3+4\sqrt{x}\sin x$ 的导数。

解: $y'=(x^3+4\sqrt{x}\sin x)'=(x^3)'+4[(\sqrt{x})'\sin x+\sqrt{x}(\sin x)']$

$$=3x^2+4\left(\frac{1}{2\sqrt{x}}\sin x+\sqrt{x}\cos x\right)=3x^2+\frac{2\sin x}{\sqrt{x}}+4\sqrt{x}\cos x$$

例题Ⅱ-2-7 求 $y=x^3\ln x\cos x$ 的导数。

解: $y'=(x^3\ln x\cos x)'=(x^3)'\ln x\cos x+x^3(\ln x)'\cos x+x^3\ln x(\cos x)'$

$$=3x^2\ln x\cos x+x^3\ \frac{1}{x}\cos x-x^3\ln x\sin x$$

$$=x^2(3\ln x\cos x+\cos x-x\ln x\sin x)$$

例题Ⅱ-2-8 求函数 $y=\frac{x\ln x}{1+x}$ 的导数。

解: $y'=\left(\frac{x\ln x}{1+x}\right)'=\frac{(x\ln x)'(1+x)-x\ln x(1+x)'}{(1+x)^2}$

$$=\frac{\left(\ln x+x\frac{1}{x}\right)(1+x)-x\ln x}{(1+x)^2}=\frac{\ln x+x\ln x+1+x-x\ln x}{(1+x)^2}$$

$$=\frac{\ln x+x+1}{(1+x)^2}。$$

第三节 复合函数的导数

一、复合函数

对于函数 $y=f[\varphi(x)]$,令 $u=\varphi(x)$,若 $y=f(u)$ 是中间变量 u 的函数,$u=\varphi(x)$ 是自变量 x 的函数,则称 $y=f[\varphi(x)]$ 是自变量 x 的复合函数。

二、复合函数的导数

复合函数的求导法则:复合函数对自变量的导数,等于已知函数对中间变量的导数,乘以中间变量对自变量的导数。

一般地,设函数 $u=j(x)$ 在点 x 处有导数 $u'_x=j'(x)$,函数 $y=f(u)$ 在点 x 的对应点 u 处有导数 $y'_u=f'(u)$,则复合函数 $y=f(j(x))$ 在点 x 处也有导数,且 $y'_x=y'_u\cdot u'_x$ 或写作

$$f'_x(j(x))=f'(u)j'(x)。$$

例题Ⅱ-2-9 求 $y=(3x-2)^2$ 的导数。

解: 方法1 $y'=[(3x-2)^2]'=(9x^2-12x+4)'=18x-12$。

方法 2 $y'_x = y'_u \cdot u'_x$,

函数 $y=(3x-2)^2$ 又可以看成由 $y=u^2, u=3x-2$ 复合而成,其中 u 称为中间变量。

由于 $y'_u = 2u, u'_x = 3$,

因而 $y'_x = y'_u \cdot u'_x = 2u \cdot 3 = 2u \cdot 3 = 2(3x-2) \cdot 3 = 18x-12$。

例题 Ⅱ -2-10 求 $y=(2x+1)^5$的导数。

解:设 $y=u^5, u=2x+1$,

则 $y'_x = y'_u \cdot u'_x = (u^5)'_u \cdot (2x+1)'_x = 5u^4 \cdot 2 = 5(2x+1)^4 \cdot 2 = 10(2x+1)^4$。

例题 Ⅱ -2-11 求 $y=\frac{1}{(1-3x)^4}$的导数。

解:设 $y=u^{-4}, u=1-3x$,则

$$y'_x = y'_u \cdot u'_x = (u^{-4})'_u \cdot (1-3x)'_x = -4u^{-5} \cdot (-3) = 12u^{-5} = 12(1-3x)^{-5}。$$

例题 Ⅱ -2-12 求 $y=\sin^2(2x+\frac{\pi}{3})$的导数。

解:设 $y=u^2, u=\sin v, v=2x+\frac{\pi}{3}$

$$\begin{aligned} y'_x &= y'_u \cdot u'_v \cdot v'_x \\ &= (u^2)'_u \cdot (\sin v)'_v \left(2x+\frac{\pi}{3}\right)'_x \\ &= 2u \cdot \cos v \cdot 2 \\ &= 4\sin\left(2x+\frac{\pi}{3}\right)\cos\left(2x+\frac{\pi}{3}\right) \\ &= 2\sin\left(4x+\frac{2\pi}{3}\right)。 \end{aligned}$$

求复合函数的导数,关键在于分清函数的复合关系,合理选定中间变量,明确求导过程中每次是哪个变量对哪个变量求导。

一般地,如果所设中间变量可直接求导,就不必再选中间变量。

第四节 反函数的导数法则

设 $y=f(x)$为 $x=\varphi(y)$的反函数,若 $\varphi(y)$在 y_0 的某邻域内连续,严格单调,且 $\varphi'(y_0)\neq 0$,则 $f(x)$在 x_0(即 $f(y_0)$点有导数),且 $f'(x_0)=\frac{1}{\varphi'(y_0)}$。

例题 Ⅱ -2-13 求 $y=\arcsin x$ 的导数,

解:由于 $y=\arcsin x, x\in[-1,1]$,是 $x=\sin y, y\in\left[-\frac{2}{\pi},\frac{2}{\pi}\right]$的反函数,

$$(\arcsin x)' = \frac{1}{(\sin y)'} = \frac{1}{\cos y} = \frac{1}{\sqrt{1-\sin^2 y}} = \frac{1}{\sqrt{1-x^2}}。$$

同理可证

$(\arccos x)' = -\frac{1}{\sqrt{1-x^2}}$，$(\arctan x)' = \frac{1}{1+x^2}$，$(\text{arc} \ \text{ctan}\ x)' = -\frac{1}{1+x^2}$。

第五节　高阶导数

一、高阶导数的定义

若函数 $y=y(x)$ 的导函数 $f'(x)$ 在 x_0 点可导，就称 $f'(x)$ 在点 x_0 的导致为函数 $y=f(x)$ 在点 x_0 处的二阶导数，记为 $f''(x)$，即

$$\lim_{x\to x_0}\frac{f'(x)-f'(x_0)}{x-x_0}=f''(x_0)。$$

此时，也称函数 $y=f(x)$ 在点 x_0 处二阶可导。定义可以简单地理解为一阶导数再求导即为二阶导数。三阶导数表示为 $\frac{d^2y}{dx^2}$，二阶以上的导数称为高阶导数，记为：$f^{(n)}(x_0)$。

例题Ⅱ－2－14　$y=x^2+x+1$，求 y'，y'''，$y^{(4)}$。

解：$y'=2x+1$，求 $y''=2$，$y'''=0$，$y^{(4)}=0$。

例题Ⅱ－2－15　$y=e^x\cos x$，求 y'''。

解：$y'=e^x\cos x+e^x(-\sin x)=e^x(\cos x-\sin x)$，

$y''=e^x(\cos x-\sin x)+e^x(-\sin x-\cos x)=e^x(-2\sin x)$，

$ys=-2(e^x\sin x+e^x\cos x)=-2e^x(\sin x+\cos x)$。

例题Ⅱ－2－16　$y=\sin x$，求 n 阶导数。

解：$y=\sin x$，$y'=\cos x=\sin\left(x+\frac{\pi}{2}\right)$，

$y''=-\sin x=\sin(x+\pi)=\sin\left(x+2\cdot\frac{\pi}{2}\right)$，

$y'''=-\cos x=-\sin\left(x+\frac{\pi}{2}\right)=\sin\left(x+\frac{\pi}{2}+\pi\right)=\sin\left(x+3\cdot\frac{\pi}{2}\right)$，

$y^{(4)}=\sin x=\sin(x+2\pi)=\sin\left(x+4\cdot\frac{\pi}{2}\right)$，

…

一般地，有 $y^{(n)}=\sin(x+n\frac{\pi}{2})$，即 $(\sin x)^{(n)}=\sin\left(x+n\frac{\pi}{2}\right)$。

第六节　微分及其应用

一、微分的定义与几何意义

1.微分的定义

讨论当自变量有微小变化时，函数大体上的变化情况。

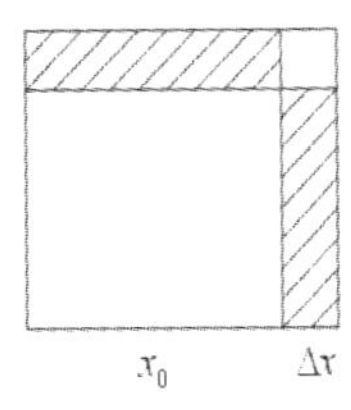

图Ⅱ－2－2

引例：如图Ⅱ－2－2所示，边长为 x 的正方形铁片，其面积函数为 $y=x^2$，假定它在 x_0 受热而膨胀，边长增加 Δx，这时面积的增加量为

$$\Delta y=(x_0+\Delta x)^2-x_0^2=2x_0\Delta x+\Delta x^2。$$

从上式可以看出，Δy 分成两部分，第一部分 $2x_0\Delta x$ 是 Δx 的线性函数，即图中带有斜线的两个矩形面积之和，而第二部分是比 Δx 高阶的无穷小。由此可见，如果边长改变很微小，即 $|\Delta x|$ 很小时，面积的改变量可用第一部分来代替，此时误差也很小(误差仅为 Δx^2)。

设函数 $y=f(x)$ 在某区间内有定义，x_0 及 $x_0+\Delta x$ 在此区间内，如果函数的增量

$$\Delta y=f(x_0+\Delta x)-f(x_0)$$

可表示为

$$\Delta y=A\Delta x+o(\Delta x)。$$

其中 A 是不依赖 Δx 的常数，那么称函数 $y=f(x)$ 在点 x_0 点可微的，而 $A\Delta x$ 叫作函数 $y=f(x)$ 在点 x_0 相应于自变量增量 Δx 的微分，记作 $\mathrm{d}y$，即

$$\mathrm{d}y=A\Delta x$$

注：(1)微分 $\mathrm{d}y$ 依赖于函数 $f(x)$，点 x_0 及自变量的改变量 Δx；

(2)微分 $\mathrm{d}y$ 是 Δx 的线性函数。

通常将自变量 x 的增量 Δx 称为自变量的微分，记作 $\mathrm{d}x$，即 $\mathrm{d}x=\Delta x$，于是，函数 $y=f(x)$ 的微分又记为

$$\mathrm{d}y=f'(x)\mathrm{d}x。$$

从而有

$$\frac{\mathrm{d}y}{\mathrm{d}x}=f'(x)。$$

2. 微分的几何意义

函数 $y=f(x)$ 的图形是一条曲线，如图Ⅱ－2－3所示。

函数 $y=f(x)$ 是可微的，当 Δy 是曲线 $y=f(x)$ 的点的纵坐标的增量时，$\mathrm{d}y$ 就是曲线的切线上点的纵坐标的增量当 $|\Delta x|$ 很小时，在点 M 的附近，切线段近似代替曲线段。因而，

$$\Delta y\approx \mathrm{d}y。$$

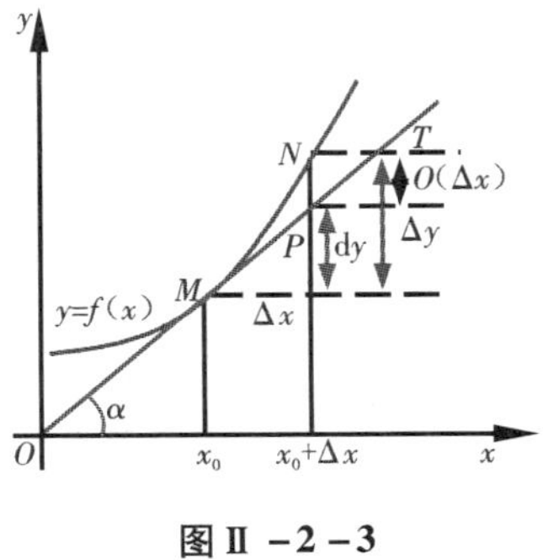

图Ⅱ－2－3

二、微分运算法则

我们把自变量的微分 $\mathrm{d}x$ 定义为自变量的改变量 Δx，因此可导函数 $f(x)$ 在任一点的微分可写成

$$\mathrm{d}y=f'(x)\mathrm{d}x。$$

1. 基本微分公式

$\mathrm{d}c=0$　　　　$\mathrm{d}x^\alpha=\alpha x^{\alpha-1}\mathrm{d}x$

$\mathrm{d}e^x=e^x\mathrm{d}x$　　　　$\mathrm{d}a^x=a^x\ln a\mathrm{d}x$

$\mathrm{d}\ln|x| = \frac{1}{x}\mathrm{d}x$　　$\mathrm{d}\log_a|x| = \frac{1}{x\ln a}\mathrm{d}x$

$\mathrm{d}(\sin x) = \cos x\mathrm{d}x$　　$\mathrm{d}\cos x = -\sin x\mathrm{d}x$

$\mathrm{d}\tan x = \sec^2 x\mathrm{d}x$　　$\mathrm{d}\cot x = -\csc^2 x\mathrm{d}x$

$\mathrm{d}\arcsin x = \frac{1}{\sqrt{1-x^2}}\mathrm{d}x$　　$\mathrm{d}\arccos x = -\frac{1}{\sqrt{1-x^2}}\mathrm{d}x$

$\mathrm{d}\arctan x = \frac{1}{1+x^2}\mathrm{d}x$　　$\mathrm{d}\mathrm{arccot} = -\frac{1}{1+x^2}\mathrm{d}x$

2.微分运算法则

设 $u=u(x)$ 及 $v=v(x)$ 都是关于 x 的可导函数,则有:

$\mathrm{d}(u \pm v) = \mathrm{d}u \pm \mathrm{d}v$

$\mathrm{d}(cu) = c\mathrm{d}u$　(其中 c 为常数)

$\mathrm{d}(uv) = v\mathrm{d}u + u\mathrm{d}v$

$\mathrm{d}\left(\frac{u}{v}\right) = \frac{v\mathrm{d}u - u\mathrm{d}v}{v^2}$(其中 $v \neq 0$)

例题Ⅱ-2-17　求函数 $y=x^2$ 当 $x=3$ 和 $\Delta x=0.02$ 时的微分。

解:$\mathrm{d}y=(x^2)'\Delta x=2x\Delta x$,所以 $\mathrm{d}y\Big|_{\substack{x=3\\ \Delta x=0.02}} = 2x\Delta x\Big|_{\substack{x=3\\ \Delta x=0.02}} = 0.12$。

例题Ⅱ-2-18　求 $y=x^2\ln x+\cos^2 x$ 的微分。

解:
$$\begin{aligned}\mathrm{d}y &= \mathrm{d}(x^2\ln x+\cos x^2) = \mathrm{d}(x^2\ln x) + \mathrm{d}(\cos x^2)\\ &= \ln x\mathrm{d}(x^2) + x^2\mathrm{d}(\ln x) + \mathrm{d}(\cos^2 x)\\ &= x(2\ln x+1-2\sin x^2)\mathrm{d}x.\end{aligned}$$

例题Ⅱ-2-19　求 $y=\mathrm{e}^{\sin(ax+b)}$ 的微分。

解:由一阶微分形式不变性,可得
$$\begin{aligned}\mathrm{d}y &= \mathrm{e}^{\sin(ax+b)}d(\sin(ax+b))\\ &= \mathrm{e}^{\sin(ax+b)}\cos(ax+b)\mathrm{d}(ax+b)\\ &= a\mathrm{e}^{\sin(ax+b)}\cos(ax+b)\mathrm{d}x.\end{aligned}$$

例题Ⅱ-2-20　设函数 $y=x^3$,(1)求 $\mathrm{d}y$;(2)若 $x=2,\Delta x=0.1$,求 $\mathrm{d}y$ 和 Δy。

解:(1)由微分的定义可得

$\mathrm{d}y=(x^3)'\mathrm{d}x=3x^2\mathrm{d}x$。

(2)将 $x=2,\mathrm{d}x=\Delta x=0.1$ 代入(1)的结果,可得

$$\mathrm{d}y\Big|_{\substack{x=2\\ \mathrm{d}x=0.1}} = 3x^2\mathrm{d}x\Big|_{\substack{x=2\\ \mathrm{d}x=0.1}} = 3\cdot 2^2\cdot 0.1 = 1.2;$$

$$\Delta y\Big|_{\substack{x=2\\ \Delta x=0.1}} = (2+0.1)^3-2^3 = 1.261。$$

例题Ⅱ-2-21　设 $y=(x^2-2)^3$,求 $\mathrm{d}y$。

解:方法1　令 $y=u^3,u=x^2-2$,则利用微分形式不变性,可得

$\mathrm{d}y=(u^3)'\mathrm{d}u=3u^2\mathrm{d}(x^2-2)=3(x^2-2)^2(2x)\mathrm{d}x=6x(x^2-2)^2\mathrm{d}x$。

方法 2　若不引入中间变量，则

$$dy=3(x^2-2)^2d(x^2-2)=3(x^2-2)^2(2x)dx=6x(x^2-2)^2dx。$$

三、微分在近似计算中的应用

如果函数 $y=f(x)$ 在点 x_0 处的导数 $f'(x_0)\neq 0$，且 $|\Delta x|$ 很小时，那么有

$$\Delta y=f(x_0+\Delta x)-f(x_0)\approx f'(x_0)\Delta x,$$

令 $x=x_0+\Delta x$，则可得 $f(x)\approx f(x_0)+f'(x_0)(x-x_0)$。

例题Ⅱ-2-22　一个内直径为 10 cm 的球壳体，球壳的厚度为 $\frac{1}{16}$ cm，问球壳体的体积的近似值为多少？

解：半径为 r 的球体体积为

$$V=f(r)=\frac{4}{3}\pi r^3。$$

由于 $r=5$ cm，$\Delta r=\frac{1}{16}$cm，故 $\Delta V=f(r+\Delta r)-f(r)$ 就是球壳体的体积。用 dV 作为其近似值，则

$$dV=f'(r)dr=4\pi r^2dr=4\pi\cdot 5^2\cdot\frac{1}{16}\approx 19.63(\text{cm}^3)。$$

所以球壳体的体积的近似值为 19.63 cm^3。

例题Ⅱ-2-23　计算 $\sqrt[3]{1003}$ 的近似值。

解：设 $f(x)=\sqrt[3]{x}$，则 $f'(x)=\frac{1}{3\sqrt[3]{x^2}}$. 取 $x_0=1000$，$\Delta x=3$，则

$$\sqrt[3]{1003}=f(1000+3)\approx f(1\ 000)+f'(1000)\Delta x=10+\frac{1}{300}\cdot 3=10.01。$$

例题Ⅱ-2-24　计算 $\sqrt[5]{0.9985}$ 的近似值。

解：由于 $0.9985=1-0.0015$，而 $|x|=0.0015$，其值较小，故利用近似公式，可得

$$\sqrt[5]{0.9985}=\sqrt[5]{1-0.0015}\approx 1+\frac{1}{5}\times(-0.0015)=0.9997。$$

复习题Ⅱ-2

一、求下列函数的导数。

(1) $y=4x^3+2x-1$；　　(2) $y=\frac{1}{x}+\frac{x^2}{2}$；

(3) $y=\frac{2x+4}{x^4}$；　　(4) $y=(x^2+3)\tan x$；

(5) $y=\sqrt{x}\ln x$；　　(6) $y=(1+\sqrt{x})\left(1-\frac{1}{\sqrt{x}}\right)$；

(7) $y=\frac{x\sin x}{1+\cos x}$;

(8) $y=\sec x\tan x+\csc x\cot x$;

(9) $y=x\log_2 x+\lg 2$;

(10) $y=\frac{1}{1+\sqrt{t}}-\frac{1}{1-\sqrt{t}}$;

(11) $y=x^3(x^2-4)$;

(12) $y=\frac{\sin x}{x}$;

(13) $y=3\cos x-4\sin x$;

(14) $y=(2x+3)^2$;

(15) $y=\ln(x-2)$;

(16) $y=\cos\frac{x}{3}$;

(17) $y=\sqrt{2x-1}$;

(18) $y=(2-x^2)^3$;

(19) $y=\frac{1}{(2x^2-1)^3}$;

(20) $y=\sqrt[4]{\frac{1}{3x+1}}$;

(21) $y=\sin\left(3x-\frac{\pi}{6}\right)$;

(22) $y=\cos(1+x^2)$;

(23) $y=\sin x^2$;

(24) $y=\cos\left(\frac{\pi}{4}-x\right)$;

(25) $y=\ln\sin(3x-1)$;

(26) (3) $\log_a(x^2-2)$

(27) $y=\sin x^3-\sin^3 3x$;

(28) $y=\frac{\sin 2x}{2x-1}$;

(29) $y=\ln(2x^2+3x+1)$

(30) $y=\sqrt{e^{\frac{1}{x}}\sqrt{x\sqrt{\sin x}}}$

二、求下列各函数的二阶导数。

(1) $y=e^x\sin x$;

(2) $y=x^2e^{-x}$;

(3) $y=2x^2+\ln x$;

(4) $y=a\cos bx$。

三、解下列各题。

(1) $f(x)=e^{2x}$,求 $f''(0)$。

(2) $f(x)=x\cos x$,求 $f''(x)$。

(3) $y=\sin x$,求 $y^{(10)}|_{x=0}$。

(4) 已知 $y=x\ln x$,求 $y^{(6)}$。

(5) 设 $f(x)=\frac{1-x}{1+x}$,求 $f^{(n)}(x)$。

(6) 设 $y=\sin^4 x-\cos^4 x$,求 $y^{(n)}$。

(7) 设 $y=\sin^3 x+\sin x\cos x$,求 $y^{(n)}$。

四、求下列函数的微分。

(1) $y=\frac{x}{1-x^2}$;

(2) $y=\sqrt{(a^2+x^2)^3}$;

(3) $y=x\sin x+\cos x$;

(4) $y=\arctan e^x$;

(5) $y=\ln(1+x^4)$;

(6) $y=e^{-x}-\cos(3-x)$。

五、求下列各式的近似值。

(1) $e^{1.01}$；　　(2) $\sqrt[3]{998}$。

六、求曲线 $y=4x^2+4x-3$ 在点(1,5)处的切线和法线方程。

七、物体运动方程为 $s=t+\sin t$，求物体运动的速度和加速度。

八、造一个半径为 1 m 的球壳，厚度为 1.5 cm，需用材料多少立方米？

第三章　导数的应用

第一节　洛必达法则

一、洛必达法则

若函数$f(x)$,$g(x)$满足条件:

(1)$\lim f(x)=0,\lim g(x)=0$;

(2)$f(x)$,$g(x)$在点x_0的某个邻域内(点x_0可除外)可导,且$g'(x_0)\neq 0$;

(3)$\lim \dfrac{f'(x)}{g'(x)}=A$(或$\infty$),

则$\lim \dfrac{f'(x)}{g'(x)}=\lim \dfrac{f(x)}{g(x)}=A$(或$\infty$)。

若函数$f(x)$,$g(x)$满足条件:

(1)$\lim f(x)=\infty,\lim g(x)=\infty$;

(2)$f(x)$,$g(x)$在点x_0的某个邻域内(点x_0可除外)可导,且$g'(x_0)\neq 0$;

(3)$\lim \dfrac{f'(x)}{g'(x)}=A$(或$\infty$),

则$\lim \dfrac{f'(x)}{g'(x)}=\lim \dfrac{f(x)}{g(x)}=A$(或$\infty$)。

二、洛必达法则的应用

例题Ⅱ-3-1　求极限$\lim\limits_{x\to 0}\dfrac{x^3}{x-\sin x}$。

解:这是“$\dfrac{0}{0}$”型未定式。

$$\lim_{x\to 0}\frac{x^3}{x-\sin x}=\lim_{x\to 0}\frac{3x^2}{1-\cos x}=\lim_{x\to 0}\frac{6x}{\sin x}=6。$$

例题Ⅱ-3-2　求极限$\lim\limits_{x\to 0}\dfrac{1-\cos x}{x^3}$。

解:当$x\to 0$时,有$1-\cos x\to 0$和$x^3\to 0$,这是“$\dfrac{0}{0}$”型未定式。由洛必达法则

$$\lim_{x\to 0}\frac{1-\cos x}{x^3}=\lim_{x\to 0}\frac{\sin x}{3x^2}=\lim_{x\to 0}\frac{\cos x}{6x}=\infty。$$

例题Ⅱ-3-3　求极限$\lim\limits_{x\to\infty}\dfrac{3x^2+x-1}{7x^2-2x+1}$。

解:这是“$\frac{\infty}{\infty}$”型未定式。

$$\lim_{x\to\infty}\frac{3x^2+x-1}{7x^2-2x+1}=\lim_{x\to\infty}\frac{6x+1}{14x-2}=\lim_{x\to\infty}\frac{6}{14}=\frac{3}{7}。$$

例题Ⅱ-3-4 求极限$\lim\limits_{x\to 0^+}\frac{\ln\cot x}{\ln x}$。

解:这是“$\frac{\infty}{\infty}$”型未定式。

$$\lim_{x\to 0^+}\frac{\ln\cot x}{\ln x}=\lim_{x\to 0^+}\frac{\frac{1}{\cot x}(-\csc^2 x)}{\frac{1}{x}}=\lim_{x\to 0^+}\frac{-x}{\sin x\cos x}$$

$$=-\lim_{x\to 0^+}\frac{x}{\sin x}\cdot\lim_{x\to 0^+}\frac{1}{\cos x}=-1。$$

例题Ⅱ-3-5 求极限$\lim\limits_{x\to\infty}x(e^{\frac{1}{x}}-1)$。

解:此题为“$0\cdot\infty$”型未定式,将原式中的x写在分母上,使其变为“$\frac{0}{0}$”型后应用洛必达法则,即

$$\lim_{x\to\infty}x(e^{\frac{1}{x}}-1)=\lim_{x\to\infty}\frac{e^{\frac{1}{x}}-1}{\frac{1}{x}}\left(“\frac{0}{0}”\right)=\lim_{x\to\infty}\frac{e^{\frac{1}{x}}\left(-\frac{1}{x^2}\right)}{-\frac{1}{x^2}}=\lim_{x\to\infty}e^{\frac{1}{x}}=1。$$

例题Ⅱ-3-6 求极限$\lim\limits_{x\to 1}\left(\frac{1}{x-1}-\frac{1}{\ln x}\right)$。

解:此题为“$\infty-\infty$”型未定式。

$$\lim_{x\to 1}\left(\frac{1}{x-1}-\frac{1}{\ln x}\right)=\lim_{x\to 1}\frac{\ln x-x-1}{(x-1)\ln x}\left(“\frac{0}{0}”\right)=\lim_{x\to 1}\frac{\frac{1}{x}-1}{\ln x+1-\frac{1}{x}}\left(“\frac{0}{0}”\right)$$

$$=\lim_{x\to 1}\frac{-\frac{1}{x^2}}{\frac{1}{x}+\frac{1}{x^2}}=-\frac{1}{2}。$$

例题Ⅱ-3-7 求极限$\lim\limits_{x\to 0^+}x^x$。

解:这是“0^0”型未定式。设$y=x^x$,取对数得

$$\ln y=x\ln x,$$

当$x\to 0^+$时,上式右端是未定式“$0\cdot\infty$”,即可得到

$$\lim_{x\to 0^+}\ln y=\lim_{x\to 0^+}(x\ln x)=0,$$

因为$y=e^{\ln y}$,而

$$\lim y=\lim e^{\ln y}=e^{\lim\ln y}=e^{\lim x\ln x}=e^{\lim\frac{\ln x}{\frac{1}{x}}}=e^{\lim\frac{\frac{1}{x}}{-\frac{1}{x^2}}}=e^{\lim -x}=e^0(当x\to 0^+),$$

所以

$$\lim_{x\to 0^+} x^x = \lim_{x\to 0^-} y = e^0 = 1。$$

例题Ⅱ-3-8 求极限 $\lim\limits_{x\to +\infty}(1+x^2)^{\frac{1}{x}}$。

解：此极限是"∞^0"型未定式，故有

$$\lim_{x\to +\infty}(1+x^2)^{\frac{1}{x}} = \lim_{x\to +\infty} e^{\frac{1}{x}\ln(1+x^2)} = e^{\lim\limits_{x\to +\infty}\frac{\ln(1+x^2)}{x}} = e^{\lim\limits_{x\to +\infty}\frac{2x}{1+x^2}} = e^0 = 1。$$

第二节　函数单调性

函数单调性的判定法

如图Ⅱ-3-1和图Ⅱ-3-2所示，对于单调增加的函数 $y=f(x)$，其曲线弧上每一点切线的斜率都大于零，即 $f'(x)>0$；而单调减少的函数，其曲线弧上每一点切线的斜率都小于零，即 $f'(x)<0$。这表示导数的符号与函数的单调性密切相关。

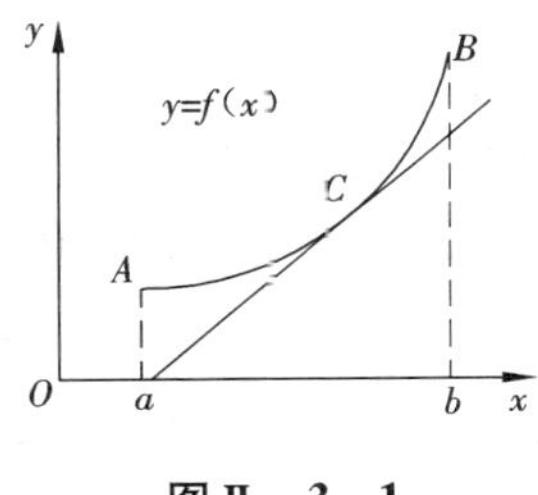

图Ⅱ-3-1

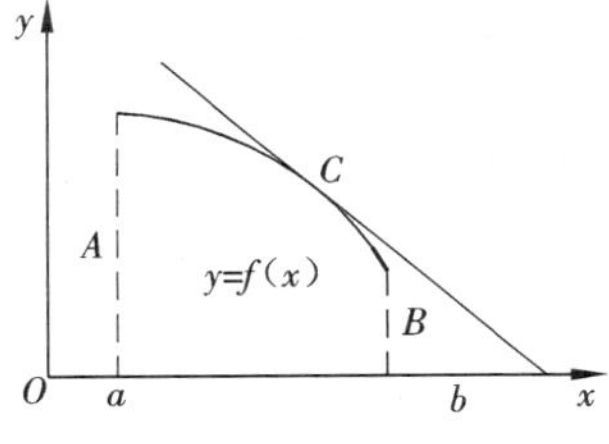

图Ⅱ-3-2

设函数 $y=f(x)$ 在 $[a,b]$ 上连续，在 (a,b) 内可导。

(1)如果在 (a,b) 内 $f'(x)>0$，那么函数 $y=f(x)$ 在 $[a,b]$ 上单调增加；

(2)如果在 (a,b) 内 $f'(x)<0$，那么函数 $y=f(x)$ 在 $[a,b]$ 上单调减少。

例题Ⅱ-3-9 确定函数 $f(x)=2x^3-6x^2+7$ 的单调区间。

解：$f'(x)=6x^2-12x=6x(x-2)$。

令 $f'(x)>0$，得 $x<0$ 或 $x>2$，

故当 $x<0$ 或 $x>2$ 时函数 $f(x)$ 是增函数。

因此，函数 $f(x)$ 的单调增区间为 $(-\infty,0)$ 和 $(2,+\infty)$。

令 $f'(x)<0$，得 $0<x<2$。

故函数 $f(x)$ 在 $(0,2)$ 上是减函数，其单调递减区间为 $(0,2)$。

例题Ⅱ-3-10 判定函数 $f(x)=2x^3-6x^2-18x+9$ 的单调增减区间。

解：$f'(x)=6x^2-12x-18=6(x^2-2x-3)=6(x+1)(x-3)$。

当 $x_1=-1$，$x_2=3$ 时 $f'(x)=0$。

-1、3 将函数定义域 $(-\infty,+\infty)$ 分成 $(-\infty,-1)$、$(-1,3)$、$(3,+\infty)$ 三个区间，其结果列表如下：

区间	$(-\infty,-1)$	$(-1,3)$	$(3,+\infty)$
$f'(x)$	+	—	+
$f(x)$	↗	↘	↗

所以函数在区间$(-\infty,-1)$和$(3,+\infty)$单调增加，在区间$(-1,3)$单调减少。

第三节　函数的极值

函数的极值

设函数$f(x)$在点x_0的某个邻域内有定义，若对该邻域内不等于x_0的所有点，总有$f(x)>f(x_0)$，则称$f(x_0)$为$f(x)$的极小值，点x_0为极小值点；若对该邻域内不等于x_0的所有点，总有$f(x)<f(x_0)$，则称$f(x_0)$为$f(x)$的极大值，点x_0为极大值点。

极大值和极小值统称极值。

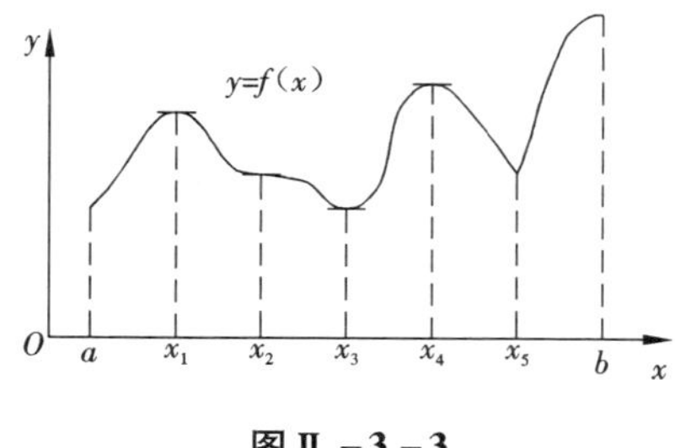

图Ⅱ-3-3

如图Ⅱ-3-3所示，曲线$f(x)$在点x_1、x_4取得极大值，在点x_3、x_5取得极小值。在点x_1、x_3、x_4处曲线的切线平行x轴，即$f'(x)=0$。但这并非意味着$f'(x)=0$的点一定是极值点，点x_2的切线平行x轴，却不是极值点. 在点x_5处函数取得极值，但其导数并不存在。

极值是局部概念，极大值不一定比极小值大，极小值也不一定比极大值小。

设函数$f(x)$在点x_0取得极值，且$f'(x_0)$存在，则$f'(x_0)=0$。

设函数$f(x)$在点x_0的某个邻域内可导，且$f'(x_0)=0$。

(1)如果在该邻域内，当$x<x_0$时，$f'(x)<0$；当$x>x_0$时，$f'(x)>0$，则$f(x_0)$为极小值。

(2)如果在该邻域内，当$x<x_0$时，$f'(x)>0$；当$x>x_0$时，$f'(x)<0$，则$f(x_0)$为极大值。

一阶导数等于零的点称作驻点，驻点是可能的极值点，一阶导数不存在的点也是可能的极值点。

求函数$y=f(x)$极值（极大值、极小值）的方法：

(1)求导；

(2)求极值点；

(3)讨论单调性；

(4)列表；

(5)写出极值。

例题Ⅱ-3-11　求$f(x)=x^3-12x$的极值。

解：函数定义域为R。$f'(x)=3x^2-12=3(x+2)(x-2)$。

令$f'(x)=0$，得$x=\pm2$。

当 $x>2$ 或 $x<-2$ 时，$f'(x)>0$，

故函数在 $(-\infty,-2)$ 和 $(2,+\infty)$ 上是增函数；

当 $-2<x<2$ 时，$f'(x)<0$，

故函数在 $(-2,2)$ 上是减函数。

当 $x=-2$ 时，函数有极大值 $f(-2)=16$，

当 $x=2$ 时，函数有极小值 $f(2)=-16$。

例题Ⅱ-3-12 求函数 $f(x)=\frac{1}{3}x^3-4x+4$ 的极值。

解：$f'(x)=\left(\frac{1}{3}x^3-4x+4\right)'=(x+2)(x-2)$

令 $f'(x)=0$，解得 $x_1=2$，$x_2=-2$。

下面分两种情况讨论：

(1) 当 $f'(x)>0$，即 $x>2$ 或 <-2 时；

(2) 当 $f'(x)$，即 $-2<x<2$ 时。

当 x 变化时，$f'(x)$，$f(x)$ 的变化情况如下表：

x	$(-\infty,-2)$	-2	$(-2,2)$	2	$(2,+\infty)$
$f'(x)$	+	0	−	0	+
$f(x)$	单调递增↗	$\frac{28}{3}$	单调递减↘	$-\frac{4}{3}$	单调递增↗

当 $x=-2$ 时，$f(x)$ 有极大值，并且极大值为 $f(-2)=\frac{28}{3}$。

当 $x=2$ 时，$f(x)$ 有极小值，并且极小值为 $f(2)=-\frac{4}{3}$。

函数(C)的图像如图Ⅱ-3-4所示。

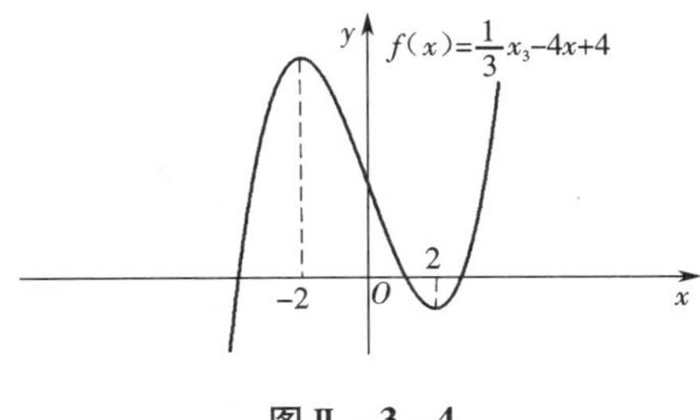

图Ⅱ-3-4

第四节 函数的最值

设函数 $f(x)$ 在闭区间 $[a,b]$ 上连续，则函数的最大值和最小值一定存在。函数的最大值和最小值有可能在区间的端点取得，如果最大值不在区间的端点取得，则必在开区间 (a,b) 内

取得,在这种情况下,最大值一定是函数的极大值。因此,函数在闭区间$[a,b]$上的最大值一定是函数的所有极大值和函数在区间端点的函数值中最大者。同理,函数在闭区间$[a,b]$上的最小值一定是函数的所有极小值和函数在区间端点的函数值中最小者。

求函数$y=f(x)$在$[a,b]$上的最大值与最小值的步骤如下:

(1)求函数$y=f(x)$在(a,b)内的极值;

(2)将函数$y=f(x)$在各极值点与端点处的函数值$f(a)$,$f(b)$比较,其中最大的一个是最大值,最小的一个是最小值,得出函数$f(x)$在$[a,b]$上的最值.当然,也可以采用列表法,只需将区间的端点值放在求函数极值表格的两端即可。

例题Ⅱ-3-13 求函数$f(x)=-x^4+2x^2+3$在$[-3,2]$上的最值。

解:$f'(x)=-4x^3+4x$,

令$f'(x)=-4x(x+1)(x-1)=0$,

得$x=-1,x=0,x=1$。

当x变化时,$f'(x)$及$f(x)$的变化情况如下表:

x	-3	$(-3,-1)$	-1	$(-1,0)$	0	$(0,1)$	1	$(1,2)$	2
$f'(x)$		+	0	−	0	+	0	−	
$f(x)$	-60	↗	极大值 4	↘	极小值 3	↗	极大值 4	↘	-5

当$x=-3$时,$f(x)$取最小值-60;

当$x=-1$或$x=1$时,$f(x)$取最大值4。

例题Ⅱ-3-14 若$f(x)=ax^3-6ax^2+b(a>0)$,$x\in[-1,2]$的最大值为3,最小值是-29,求a、b的值。

解:$f'(x)=3ax^2-12ax=3a(x^2-4x)$。

令$f'(x)=0$,得$x=0,x=4$,由于$x\in[-1,2]$,所以$x=0$。

又$a>0$,所以$f(x)$,$f'(x)$随x变化情况如下表:

x	$(-1,0)$	0	$(0,2)$
$f'(x)$	+	0	−
$f(x)$	↗	最大值 3	↘

当$x=0$时,$f(x)$取最大值,故$b=3$。

又$f(2)=8a-24a+3=-16a+3$,

$f(-1)=-7a+3>f(2)$,

当$x=2$时,$f(x)$取最小值,$-16a+3=-29$,

所以$a=2,b=3$。

例题Ⅱ-3-15 如图Ⅱ-3-5所示,在边长为60 cm的正方形铁片的四角上切去相等的正方形，再把它的边沿虚线折起，做成一个无盖的方底箱子，箱底的边长是多少时，箱子的容积最大？最大容积是多少？

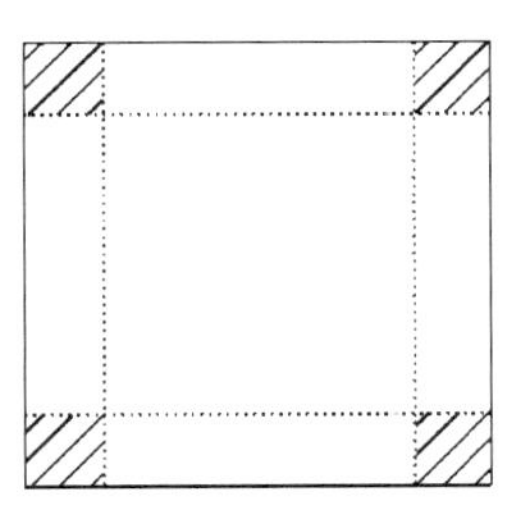
图Ⅱ－3－5

解：设箱高为 x cm，则箱底边长为 $(60-2x)$ cm，则得箱子容积 V 是 x 的函数，

$$V(x)=(60-2x)^2\cdot x\ (0<x<30)$$
$$=4x^3-240x^2+3600x。$$

故 $V'(x)=12x^2-480x+3600$，

令 $V'(x)=0$，得 $x=10$，或 $x=30$（舍去）

当 $0<x<10$ 时，$V'(x)>0$，

当 $10<x<30$ 时，$V'(x)<0$。

故当 $x=10$ 时，$V(x)$ 取极大值，这个极大值就是 $V(x)$ 的最大值。

答：当箱子的高为 10 cm，底面边长为 40 cm 时，箱子的体积最大。

第五节　曲线的凹凸性

曲线的凹凸与拐点

1. 凹凸性的概念

定义：如图Ⅱ－3－6 所示，设 $f(x)$ 在区间 I 上连续，如果对 I 上任意两点 x_1,x_2，恒有

$$f\left(\frac{x_1+x_2}{2}\right)<\frac{f(x_1)+f(x_2)}{2},$$

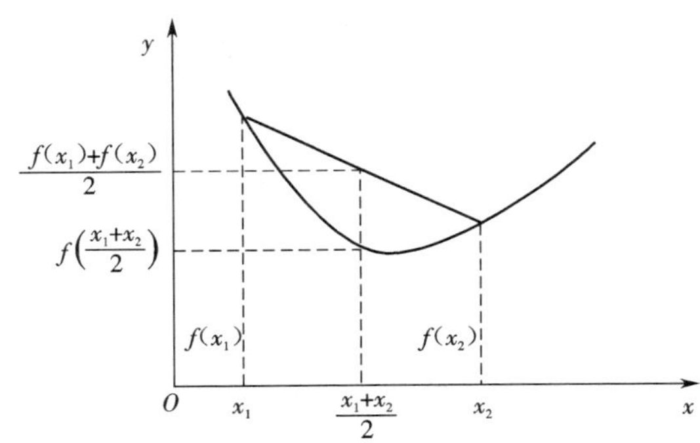

图Ⅱ－3－6

那么称 $f(x)$ 在 I 上的图形是（向下）凹的（或凹弧）；如果恒有

$$f\left(\frac{x_1+x_2}{2}\right)>\frac{f(x_1)+f(x_2)}{2},$$

那么称 $f(x)$ 在 I 上的图形是（向上）凸的（或凸弧），如图Ⅱ－3－7 所示。

定义：设函数 $y=f(x)$ 在区间 I 上连续，如果函数的曲线位于其上任意一点的切线的上方，则称该曲线在区间 I 上是凹的；如果函数的曲线位于其上任意一点的切线的下方，则称该曲线在区间 I 上是凸的。

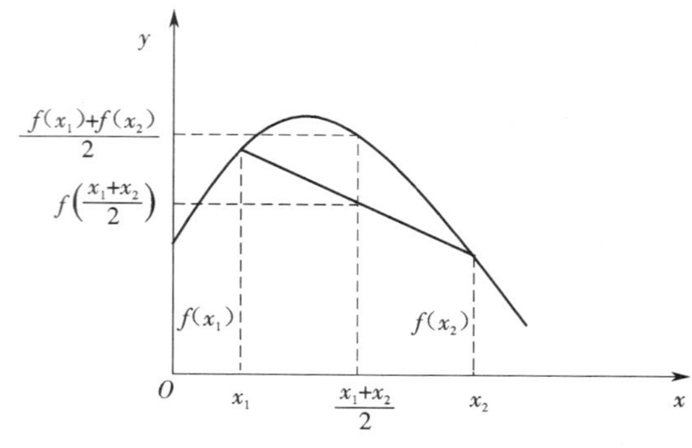

图Ⅱ-3-7

2. 凹凸性的判定

设$f(x)$在$[a,b]$上连续,在(a,b)内具有一阶和二阶导数,那么

(1)若在(a,b)内$f''(x)>0$,则$f(x)$在$[a,b]$上的图形是凹的;

(2)若在(a,b)内$f''(x)<0$,则$f(x)$在$[a,b]$上的图形是凸的。

3. 拐点

连续曲线$y=f(x)$上凹弧与凸弧的分界点称为这曲线的拐点。

确定曲线$y=f(x)$的凹凸区间和拐点的步骤:

(1)确定函数$y=f(x)$的定义域;

(2)求出在二阶导数$f''(x)$;

(3)求使二阶导数为零的点和使二阶导数不存在的点;

(4)判断或列表判断,确定出曲线凹凸区间和拐点。

例题Ⅱ-3-16 求曲线$y=\frac{1}{5}x^5-\frac{1}{3}x^4$的凹凸区间与拐点。

解:函数的定义域为$(-\infty,+\infty)$,$y'=x^4-\frac{4}{3}x^3$,

$y''=4x^3-4x^2=4x^2(x-1)$。

令$y''=0$,得$x=0,x=1$。

由于$x=0$的左右近旁y''不改变符号,$(0,0)$不是拐点。

当$x<1$时,$y''<0$;当$x>1$时,$y''>0$. 所以曲线在$(-\infty,1)$内是凸的,在$(1,+\infty)$内是凹的;$\left(1,-\frac{2}{15}\right)$为拐点。

注意:使$f''(x)$不存在而$f(x)$连续的点,也可能成为曲线的拐点。

例题Ⅱ-3-17 求曲线$y=x^{\frac{5}{3}}$的拐点。

解:定义域为$(-\infty,+\infty)$,$y'=\frac{5}{3}x^{\frac{2}{3}}$,$y''=\frac{10}{9}x^{-\frac{1}{3}}$,$(x\neq0)$。

因为令$y''=0$时,方程$\frac{10}{9}x^{-\frac{1}{3}}=0$无解。而当$x<0$时,$y''<0$;当$x>0$时,$y''>0$,即曲线在区间$(-\infty,0)$内是凸的,在区间$(0,+\infty)$内是凹的,又曲线在点$x=0$处是连续的,所以点(0,

0)是曲线的拐点。

例题Ⅱ-3-18 如图Ⅱ-3-8所示,工厂C与铁路线的垂直距离AC为20 km,A点到火车站B的距离为100 km,欲修一条从工厂到铁路的公路CD,已知铁路与公路每公里运费之比为3:5,为了使火车站B与工厂C间的运费最省,问D点应选在何处?

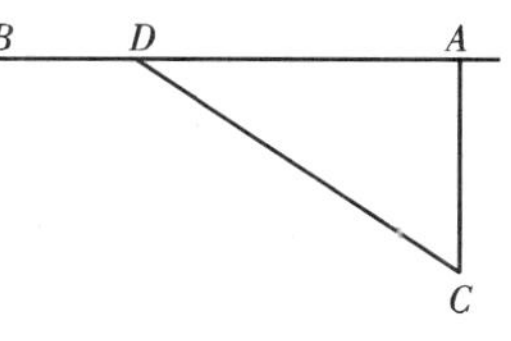

图Ⅱ-3-8

解:设$AD=x$(km),B与C间的运费为y,则

$$y=5k\cdot CD+3k\cdot DB=5k\sqrt{400+x^2}+3k(100-x)\ (0\leqslant x\leqslant 100),$$

其中k是某一正数。

由$y'=k\left(\dfrac{5x}{\sqrt{400+x^2}}-3\right)=0$,得$x=15$。

由于$y|_{x=0}=400k$,$y|_{x=15}=380k$,$y|_{x=100}=500k\sqrt{1+\dfrac{1}{5^2}}$,其中以$y|_{x=15}=380k$为最小,因此当$AD=x=15$ km时,总运费为最省。

第六节　函数图形的描绘

一、描绘函数图形的一般步骤

(1)确定函数的定义域,并求函数的一阶和二阶导数;

(2)求出一阶、二阶导数为零的点,求出一阶、二阶导数不存在的点;

(3)列表分析,确定曲线的单调性和凹凸性;

(4)确定曲线的渐近性;

(5)确定并描出曲线上极值对应的点、拐点、与坐标轴的交点、其他点;

(6)连结这些点画出函数的图形。

例题Ⅱ-3-19 画出函数$y=x^3-x^2-x+1$的图形。

解:

(1)函数的定义域为$(-\infty,+\infty)$,

(2)$f'(x)=3x^2-2x-1=(3x+1)(x-1)$,$f''(x)=6x-2=2(3x-1)$。

$f'(x)=0$的根为$x=-\dfrac{1}{3},1$;$f''(x)=0$的根为$x=\dfrac{1}{3}$。

(3)列表分析。

x	$(-\infty,-1/3)$	$-1/3$	$(-1/3,1/3)$	$1/3$	$(1/3,1)$	1	$(1,+\infty)$
$f'(x)$	+	0	−	−	−	0	+
$f''(x)$	−	−	−	0	+	+	+
$f(x)$	∩↗	极大	∩↘	拐点	∪↘	极小	∪↗

(4)当 $x \to +\infty$ 时,$y \to +\infty$;当 $x \to -\infty$ 时,$y \to -\infty$。

(5)计算特殊点:$f(-1/3)=32/27$, $f(1/3)=16/27$, $f(1)=0$, $f(0)=1$; $f(-1)=0$, $f(3/2)=5/8$。

(6)描点连线画出图形:如图Ⅱ-3-9 所示。

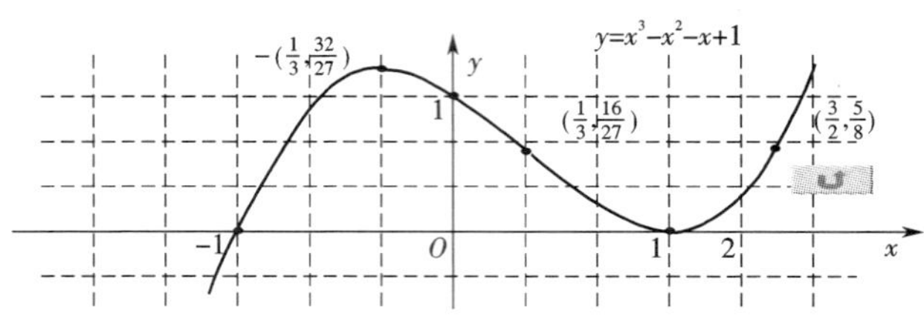

图Ⅱ-3-9

二、渐近线

若当 $x \to \infty$(有时仅当 $x \to +\infty$ 或 $x \to -\infty$)时,$f(x) \to b$,则称直线 $y=b$ 为曲线 $y=f(x)$ 的水平渐近线。

例如,由于 $\lim\limits_{x\to\infty}\frac{2x-1}{x}=2$,故直线 $y=2$ 是曲线 $y=\frac{2x-1}{x}$ 的水平渐近线. 同理可知,直线 $y=\frac{\pi}{2}$ 与 $y=-\frac{\pi}{2}$ 都是曲线 $y=\arctan x$ 的水平渐近线。

若当 $x \to c$(有时仅当 $x \to c^+$ 或 $x \to c^-$)时,$f(x) \to \infty$,则称直线 $x=c$ 为曲线 $y=f(x)$ 的垂直渐近线。

例如,当 $x \to 0^+$ 时,$\ln x \to -\infty$,所以直线 $x=0$ 是对数曲线 $y=\ln x$ 的垂直渐近线. 同理可知,$x=0$ 是曲线 $y=\frac{2x-1}{x}$ 的垂直渐近线。

为求曲线 $y=f(x)$ 的垂直渐近线,应先找 $f(x)$ 的间断点 c,再看当 $x \to c$(或单侧)时,是否有 $f(x) \to \infty$。

例题Ⅱ-3-20 描绘函数 $y=e^{-x^2}$ 的图像。

解:定义域是 R,并且是偶函数。

函数在定义域连续. 因为 $\lim\limits_{x\to\infty} e^{-x^2}=0$,所以 $y=0$,即 x 轴是水平渐近线。

此函数的单调性、凸性以及极值点、拐点。统一列表如下。

x	$\left(-\infty,-\frac{1}{\sqrt{2}}\right)$	$-\frac{1}{\sqrt{2}}$	$\left(-\frac{1}{\sqrt{2}},0\right)$	0	$\left(0,\frac{1}{\sqrt{2}}\right)$	$\frac{1}{\sqrt{2}}$	$\left(\frac{1}{\sqrt{2}},+\infty\right)$
y'	+		+		−		−
y''	+	0	−		−	0	+
y	增凹	拐点	增凸		减凸	拐点	减凸

0 是极大值点,极大值是 1。有两个拐点:$\left(-\frac{1}{\sqrt{2}},\frac{1}{\sqrt{e}}\right)$与$\left(\frac{1}{\sqrt{2}},\frac{1}{\sqrt{e}}\right)$。

此函数的图像,如图Ⅱ-3-10 所示。

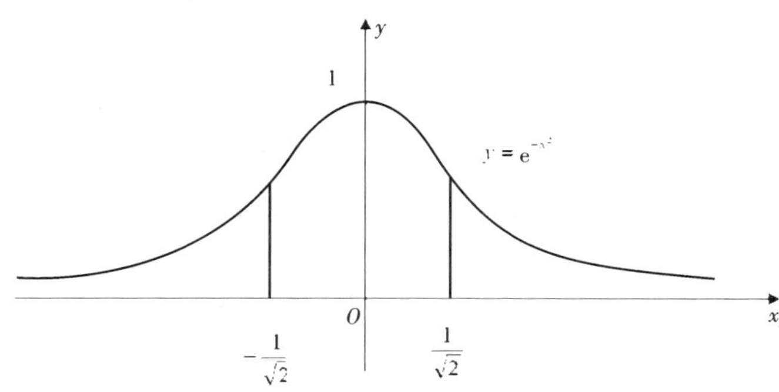

图Ⅱ-3-10

复习题Ⅱ-3

一、填空

1. 若函数$f(x)$在点x_0可导,且取得极值,则$f'(x_0)=$________。

2. 函数$y=(x+1)^3$的驻点为________。

3. 若函数$f(x)$在(a,b)内$f'(x)>0$,则函数$f(x)$在(a,b)内单调________;若函数$f(x)$在(a,b)内$f'(x)<0$,则函数$f(x)$在(a,b)内单调________。

4. 函数$y=2x^3+3x^2-12x+1$在$(-2,1)$内单调________。

5. 函数$y=x\ln x$在区间$[1,e]$上的最大值是________,最小值是________。

6. $\lim\limits_{x\to 0}\frac{x}{x-\sin x^2}=$________。

7. 函数$y=\arctan x-x$的驻点为________。

8. 函数$y=x^2-2\ln x$的单调增加区间是________,单调减少区间是________。

9. 函数$y=\frac{x}{x+1}$在$[0,+\infty)$内是单调________函数。

10. $\lim\limits_{x\to 0}\frac{1-\cos x}{x^2}=$________。

11. 函数$y=3x^2-12x+1$的驻点为________。

12. 函数$y=x-\sin x$在定义域内单调________。

13. 函数$y=x^2-4x+2$在$(0,2)$内单调________,在$(2,4)$内单调________。

14. 函数$f(x)=x^3-3x^2+7$的极大值是________,极小值是________。

15. $y=\ln(1+x^2)$在区间$[-1,2]$上的最大值是________,最小值是________。

16. 曲线$y=x^3+3x^2-1$的凹区间是________,凸区间是________,拐点是________。

17. 函数 $y=\dfrac{2x-3}{x+1}$的水平渐近线为________,垂直渐近线为________。

二、选择题

1. 设在区间(a,b)内,函数$f(x)$的一阶导数$f'(x)>0$,二阶导数$f''(x)>0$则曲线在区间(a,b)内是(　　)。

(A)单调增加的凸曲线　　(B)单调增加的凹曲线

(C)单调减少的凸曲线　　(D)单调减少的凹曲线

2. 函数 $y=x-\ln(1+x)$及其图象在区间$(-1,0)$内是(　　)。

(A)单调减少且是凹曲线　　(B)单调增加且是凹曲线

(C)单调减少且是凸曲线　　(D)单调增加且是凸曲线

3. 曲线$f(x)=x-\sin x$ 在$(0,2\pi)$内拐点个数是(　　)。

(A)1 个　　(B)2 个　　(C)3 个　　(D)4 个

4. 下面结论正确的是(　　)。

(A)若$f'(x_0)=0$,则函数$f(x)$在 x_0 点取得极值。

(B)可导函数的极值点必是此函数的驻点

(C)可导函数的驻点必是此函数的极值点

(D)若 x_0 是$f(x)$极值点,则必有$f'(x_0)=0$

5. 函数 $y=x^3-6x^2+9x+2$ 在$[-1,3]$上的最大值和最小值是(　　)。

(A)2,−14　　(B)6,−14

(C)3,−1　　(D)6,−1

6. 函数 $y=(x+1)^3$ 及其图像在区间$(-1,+\infty)$内是(　　)。

(A)单调减少且是凹曲线　　(B)单调增加且是凹曲线

(C)单调增加且是凸曲线　　(D)单调减少且是凸曲线

三、求极限

(1)$\lim\limits_{x\to0}\dfrac{2^x-3^x}{x}$;　　(2)$\lim\limits_{x\to0}\dfrac{x-\sin x}{x^3}$;

(3)$\lim\limits_{x\to0^+}x\ln x$;　　(4)$\lim\limits_{x\to0}\dfrac{e^x}{x^2-4}$;

(5)$\lim\limits_{x\to1}\dfrac{x^2-3x+2}{x^3-1}$;　　(6)$\lim\limits_{x\to0}\dfrac{e^x-1}{x^2-x}$;

(7)$\lim\limits_{x\to\infty}\dfrac{x^2-1}{2x^2+5x}$;　　(8)$\lim\limits_{x\to\frac{\pi}{2}}\dfrac{1-\sin x}{2x-\pi}$。

四、求函数 $y=x^2-2x$ 的单调区间和极值。

五、求曲线 $y=xe^x$ 的凹凸区间和拐点。

六、求曲线 $y=2x^3-3x^2+1$ 的单调区间、凹凸区间、极值和拐点。

七、求曲线 $y=2x^3-6x^2-18x-7$ 的单调区间,凹凸区间和拐点

八、求曲线 $y=x^2-x^3$ 的单调区间,凹凸区间和拐点。

九、作函数 $y=x^3-3x^2$ 的图像。

十、作函数 $y=\frac{1}{3}x^3-2x^2+3x+1$ 图像。

十一、a 为何值时,点(1,1)是曲线 $y=x^3+a\ln x$ 的拐点?

十二、求函数 $y=x^3-3x+1, x\in[-2,3]$的最大值与最小值。

十三、已知函数 $f(x)=ax^3-6ax^2+b\quad(a>0)$,在区间[1,2]上的最大值为3,最小值为 -29,求 a,b 的值。

十四、试确定 c,b,c 的值,使三次抛物线 $y=ax^3+bx^2+cx$ 有拐点(1,1),且在拐点处切线斜率为 -1。

十五、若函数 $y=x^3+ax^2+bx+2$ 在点 $x=-1$ 和 $x=3$ 处取得极值,求 a,b。

十六、某煤矿每班有 x 个工人作业,每班产煤量 y 是 x 的函数:$y=x\sqrt{\left(3-\frac{x}{2}\right)}$,试求在作业条件操作工艺等生产条件不变的条件下,每班是多少人时产煤量最高?

十七、生产 x 单位某种商品的利润是 x 的函数:$L(x)=5000+x-0.0001x^2$,问生产多少单位时获得的利润最大?

第四章　不定积分

第一节　不定积分的概念

一、原函数

在微分学中，我们讨论了求已知函数的导数与微分的问题。但是，在科学、技术和经济的许多问题中，常常还需要解决相反的问题，也就是要由一个函数的已知导数（或微分），求出这个函数。这种由函数的已知导数（或微分）去求原来的函数的运算，称为不定积分，这是积分学的基本问题之一。

如果函数 $f(x)$ 与 $F(x)$ 为定义在某同一区间内的函数，并且处处都有

$$F'(x)=f(x) \text{ 或 } dF(x)=f(x)dx,$$

则称 $F(x)$ 是 $f(x)$ 的一个原函数。

根据导数公式或微分公式，我们很容易得出一些简单函数的原函数。如

$(\sin x)'=\cos x$，　　故 $\sin x$ 是 $\cos x$ 的一个原函数；

$(\sin x+1)'=\cos x$，　　故 $\sin x+1$ 也是 $\cos x$ 的一个原函数；

$(x^2)'=2x$，　　故 x^2 是 $2x$ 的一个原函数；

$(x^2+2)'=2x$，　　故 x^2 也是 $2x$ 的一个原函数。

若 $F'(x)=f(x)$，由于任意常数 c 的导数为零，所以，函数 $F(x)+c$ 满足 $(F(x)+c)'=f(x)$，$F(x)+c$ 也是 $f(x)$ 的原函数. 即如果 $f(x)$ 的原函数存在，则它的原函数有无穷多个。可以证明 $F(x)+c$ 包含了 $f(x)$ 所有原函数。

二、不定积分的概念

函数 $f(x)$ 在某区间内的全体原函数称为 $f(x)$ 在该区间内的不定积分，记为

$$\int f(x)dx。$$

其中记号 $\int$ 称为积分号，$f(x)$ 称为被积函数，$f(x)dx$ 称为被积表达式，x 称为积分变量。即

$$\int f(x)dx=F(x)+C。$$

三、不定积分的几何意义

若 $F(x)$ 是 $f(x)$ 的一个原函数，则称 $y=F(x)$ 的图象为 $f(x)$ 的一条积分曲线。于是，$f(x)$ 的不定积分在几何上表示 $f(x)$ 的某一条积分曲线沿纵轴方向任意平移所得一组积分曲线组

成的曲线族。若在每一条积分曲线上横坐标相同的点处作切线，则这些切线互相平行（如图Ⅱ-4-1），任意两条曲线的纵坐标之间相差一个常数。给定一个初始条件，就可以确定一个常数 C 的值，因而就确定了一个原函数，于是就确定了一条积分曲线。

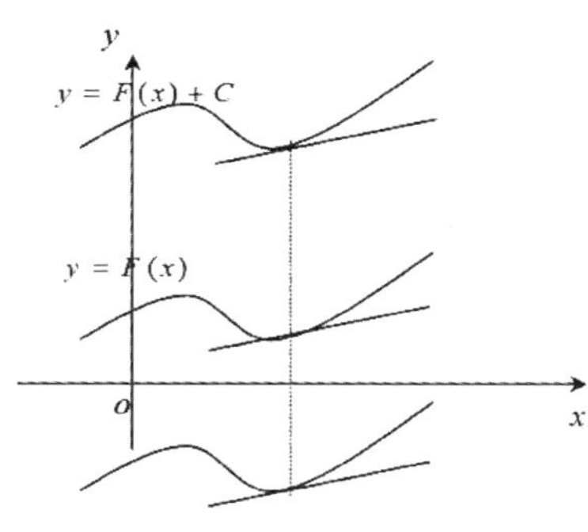

图Ⅱ-4-1

例题Ⅱ-4-1 求 $f(x)=2x$ 的不定积分。

解：因为 $(x^2)'=2x$，所以 $\int f(x)\,dx=\int 2x\,dx=x^2+C$。

例题Ⅱ-4-2 求 $f(x)=e^x$ 的不定积分。

解：因为 $(e^x)'=e^x$，所以 $\int f(x)\,dx=\int e^x dx=e^x+C$。

例题Ⅱ-4-3 一物体作直线运动，速度为 $v(t)=2t^2+1$m/s，当 $t=1$ s 时，物体所经过的路程为 3 m，求物体的运动方程。

解：设物体的运动方程为 $s=s(t)$。依题意有 $s'(t)=v(t)=2t^2+1$，所以

$$s(t)=\int(2t^2+1)\,dx=\frac{2}{3}t^3+t+C。$$

将 $t=1, s=3$ 代入上式，得 $C=\frac{4}{3}$，因此，所求物体的方程

$$s(t)=\frac{2}{3}t^3+t+\frac{4}{3}。$$

第二节 不定积分的运算

一、不定积分的性质

$$\int[f(x)\pm g(x)]\,dx=\int f(x)\,dx\pm\int g(x)\,dx$$

$$\int kf(x)\,dx=k\int f(x)\,dx（k 为非零常数）$$

二、基本积分表

(1) $\int k\,dx=kx+C$（k 是常）

(2) $\int x^n dx=\frac{x^{n+1}}{n+1}+C\ (n\neq -1)$

(3) $\int\frac{dx}{x}=\ln|x|+C$

(4) $\int\frac{dx}{1+x^2}=\arctan x+C$

(5) $\int\frac{dx}{\sqrt{1-x^2}}=\arcsin x+C$

(6) $\int \cos x\mathrm{d}x = \sin x + C$

(7) $\int \sin x\mathrm{d}x = -\cos x + C$

(8) $\int \frac{\mathrm{d}x}{\cos^2 x} = \int \sec^2 x\mathrm{d}x = \tan x + C$

(9) $\int \frac{\mathrm{d}x}{\sin^2 x} = \int \csc^2 x\mathrm{d}x = -\cot x + C$

(10) $\int \sec x\tan x\mathrm{d}x = \sec x + C$

(11) $\int \csc x\cot x\mathrm{d}x = -\csc x + C$

(12) $\int \mathrm{e}^x\mathrm{d}x = \mathrm{e}^x + C$

(13) $\int a^x\mathrm{d}x = \frac{a^x}{\ln a} + C$

(14) $\int \tan x\mathrm{d}x = -\ln|\cos x| + C$

(15) $\int \cot x\mathrm{d}x = \ln|\sin x| + C$

(16) $\int \sec x\mathrm{d}x = \ln|\sec x + \tan x| + C$

(17) $\int \csc x\mathrm{d}x = \ln|\csc x - \cot x| + C$

(18) $\int \frac{\mathrm{d}x}{a^2 + x^2} = \frac{1}{a}\arctan \frac{x}{a} + C$

(19) $\int \frac{\mathrm{d}x}{x^2 - a^2} = \frac{1}{2a}\ln \left|\frac{x-a}{x+a}\right| + C$

(20) $\int \frac{\mathrm{d}x}{a^2 - x^2} = \frac{1}{2a}\ln \left|\frac{a+x}{a-x}\right| + C$

(21) $\int \frac{1}{\sqrt{a^2 - x^2}}\mathrm{d}x = \arcsin \frac{x}{a} + C$

(22) $\int \frac{\mathrm{d}x}{\sqrt{x^2 \pm a^2}} = \ln|x + \sqrt{x^2 \pm a^2}| + C$

(23) $\int \frac{1}{ax+b}\mathrm{d}x = \frac{1}{a}\ln|ax+b| + C$

(24) $\int \frac{1}{\sqrt{x}}\mathrm{d}x = 2\sqrt{x} + C$

(25) $\int \frac{1}{x^2}\mathrm{d}x = -\frac{1}{x} + C$

可能用到的公式

(1) $\frac{1}{n(n+1)}=\frac{1}{n}-\frac{1}{n+1}\Rightarrow\int\frac{dx}{n(n+1)}=\int\frac{1}{n}dx-\int\frac{1}{n+1}dx$

(2) $(a+b)^3=a^3+3a^2b+3ab^2+b^3$

(3) $a^3\pm b^3=(a\pm b)(a^2\mp ab+b^2)$

(4) $\tan^2x+1=\sec^2x$

(5) $\cot^2x+1=\csc^2x$

(6) $\sin\alpha\times\csc\alpha=1$

(7) $\cos\alpha\times\sec\alpha=1$

(8) $\tan\alpha=t,\sin 2\alpha=\frac{2t}{1+t^2},\cos 2\alpha=\frac{1-t^2}{1+t^2}$

三、求不定积分的基本方法

1.公式法

例题Ⅱ-4-4 求$\int\frac{dx}{x^2\sqrt{x}}$。

解：$\int\frac{dx}{x^2\sqrt{x}}=\int x^{-\frac{5}{2}}dx=-\frac{2}{3}x^{-\frac{3}{2}}+C$。

例题Ⅱ-4-5 求$\int\left(\sqrt[3]{x}-\frac{1}{\sqrt{x}}\right)dx$。

解：$\int\left(\sqrt[3]{x}-\frac{1}{\sqrt{x}}\right)dx=\int(x^{\frac{1}{3}}-x^{-\frac{1}{2}})dx=\int x^{\frac{1}{3}}dx-\int x^{-\frac{1}{2}}dx=\frac{3}{4}x^{\frac{4}{3}}-2x^{\frac{1}{2}}+C$。

例题Ⅱ-4-6 求$\int\frac{3x^4+3x^2+1}{x^2+1}dx$。

解：$\int\frac{3x^4+3x^2+1}{x^2+1}dx=\int 3x^2dx+\int\frac{1}{1+x^2}dx=x^3+\arctan x+C$。

例题Ⅱ-4-7 求$\int\frac{x^2}{1+x^2}dx$。

解：$\int\frac{x^2}{1+x^2}dx=\int dx-\int\frac{1}{1+x^2}dx=x-\arctan x+C$。

例题Ⅱ-4-8 求$\int\frac{1}{x^2(1+x^2)}dx$。

解：$\int\frac{1}{x^2(1+x^2)}dx=\int\left(\frac{1}{x^2}-\frac{1}{1+x^2}\right)dx=\int\frac{1}{x^2}dx-\int\frac{1}{1+x^2}dx=-\frac{1}{x}-\arctan x+C$。

例题Ⅱ-4-9 求$\int\cos^2\frac{x}{2}dx$。

解：$\int\cos^2\frac{x}{2}d=\int\frac{1+\cos x}{2}dx=\frac{1}{2}x+\frac{1}{2}\sin x+C$。

例题Ⅱ-4-10 求$\int\left(\sqrt{\frac{1-x}{1+x}}+\sqrt{\frac{1+x}{1-x}}\right)dx$。

解:注意到被积函数

$$\sqrt{\frac{1-x}{1+x}}+\sqrt{\frac{1+x}{1-x}}=\frac{1-x}{\sqrt{1-x^2}}+\frac{1+x}{\sqrt{1-x^2}}=\frac{2}{\sqrt{1-x^2}}。$$

$$\int\left(\sqrt{\frac{1-x}{1+x}}+\sqrt{\frac{1+x}{1-x}}\right)dx=2\int\frac{1}{\sqrt{1-x^2}}dx=2\arcsin x+C。$$

2. 第一换元法(凑微分)

对于形如$\int f[\varphi(x)]\varphi'(x)dx$或$\int f[\varphi(x)]d\varphi(x)$的不定积分,可设$\varphi(x)=u$,若$f(u)$有原函数$F(u)$,则有第一类换元积分公式

$$\int f[\varphi(x)]\varphi'(x)dx=\int f(u)du\bigg|_{u=\varphi(x)}$$

第一类换元积分法也称为凑微分法。

常用凑微分公式

(1)$dx=\frac{1}{a}d(ax+b)$

(2)$xdx=\frac{1}{2}d(x^2)$

(3)$\frac{1}{x^2}dx=-d\left(\frac{1}{x}\right)$

(4)$\frac{1}{x}dx=d\ln x$

(5)$\frac{1}{\sqrt{x}}dx=d(2\sqrt{x})$

(6)$e^x dx=de^x$

(7)$\cos xdx=d\sin x$

(8)$\sin xdx=-d\cos x$

(9)$\frac{1}{\cos^2 x}dx=\sec^2 xdx=d\tan x$

(10)$\frac{1}{\sin^2 x}dx=\csc^2 xdx=-d\cot x$

(11)$\frac{1}{1+x^2}dx=d\arctan x$

(12)$\frac{dx}{\sqrt{1-x^2}}=d\arcsin x$

(13)$\int\frac{1}{x^2-a^2}dx=\frac{1}{2a}\int\left(\frac{1}{x-a}-\frac{1}{x+a}\right)dx=\frac{1}{2a}\left[\int\frac{1}{x-a}d(x-a)-\int\frac{1}{x+a}d(x+a)\right]$

$$=\frac{1}{2a}(\ln|x-a|-\ln|x+a|)+C=\frac{1}{2a}(\ln|x-a|-\ln|x+a|)+C$$

(14) $\int \frac{1}{a^2-x^2}\mathrm{d}x=\frac{1}{2a}\ln\left|\frac{x+a}{x-a}\right|+C$

配方 $\int \frac{\mathrm{d}x}{\sqrt{a^2-x^2}}=\int \frac{\mathrm{d}\frac{x}{a}}{\sqrt{1-\left(\frac{x}{a}\right)^2}}=\arcsin\frac{x}{a}+C(a>0)$

(15) $\int \frac{1}{a^2+x^2}\mathrm{d}x=\int \frac{1}{a^2\left[1+\left(\frac{x}{a}\right)^2\right]}\mathrm{d}x=\frac{1}{a}\int \frac{1}{1+\left(\frac{x}{a}\right)^2}\mathrm{d}\left(\frac{x}{a}\right)=\frac{1}{a}\arctan\frac{x}{a}+C$

例题Ⅱ-4-11 求 $\int \cos(3x+1)\mathrm{d}x$。

解: 选择新变量 $u=3x+1$,则 $x=\frac{1}{3}(u-1)$,$\mathrm{d}x=\frac{1}{3}\mathrm{d}u$。

原式 $=\int \cos u\cdot\frac{1}{3}\mathrm{d}u=\frac{1}{3}\sin u+C=\frac{1}{3}\sin(3x+1)+C$。

例题Ⅱ-4-12 求 $\int (2x+4)^3\mathrm{d}x$。

解: $\int (2x+4)^3\mathrm{d}x \xlongequal{\text{凑微分}} \frac{1}{2}\int (2x+4)^3\mathrm{d}(2x+4) \xlongequal[u=2x+4]{\text{变量代换}} \frac{1}{2}\int u^3\mathrm{d}u$

$=\frac{1}{2}\cdot\frac{1}{1+3}u^{3+1}+C \xlongequal{\text{还原}} \frac{1}{8}(2x+4)^4+C$。

例题Ⅱ-4-13 求 $\int x\mathrm{e}^{x^2}\mathrm{d}x$。

解: $\int x\mathrm{e}^{x^2}\mathrm{d}x \xlongequal{\text{凑微分}} \frac{1}{2}\int \mathrm{e}^{x^2}\mathrm{d}x^2 \xlongequal[u=x^2]{\text{变量代替}} \frac{1}{2}\int \mathrm{e}^u\mathrm{d}u$

$=\frac{1}{2}\mathrm{e}^u+C \xlongequal{\text{还原}} \frac{1}{2}\mathrm{e}^{x^2}+C$。

例题Ⅱ-4-14 求 $\int \frac{1}{3-2x}\mathrm{d}x$。

解: $\int \frac{1}{3-2x}\mathrm{d}x=-\frac{1}{2}\int \frac{1}{3-2x}\mathrm{d}(3-2x)=-\frac{1}{2}\ln|3-2x|+C$。

例题Ⅱ-4-15 求 $\int (\sin ax-\mathrm{e}^{\frac{x}{b}})\mathrm{d}x$。

解: $\int (\sin ax-\mathrm{e}^{\frac{x}{b}})\mathrm{d}x=\frac{1}{a}\int \sin ax\mathrm{d}(ax)-b\int \mathrm{e}^{\frac{x}{b}}\mathrm{d}\left(\frac{x}{b}\right)=-\frac{1}{a}\cos ax-b\mathrm{e}^{\frac{x}{b}}+C$。

例题Ⅱ-4-16 求 $\int \frac{\mathrm{d}x}{x\ln x\ln\ln x}$。

解: $\int \frac{\mathrm{d}x}{x\ln x\ln\ln x}=\int \frac{\mathrm{d}(\ln|x|)}{\ln x\ln\ln x}=\int \frac{\mathrm{d}(\ln|\ln x|)}{\ln\ln x}=\ln|\ln\ln x|+C$。

例题Ⅱ-4-17 求 $\int \frac{\mathrm{d}x}{\sin x\cos x}$。

解：$\int \frac{dx}{\sin x\cos x} = \int \frac{\sin^2 x + \cos^2 x}{\sin x\cos x}dx = \int \frac{\sin x}{\cos x}dx + \int \frac{\cos x}{\sin x}dx = -\int \frac{d\cos x}{\cos x} + \int \frac{d\sin x}{\sin x}$

$= -\ln|\cos x| + \ln|\sin x| + C = \ln|\tan x| + C$。

例题Ⅱ－4－18 求$\int \frac{1-x}{\sqrt{9-4x^2}}dx$。

解：$\int \frac{1-x}{\sqrt{9-4x^2}}dx = \int \frac{1}{\sqrt{9-4x^2}}dx - \int \frac{x}{\sqrt{9-4x^2}}dx$

$$= \frac{1}{2}\int \frac{1}{\sqrt{1-\left(\frac{2x}{3}\right)^2}}d\frac{2x}{3} - \frac{1}{8}\int \frac{1}{\sqrt{9-4x^2}}d4x^2$$

$$= \frac{1}{2}\int \frac{1}{\sqrt{1-\left(\frac{2x}{3}\right)^2}}d\frac{2x}{3} + \frac{1}{8}\int \frac{1}{\sqrt{9-4x^2}}d(9-4x^2)$$

$$= \frac{1}{2}\arcsin\left(\frac{2x}{3}\right) + \frac{1}{4}\sqrt{9-4x^2} + C。$$

例题Ⅱ－4－19 求$\int \frac{dx}{2x^2-1}$。

解：$\int \frac{dx}{2x^2-1} = \int \frac{dx}{(\sqrt{2}x+1)(\sqrt{2}x-1)} = \frac{1}{2}\int \left(\frac{1}{\sqrt{2}x-1} - \frac{1}{\sqrt{2}x+1}\right)dx$

$$= \frac{1}{2\sqrt{2}}\int \left(\frac{1}{\sqrt{2}x-1} - \frac{1}{\sqrt{2}x+1}\right)d\sqrt{2}x$$

$$= \frac{1}{2\sqrt{2}}\int \frac{1}{\sqrt{2}x-1}d(\sqrt{2}x-1) - \frac{1}{2\sqrt{2}}\int \frac{1}{\sqrt{2}x+1}d(\sqrt{2}x+1)$$

$$= \frac{1}{2\sqrt{2}}\ln\left|\frac{\sqrt{2}x-1}{\sqrt{2}x+1}\right| + C。$$

例题Ⅱ－4－20 求$\int \frac{xdx}{(4-5x)^2}$。

解：$\int \frac{xdx}{(4-5x)^2} = \int -\frac{1}{5}\left(\frac{4-5x-4}{(4-5x)^2}\right)dx = \frac{1}{25}\int \left(\frac{1}{4-5x} - 4\frac{1}{(4-5x)^2}\right)d(4-5x)$

$$= \frac{1}{25}\int \frac{1}{4-5x}d(4-5x) - \frac{4}{25}\int \frac{1}{(4-5x)^2}d(4-5x)$$

$$= \frac{1}{25}\ln|4-5x| + \frac{4}{25}\frac{1}{4-5x} + C。$$

例题Ⅱ－4－21 求$\int \cos^3 xdx$。

解：$\cos xdx = d\sin x$，

$$\int \cos^3 xdx = \int \cos^2 x \cdot \cos xdx = \int \cos^2 xd\sin x$$

$$= \int (1-\sin^2 x)d\sin x = \sin x - \frac{1}{3}\sin^3 x + C。$$

3. 第二换元法

第一类换元积分法是先凑微分，再用新变量 u 代替 $\varphi(x)$，但是有些不定积分需要作相反方式的换元，即令 $x=\varphi(t)$，把 t 作为新的积分变量，从而简化积分计算，最后再将 $t=\varphi^{-1}(x)$ 回代。

例题Ⅱ－4－22 求$\int x\sqrt{x+1}\,\mathrm{d}x$。

解：令 $t=\sqrt{x+1}$，则 $x=t^2-1$，$\mathrm{d}x=2t\mathrm{d}t$

$$\text{原式}=\int(t^2-1)\cdot t\cdot 2t\mathrm{d}t=2\int(t^4-t^2)\mathrm{d}t$$

$$=\frac{2}{5}t^5-\frac{2}{3}t^3+C=\frac{2}{5}(x+1)^{\frac{5}{2}}-\frac{2}{3}(x+1)^{\frac{3}{2}}+C。$$

例题Ⅱ－4－23 求$\int\frac{1}{1+\sqrt{x}}\mathrm{d}x$。

解：令 $t=\sqrt{x}$，则 $x=t^2$，$\mathrm{d}x=2t\mathrm{d}t$。

$$\text{原式}=\int\frac{1}{1+t}\cdot 2t\mathrm{d}t=2\int\frac{t}{1+t}\mathrm{d}t$$

$$=2\int\frac{1+t-1}{1+t}\mathrm{d}t=2\int\left(1-\frac{1}{1+t}\right)\mathrm{d}t$$

$$=2(t-\ln|1+t|)+C$$

$$=2(\sqrt{x}-\ln|1+\sqrt{x}|)+C。$$

例题Ⅱ－4－24 求$\int\frac{\mathrm{d}x}{1+\sqrt{1-x^2}}$。

解：令 $x=\sin t$，$|t|<\frac{\pi}{2}$，则 $\mathrm{d}x=\cos t\mathrm{d}t$。

$$\int\frac{\mathrm{d}x}{1+\sqrt{1-x^2}}=\int\frac{\cos t\mathrm{d}t}{1+\cos t}=\int\mathrm{d}t-\int\frac{\mathrm{d}t}{1+\cos t}=t-\int\frac{\mathrm{d}t}{2\cos^2\frac{t}{2}}=t-\int\sec^2\frac{t}{2}\mathrm{d}\frac{t}{2}$$

$$=t-\tan\frac{t}{2}+C=\arcsin x-\frac{x}{1+\sqrt{1-x^2}}+C。$$

$$\left(\text{或}=\arcsin x-\frac{1-\sqrt{1-x^2}}{x}+C\right)$$

（万能公式 $\tan\frac{t}{2}=\frac{\sin t}{1+\cos t}=\frac{1-\cos t}{\sin t}$，又 $\sin t=x$ 时，$\cos t=\sqrt{1-x^2}$）

例题Ⅱ－4－25 求$\int\frac{\sqrt{x^2-9}}{x}\mathrm{d}x$。

解：令 $x=3\sec t$，$t\in\left(0,\frac{\pi}{2}\right)$，则 $\mathrm{d}x=3\sec t\tan t\mathrm{d}t$。

$$\int\frac{\sqrt{x^2-9}}{x}\mathrm{d}x=\int\frac{3\tan t}{3\sec t}3\sec t\tan t\mathrm{d}t=3\int\tan^2 t\mathrm{d}t=3\int(\sec^2 t-1)\mathrm{d}t$$

$$=3\tan t-3t+C=\sqrt{x^2-9}-3\arccos\frac{3}{|x|}+C。$$

$$(x=3\sec x\text{ 时},\cos x=\frac{3}{x},\sin x=\frac{\sqrt{x^2-9}}{x},\tan x=\frac{\sqrt{x^2-9}}{3})$$

例题Ⅱ-4-26 求$\int\frac{\mathrm{d}x}{\sqrt{(x^2+1)^3}}$。

解:令 $x=\tan t,|t|<\frac{\pi}{2}$,则 $\mathrm{d}x=\sec^2t\mathrm{d}t$。

$$\int\frac{\mathrm{d}x}{\sqrt{(x^2+1)^3}}=\int\frac{\sec^2t\mathrm{d}t}{\sec^3t}=\int\frac{\mathrm{d}t}{\sec t}=\int\cos t\mathrm{d}t=\sin t+C=\frac{x}{\sqrt{1+x^2}}+C。$$

例题Ⅱ-4-27 求$\int\frac{\mathrm{d}x}{\sqrt{(x^2+a^2)^3}}$。

解:令 $x=a\tan t,|t|<\frac{\pi}{2}$,则 $\mathrm{d}x=a\sec^2t\mathrm{d}t$。

$$\int\frac{\mathrm{d}x}{\sqrt{(x^2+a^2)^3}}=\int\frac{a\sec^2t\mathrm{d}t}{a^3\sec^3t}=\int\frac{\mathrm{d}t}{a^2\sec t}=\frac{1}{a^2}\int\cos t\mathrm{d}t$$

$$=\frac{1}{a^2}\sin t+C=\frac{x}{a^2\sqrt{a^2+x^2}}+C。$$

例题Ⅱ-4-28 求$\int\frac{x^2+1}{x\sqrt{x^4+1}}\mathrm{d}x$。

解:$\int\frac{x^2+1}{x\sqrt{x^4+1}}\mathrm{d}x=\frac{1}{2}\int\frac{x^2+1}{x^2\sqrt{x^4+1}}\mathrm{d}x^2$,令 $u=x^2$ 得:

$\int\frac{x^2+1}{x\sqrt{x^4+1}}\mathrm{d}x=\frac{1}{2}\int\frac{u+1}{u\sqrt{u^2+1}}\mathrm{d}u$,令 $u=\tan t,|t|<\frac{\pi}{2}$,则 $\mathrm{d}u=\sec^2t\mathrm{d}t$,

$$\int\frac{x^2+1}{x\sqrt{x^4+1}}\mathrm{d}x=\frac{1}{2}\int\frac{u+1}{u\sqrt{u^2+1}}\mathrm{d}u=\frac{1}{2}\int\frac{\tan t+1}{\tan t\cdot\sec t}\sec^2t\mathrm{d}t=\frac{1}{2}\int\frac{\tan t+1}{\tan t}\sec t\mathrm{d}t$$

$$=\frac{1}{2}\int(\csc t+\sec t)\mathrm{d}t=\frac{1}{2}\ln|\sec t+\tan t|+\frac{1}{2}\ln|\csc t-\cot t|+C$$

$$=\frac{1}{2}\ln\left|\sqrt{u^2+1}+u\right|+\frac{1}{2}\ln\left|\frac{\sqrt{u^2+1}}{u}-\frac{1}{u}\right|+C$$

$$=\frac{1}{2}\ln\left|\sqrt{x^4+1}+x^2\right|+\frac{1}{2}\ln\left|\frac{\sqrt{x^4+1}-1}{x^2}\right|+C。$$

例题Ⅱ-4-29 求$\int\sqrt{5-4x-x^2}\mathrm{d}x$。

解:$5-4x-x^2=9-(x+2)^2$,令 $x+2=3\sin t,|t|<\frac{\pi}{2}$,则 $\mathrm{d}x=3\cos t\mathrm{d}t$。

$$\int\sqrt{5-4x-x^2}\mathrm{d}x=\int9\cos^2t\mathrm{d}t=9\int\frac{1+\cos2t}{2}\mathrm{d}t=9\left(\frac{t}{2}+\frac{1}{4}\sin2t\right)+C$$

$$=\frac{9}{2}\arcsin\frac{x+2}{3}+\frac{x+2}{2}\sqrt{5-4x-x^2}+C。$$

如当被积函数中含 $\sqrt{a^2-x^2}$ 时，设 $x=a\sin t$，可作辅助直角三角形如图Ⅱ-4-2，易得 $\cos t=\frac{\sqrt{a^2-x^2}}{a}$，$\tan t=\frac{x}{\sqrt{a^2-x^2}}$ 等其他三角函数值；当含有含 $\sqrt{a^2+x^2}$ 时，设 $x=a\tan t$，可作辅助直角三角形如图Ⅱ-4-3所示。当含有 $\sqrt{x^2-a^2}$ 时，设 $x=a\sec t$，可作辅助直角三角形，如图Ⅱ-4-4所示。

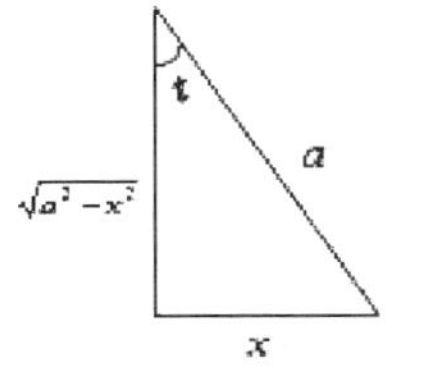

图Ⅱ-4-2

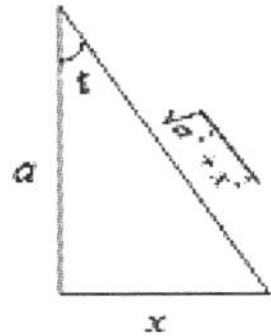

图Ⅱ-4-3

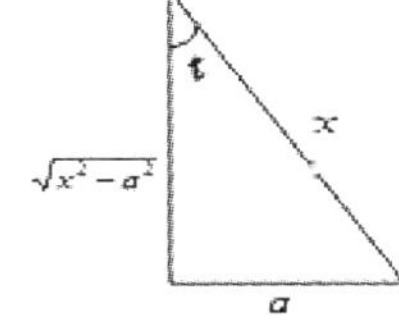

图Ⅱ-4-4

利用直角三角形的边角关系，即可找出积分结果中新变量 t 的三角函数还原为原积分变量 x 的关系式。

4.分部积分法

设 $u=u(x)$，$v=v(x)$，则有 $(uv)'=u'v+uv'$

或 $\mathrm{d}(uv)=v\mathrm{d}u+u\mathrm{d}v$

两端求不定积分，得 $\int(uv)'\mathrm{d}x=\int vu'\mathrm{d}x+\int uv'\mathrm{d}x$

或 $\int \mathrm{d}(uv)=\int v\mathrm{d}u+\int u\mathrm{d}v$

即 $\int u\mathrm{d}v=uv-\int v\mathrm{d}u$

或 $\int uv'\mathrm{d}x=uv-\int vu'\mathrm{d}x$

此公式称为不定积分的分部积分公式。

分部积分法采用迂回的技巧，规避难点，挑容易积分的部分先做，最终完成不定积分。具体选取 μ、ν 时，通常基于以下两点考虑：

(1)降低多项式部分的系数；

(2)简化被积函数的类型。

例题Ⅱ-4-30 求不定积分 $\int x\sin x\mathrm{d}x$。

解： 令 $u=x$，$\sin x\mathrm{d}x=\mathrm{d}(-\cos x)=\mathrm{d}v$，则

$$\int x\sin x\mathrm{d}x=\int uv'\mathrm{d}x=-\int x\mathrm{d}(\cos x)=-x\cos x+\int\cos x\mathrm{d}x=-x\cos x+\sin x+C$$

例题Ⅱ-4-31 求 $\int\ln x\mathrm{d}x$。

解： $\int\ln x\mathrm{d}x \xlongequal{令 u=\ln x, v=x} x\ln x-\int x\mathrm{d}\ln x$

$$=x\cdot\ln x-\int x\cdot\frac{1}{x}dx$$

$$=x\ln x-x+C$$

例题Ⅱ-4-32 求$\int e^{\sqrt[3]{x}}dx$。

解：令 $t=\sqrt[3]{x}$，则 $x=t^3$，$dx=3t^2dt$。

$$\int e^{\sqrt[3]{x}}dx=\int e^t 3t^2dt=3\int e^t t^2dt=3\int t^2de^t=3t^2e^t-3\int 2te^tdt$$

$$=3t^2e^t-3\int 2tde^t=3t^2e^t-6e^tt+6\int e^tdt=3t^2e^t-6e^tt+6e^t+C$$

$$=3\sqrt[3]{x^2}e^{\sqrt[3]{x}}-6e^{\sqrt[3]{x}}\sqrt[3]{x}+6e^{\sqrt[3]{x}}+C=3e^{\sqrt[3]{x}}(\sqrt[3]{x^2}-2\sqrt[3]{x}+2)+C。$$

例题Ⅱ-4-33 求$\int x^2\ln xdx$。

解：为使 v 容易求得，选取 $u=\ln x$，$dv=x^2dx=d\left(\frac{1}{2}x^3\right)$，$v=\frac{1}{3}x^3$，于是

$$\int x^2\ln xdx=\frac{1}{3}\int \ln xdx^3=\frac{1}{3}x^3\ln x-\frac{1}{3}\int x^3d(\ln x)$$

$$=\frac{1}{3}x^3\ln x-\frac{1}{3}\int x^2dx=\frac{1}{3}x^3\ln x-\frac{1}{9}x^3+C。$$

例题Ⅱ-4-34 求不定积分$\int \arcsin xdx$。

解：被积函数是反三角函数和幂函数($1=x^0$)的乘积，故选取 $\arcsin x=u$，于是

$$\int \arcsin xdx=x\arcsin x-\int xd(\arcsin x)=x\arcsin x-\int\frac{x}{\sqrt{1-x^2}}dx,$$

再利用换元积分法得

$$\int \arcsin xdx=x\arcsin x+\frac{1}{2}\int\frac{d(1-x^2)}{\sqrt{1-x^2}}=x\arcsin x+\sqrt{1-x^2}+C。$$

例题Ⅱ-4-35 求不定积分$\int \sin(\ln x)dx$。

解：注意到被积函数是由函数 $\sin u$ 与 $u=\ln x$ 复合的一个复合函数，因此，首先利用换元积分法，令 $u=\ln x$，则 $x=e^u$，$dx=e^udu$，有

$$\int \sin(\ln x)dx=\int e^u\sin udu,$$

此时被积函数是指数函数与三角函数的乘积，进行两次分部积分，略去中间计算过程，得

$$\int e^u\sin udu=\frac{1}{2}e^u(\sin u-\cos u)+C,$$

把 $u=\ln x$ 代入得到

$$\int \sin(\ln x)dx=\frac{x}{2}[\sin(\ln x)-\cos(\ln x)]+C。$$

第三节　几种特殊类型函数的积分

一、有理函数的不定积分

1.化有理函数为简单函数

两个多项式的商所表示的函数 $R(x)$ 称为有理函数,即

$$R(x)=\frac{P(x)}{Q(x)}=\frac{a_0x^n+a_1x^{n-1}+a_2x^{n-2}+\cdots+a_{n-1}x+a_n}{b_0x^m+b_1x^{m-1}+b_2x^{m-2}+\cdots+b_{m-1}x+b_m}\quad(a_0\neq0,b_0\neq0)。$$

设式中 $n<m$,如果多项式 $Q(x)$ 在实数范围内能分解成一次因式和二次质因式的乘积:

$$Q(x)=b_0(x-a)^{\alpha}\cdots(x-b)^{\beta}(x^2+px+q)^{\lambda}\cdots(x^2+rx+s)^{\mu}。$$

真分式$\frac{P(x)}{Q(x)}$总可以分解成如下部分分式之和,即

$$\begin{aligned}\frac{P(x)}{Q(x)}=&\frac{A_1}{(x-a)^{\alpha}}+\frac{A_2}{(x-a)^{\alpha-1}}+\cdots+\frac{A_{\alpha}}{x-a}+\cdots+\frac{B_1}{(x-b)^{\beta}}\\&+\frac{B_2}{(x-b)^{\beta-1}}+\cdots+\frac{B_{\beta}}{x-b}+\frac{M_1x+N_1}{(x^2+px+q)^{\lambda}}\\&+\frac{M_2x+N_2}{(x^2+px+q)^{\lambda-1}}+\cdots+\frac{M_{\lambda}x+N_{\lambda}}{x^2+px+q}+\cdots+\frac{R_1x+S_1}{(x^2+rx+s)^{\mu}}\\&+\frac{R_2x+S_2}{(x^2+rx+s)^{\mu-1}}+\cdots+\frac{R_{\mu}x+S_{\mu}}{x^2+rx+s}。\end{aligned}$$

其中$A_i,\cdots,B_i,M_i,N_i,\cdots,R_i,S_i$都是待定常数,并且这样分解时,这些常数是唯一的.

可见在实数范围内,任何有理真分式都可以分解成下面四类简单分式之和:

(1)$\frac{A}{x-a}$

(2)$\frac{A}{(x-a)^k}$　(k 是正整数,$k\geqslant2$)

(3)$\frac{Ax+B}{x^2+px+q}$　($p^2-4q<0$)

(4)$\frac{Ax+B}{(x^2+px+q)^k}$($k$ 是正整数,$k\geqslant2,p^2-4q<0$)

2.有理函数的不定积分

求有理函数的不定积分归结为求四类简单分式的积分。下面讨论这四类简单分式的积分。

(1)$\int\frac{A}{x-a}dx=A\int\frac{1}{x-a}d(x-a)=A\ln|x-a|+C$

(2)$\int\frac{A}{(x-a)^k}dx=A\int(x-a)^{-k}d(x-a)=\frac{-A}{k-1}\cdot\frac{1}{(x-a)^{k-1}}+C$

(3)$\int\frac{Ax+B}{x^2+px+q}dx$　($p^2-4q<0$)

将分母配方得 $x^2+px+q=\left(x+\frac{p}{2}\right)^2+\left(q-\frac{p^2}{4}\right)$，作变量代换 $u=x+\frac{p}{2}$，则 $x=u-\frac{p}{2}$，$\mathrm{d}x=\mathrm{d}u$；由于 $p^2-4q<0$，$q-\frac{p^2}{4}>0$，记 $q-\frac{p^2}{4}=a^2$，于是

$$\begin{aligned}\int\frac{Ax+B}{x^2+px+q}\mathrm{d}x&=\int\frac{Ax+B}{\left(x+\frac{p}{2}\right)^2+\left(q-\frac{p^2}{4}\right)}\mathrm{d}x=\int\frac{A\left(u-\frac{p}{2}\right)+B}{u^2+a^2}\mathrm{d}u\\&=\int\frac{Au}{u^2+a^2}\mathrm{d}u+\int\frac{B-\frac{Ap}{2}}{u^2+a^2}\mathrm{d}u\\&=\frac{A}{2}\ln(u^2+a^2)+\frac{B-\frac{Ap}{2}}{a}\arctan\frac{u}{a}+C\\&=\frac{A}{2}\ln(x^2+px+q)+\frac{2B-Ap}{\sqrt{4q-p^2}}\arctan\frac{2x+p}{\sqrt{4q-p^2}}+C。\end{aligned}$$

(4) $\int\frac{Ax+B}{(x^2+px+q)^k}\mathrm{d}x\quad(k\geqslant 2,p^2-4q<0)$.

作变量代换 $u=x+\frac{p}{2}$，并记 $q-\frac{p^2}{4}=a^2$，于是

$$\int\frac{Ax+B}{(x^2+px+q)^k}\mathrm{d}x=\int\frac{Au}{(u^2+a^2)^k}\mathrm{d}u+\int\frac{B-\frac{Ap}{2}}{(u^2+a^2)^k}\mathrm{d}u。$$

其中第一个积分

$$\int\frac{Au}{(u^2+a^2)^k}\mathrm{d}u=\frac{A}{2}\int(u^2+a^2)^{-k}\mathrm{d}(u^2+a^2)=\frac{-A}{2(k-1)}\cdot\frac{1}{(u^2+a^2)^{k-1}}+C。$$

第二个积分可通过建立递推公式求得. 记

$$I_k=\int\frac{\mathrm{d}u}{(u^2+a^2)^k}。$$

利用分部积分法有

$$\begin{aligned}I_k&=\int\frac{\mathrm{d}u}{(u^2+a^2)^k}=\frac{u}{(u^2+a^2)^k}+2k\int\frac{u^2\mathrm{d}u}{(u^2+a^2)^{k+1}}\\&=\frac{u}{(u^2+a^2)^k}+2k\int\frac{(u^2+a^2)-a^2}{(u^2+a^2)^{k+1}}\mathrm{d}u\\&=\frac{u}{(u^2+a^2)^k}+2kI_k-2a^2kI_{k+1}。\end{aligned}$$

整理得 $I_{k+1}=\frac{1}{2a^2k}\cdot\frac{u}{(u^2+a^2)^k}+\frac{2k-1}{2a^2k}I_k$。

于是可得递推公式

$$I_k=\frac{1}{a^2}\left[\frac{1}{2(k-1)}\cdot\frac{u}{(u^2+a^2)^{k-1}}+\frac{2k-3}{2k-2}I_{k-1}\right]。$$

逐步递推,最后可归结为不定积分

$$I_1=\int\frac{\mathrm{d}u}{u^2+a^2}=\frac{1}{a}\arctan\frac{u}{a}+C。$$

最后由 $u=x+\frac{p}{2}$ 全部换回原积分变量,即可求出不定积分 $\int\frac{Ax+B}{(x^2+px+q)^k}\mathrm{d}x$。

例题Ⅱ-4-36 求 $\int\frac{x-1}{(x^2+2x+3)^2}\mathrm{d}x$。

解:
$$\int\frac{x-1}{(x^2+2x+3)^2}\mathrm{d}x=\int\frac{x+1-2}{[(x+1)^2+2]^2}\mathrm{d}x$$

$$\xlongequal{u=x+1}\int\frac{u}{(u^2+2)^2}\mathrm{d}u-2\int\frac{\mathrm{d}u}{(u^2+2)^2}$$

$$=-\frac{1}{2(u^2+2)}-2\times\frac{1}{2}\left[\frac{1}{2\times1}\cdot\frac{u}{u^2+2}+\frac{1}{2}\int\frac{\mathrm{d}u}{u^2+2}\right]$$

$$=-\frac{u+1}{2(u^2+2)}-\frac{1}{2\sqrt{2}}\arctan\frac{u}{\sqrt{2}}+C$$

$$=-\frac{x+2}{2(x^2+2x+3)}-\frac{1}{2\sqrt{2}}\arctan\frac{x+1}{\sqrt{2}}+C。$$

例题Ⅱ-4-37 求 $\int\frac{1}{x(x-1)^2}\mathrm{d}x$。

解: 因为 $\frac{1}{x(x-1)^2}$ 可分解为 $\frac{1}{x(x-1)^2}=\frac{A}{x}+\frac{B}{(x-1)^2}+\frac{C}{x-1}$。
其中 A,B,C 为待定系数。可以用两种方法求出待定系数。

第一种方法:两端去掉分母后,得

$$1=A(x-1)^2+Bx+Cx(x-1)$$

即
$$1=(A+C)x^2+(B-2A-C)x+A。$$

等式两端 x^2 和 x 的系数及常数项必须分别相等,于是有

$$\begin{cases}A+C=0\\B-2A-C=0,\\A=1\end{cases}$$

从而解得 $A=1,B=1,C=-1$。

第二种方法:在恒等式(4)中,代入特殊的 x 值,从而求出待定系数。如令 $x=0$,得 $A=1$;令 $x=1$,得 $B=1$;把 A,B 的值代入,并令 $x=2$,得 $1=1+2+2C$,即 $C=-1$。于是

$$\int\frac{1}{x(x-1)^2}\mathrm{d}x=\int\left(\frac{1}{x}+\frac{1}{(x-1)^2}-\frac{1}{x-1}\right)\mathrm{d}x$$

$$=\int\frac{1}{x}\mathrm{d}x+\int\frac{1}{(x-1)^2}\mathrm{d}x-\int\frac{1}{x-1}\mathrm{d}x$$

$$=\ln|x|-\frac{1}{x-1}-\ln|x-1|+C。$$

例题Ⅱ－4－38 求$\int\frac{2x+2}{(x-1)(x^2+1)^2}dx$。

解：因为$\frac{2x+2}{(x-1)(x^2+1)^2}=\frac{A}{x-1}+\frac{Bx+C}{(x^2+1)^2}+\frac{Dx+E}{x^2+1}$，

两端去分母得

$$\begin{aligned}2x+2&=A(x^2+1)^2+(Bx+C)(x-1)+(Dx+E)(x-1)(x^2+1)\\&=(A+D)x^4+(E-D)x^3+(2A+D-E+B)x^2+\\&\quad(-D+E-B+C)x+(A-E-C)。\end{aligned}$$

两端比较系数得 $\begin{cases}A+D=0\\E-D=0\\2A+D-E+B=0\\-D+E-B+C=2\\A-E-C=2\end{cases}$，

解方程组得$A=1,B=-2,C=0,D=-1,E=-1$，故

$$\begin{aligned}\int\frac{2x+2}{(x-1)(x^2+1)^2}dx&=\int\left(\frac{1}{x-1}-\frac{2x}{(x^2+1)^2}-\frac{x+1}{x^2+1}\right)dx\\&=\int\frac{1}{x-1}dx-\int\frac{2x}{(x^2+1)^2}dx-\int\frac{x+1}{x^2+1}dx\\&=\ln|x-1|+\frac{1}{x^2+1}-\frac{1}{2}\ln(x^2+1)-\arctan x+C\\&=\ln\frac{|x-1|}{\sqrt{x^2+1}}+\frac{1}{x^2+1}-\arctan x+C。\end{aligned}$$

例题Ⅱ－4－39 求$\int\frac{x+3}{x^2-5x+6}dx$。

解：因为$\frac{x+3}{x^2-5x+6}=\frac{x+3}{(x-2)(x-3)}=\frac{A}{x-2}+\frac{B}{x-3}$，

两端去分母得 $x+3=A(x-3)+B(x-2)$。

令$x=2$，得$A=-5$；令$x=3$，得$B=6$. 于是

$$\begin{aligned}\int\frac{x+3}{x^2-5x+6}dx&=\int\left(\frac{6}{x-3}-\frac{5}{x-2}\right)dx=6\ln|x-3|-5\ln|x-2|+C\\&=\ln\left|\frac{(x-3)^6}{(x-2)^5}\right|+C。\end{aligned}$$

例题Ⅱ－4－40 求$\int\frac{x^2+x+2}{x^3+x^2+x+1}dx$。

解：$$\begin{aligned}\int\frac{x^2+x+2}{x^3+x^2+x+1}dx&=\int\frac{(x^2+1)+(x+1)}{(x^2+1)(x+1)}dx=\int\frac{1}{x+1}dx+\int\frac{1}{x^2+1}dx\\&=\ln|x+1|+\arctan x+C。\end{aligned}$$

例题Ⅱ－4－41 求$\int\frac{1}{(x^2-4x+4)(x^2-4x+5)}dx$。

解：$\int \frac{1}{(x^2-4x+4)(x^2-4x+5)}dx = \int \frac{(x^2-4x+5)-(x^2-4x+4)}{(x^2-4x+4)(x^2-4x+5)}dx$

$$= \int \frac{1}{x^2-4x+4}dx - \int \frac{1}{x^2-4x+5}dx$$

$$= \int \frac{1}{(x-2)^2}d(x-2) - \int \frac{1}{(x-2)^2+1}d(x-2)$$

$$= -\frac{1}{x-2} - \arctan(x-2) + C。$$

例题Ⅱ－4－42 求$\int \frac{1}{x^4+1}dx$。

解：$\int \frac{1}{x^4+1}dx = \frac{1}{2}\int \frac{x^2+1}{x^4+1}dx - \frac{1}{2}\int \frac{x^2-1}{x^4+1}dx$

$$= \frac{1}{2}\int \frac{1+\frac{1}{x^2}}{x^2+\frac{1}{x^2}}dx - \frac{1}{2}\int \frac{1-\frac{1}{x^2}}{x^2+\frac{1}{x^2}}dx$$

$$= \frac{1}{2}\int \frac{1}{\left(x-\frac{1}{x}\right)^2+2}d\left(x-\frac{1}{x}\right) - \frac{1}{2}\int \frac{1}{\left(x+\frac{1}{x}\right)^2-2}d\left(x+\frac{1}{x}\right)$$

$$= \frac{1}{2\sqrt{2}}\arctan\frac{x^2-1}{\sqrt{2}x} - \frac{1}{4\sqrt{2}}\ln\left|\frac{x^2-x\sqrt{2}+1}{x^2+x\sqrt{2}+1}\right| + C。$$

二、三角函数有理式的积分

由三角函数和常数经过有限次四则运算所构成的函数称为三角函数有理式。因为所有三角函数都可以表示为 $\sin x$ 和 $\cos x$ 的有理函数，所以，下面只讨论 $R(\sin x,\cos x)$ 型函数的不定积分。

由三角学知道，$\sin x$ 和 $\cos x$ 都可以用 $\tan\frac{x}{2}$的有理式表示，因此，作变量代换 $u=\tan\frac{x}{2}$，则

$$\sin x = 2\sin\frac{x}{2}\cos\frac{x}{2} = \frac{2\tan\frac{x}{2}}{\sec^2\frac{x}{2}} = \frac{2\tan\frac{x}{2}}{1+\tan^2\frac{x}{2}} = \frac{2u}{1+u^2},$$

$$\cos x = \cos^2\frac{x}{2} - \sin^2\frac{x}{2} = \frac{1-\tan^2\frac{x}{2}}{\sec^2\frac{x}{2}} = \frac{1-\tan^2\frac{x}{2}}{1+\tan^2\frac{x}{2}} = \frac{1-u^2}{1+u^2}。$$

又由 $x=2\arctan u$，得 $dx=\frac{2}{1+u^2}du$，于是

$$\int R(\sin x,\cos x)dx = \int R\left(\frac{2u}{1+u^2},\frac{1-u^2}{1+u^2}\right)\frac{2}{1+u^2}du。$$

由此可见，在任何情况下，变换 $u=\tan\frac{x}{2}$都可以把积分$\int R(\sin x,\cos x)dx$ 有理化。所以，

称变换 $u=\tan\frac{x}{2}$ 为万能代换。

例题Ⅱ -4 -43 求 $\int\frac{1}{1+\sin x+\cos x}\mathrm{d}x$。

解：设 $u=\tan\frac{x}{2}$，则

$$\int\frac{1}{1+\sin x+\cos x}\mathrm{d}x=\int\frac{1}{1+\frac{2u}{1+u^2}+\frac{1-u^2}{1+u^2}}\cdot\frac{2}{1+u^2}\mathrm{d}u=\int\frac{1}{1+u}\mathrm{d}u$$

$$=\ln|1+u|+C=\ln\left|1+\tan\frac{x}{2}\right|+C。$$

例题Ⅱ -4 -44 求 $\int\frac{1+\sin x}{1-\cos x}\mathrm{d}x$。

解：设 $u=\tan\frac{x}{2}$，则

$$\int\frac{1+\sin x}{1-\cos x}\mathrm{d}x=\int\frac{1+\frac{2u}{1+u^2}}{1-\frac{1-u^2}{1+u^2}}\cdot\frac{2}{1+u^2}\mathrm{d}u=\int\frac{(1+u^2)+2u}{u^2(1+u^2)}\mathrm{d}u$$

$$=\int\frac{1}{u^2}\mathrm{d}u+\int\frac{2}{u(1+u^2)}\mathrm{d}u=\int\frac{1}{u^2}\mathrm{d}u+2\int\frac{(1+u^2)-u^2}{u(1+u^2)}\mathrm{d}u$$

$$=\int\frac{1}{u^2}\mathrm{d}u+2\int\frac{1}{u}\mathrm{d}u-\int\frac{2u}{1+u^2}\mathrm{d}u=-\frac{1}{u}+2\ln|u|-\ln(1+u^2)+C$$

$$=2\ln\left|\tan\frac{x}{2}\right|-\cot\frac{x}{2}-\ln\left(\sec^2\frac{x}{2}\right)+C。$$

例题Ⅱ -4 -45 求 $\int\frac{\sin x}{1+\sin x}\mathrm{d}x$。

解：$\int\frac{\sin x}{1+\sin x}\mathrm{d}x=\int\frac{\sin x(1-\sin x)}{1-\sin^2x}\mathrm{d}x=\int\frac{\sin x-\sin^2x}{\cos^2x}\mathrm{d}x$

$$=\int\frac{\sin x}{\cos^2x}\mathrm{d}x-\int\frac{1-\cos^2x}{\cos^2x}\mathrm{d}x$$

$$=-\int\frac{1}{\cos^2x}\mathrm{d}\cos x-\int\frac{1}{\cos^2x}\mathrm{d}x+\int\mathrm{d}x$$

$$=\frac{1}{\cos x}-\tan x+x+C。$$

例题Ⅱ -4 -46 求 $\int\frac{1}{1+3\cos^2x}\mathrm{d}x$。

解：$\int\frac{1}{1+3\cos^2x}\mathrm{d}x=\int\frac{\sec^2x}{\sec^2x+3}\mathrm{d}x=\int\frac{1}{\tan^2x+4}\mathrm{d}\tan x$

$$=\frac{1}{2}\arctan\left(\frac{\tan x}{2}\right)+C。$$

三、简单无理函数的积分

$R(x,\sqrt[n]{ax+b})$型函数的积分：$R(x,u)$表示 x 和 u 两个变量的有理式。其中 a,b 为常数。对于这种类型函数的积分，作变量代换 $\sqrt[n]{ax+b}=u$，则 $x=\frac{u^n-b}{a}$，$\mathrm{d}x=\frac{nu^{n-1}}{a}\mathrm{d}u$，于是

$$\int R(x,\sqrt[n]{ax+b})\mathrm{d}x=\int R(\frac{u^n-b}{a},u)\cdot\frac{nu^{n-1}}{a}\mathrm{d}u。$$

右端是一个有理函数的积分。

例题Ⅱ－4－47 求$\int\frac{\sqrt{x}}{1+\sqrt[3]{x}}\mathrm{d}x$。

解：为了同时去掉被积函数中的两个根式，取 3 和 2 的最小公倍数 6，并作变量代换 $\sqrt[6]{x}=u$，则 $x=u^6$，$\mathrm{d}x=6u^5\mathrm{d}u$，$\sqrt[3]{x}=u^2$，$\sqrt{x}=u^3$，于是

$$\begin{aligned}\int\frac{\sqrt{x}}{1+\sqrt[3]{x}}\mathrm{d}x&=\int\frac{6u^8}{u^2+1}\mathrm{d}u=6\int\frac{u^8}{u^2+1}\mathrm{d}u\\&=6\int\left(u^6-u^4+u^2-1+\frac{1}{1+u^2}\right)\mathrm{d}u\\&=\frac{6u^7}{7}-\frac{6u^5}{5}+2u^3-6u+6\arctan u+C\\&=\frac{6x\sqrt[6]{x}}{7}-\frac{6\sqrt[6]{x^5}}{5}+2\sqrt{x}-6\sqrt[6]{x}+6\arctan\sqrt[6]{x}+C。\end{aligned}$$

例题Ⅱ－4－48 求$\int\frac{1}{x}\sqrt{\frac{1+x}{x}}\mathrm{d}x$。

解：令$\sqrt{\frac{1+x}{x}}=u$，则 $x=\frac{1}{u^2-1}$，$\mathrm{d}x=-\frac{2u}{(u^2-1)^2}\mathrm{d}u$，于是

$$\begin{aligned}\int\frac{1}{x}\sqrt{\frac{1+x}{x}}\mathrm{d}x&=\int(u^2-1)u\cdot\frac{-2u}{(u^2-1)^2}\mathrm{d}u=-2\int\frac{u^2}{u^2-1}\mathrm{d}u=-2\int\frac{u^2-1+1}{u^2-1}\mathrm{d}u\\&=-2\int\left(1+\frac{1}{u^2-1}\right)\mathrm{d}u=-2u-\ln\left|\frac{u-1}{u+1}\right|+C\\&=-2u+2\ln(u+1)-\ln|u^2-1|+C\\&=-2\sqrt{\frac{1+x}{x}}+2\ln\left(\sqrt{\frac{1+x}{x}}+1\right)+\ln|x|+C。\end{aligned}$$

例题Ⅱ－4－49 求$\int\frac{1}{\sqrt[3]{(x+1)^2(x-1)^4}}\mathrm{d}x$。

解：$\int\frac{1}{\sqrt[3]{(x+1)^2(x-1)^4}}\mathrm{d}x=\int\frac{1}{(x+1)(x-1)\sqrt[3]{\frac{x-1}{x+1}}}\mathrm{d}x$，令$\sqrt[3]{\frac{x-1}{x+1}}=u$，则$\frac{x-1}{x+1}=u^3$，$x=\frac{u^3+1}{1-u^3}$，$\mathrm{d}x=\frac{6u^2}{(1-u^3)^2}\mathrm{d}u$，于是

$$\int \frac{1}{\sqrt[3]{(x+1)^2(x-1)^4}}dx = \int \frac{1}{(x^2-1)\sqrt[3]{\frac{x-1}{x+1}}}dx = \frac{3}{2}\int \frac{1}{u^2}du$$

$$= -\frac{3}{2u} + C = -\frac{3}{2}\sqrt[3]{\frac{x+1}{x-1}} + C。$$

复习题Ⅱ-4

1. 求下列不定积分。

(1) $\int \frac{dx}{x^2}$; (2) $\int \frac{dx}{x^2\sqrt{x}}$;

(3) $\int (x-2)^2 dx$; (4) $\int \frac{x^2}{1+x^2}dx$;

(5) $\int \frac{2\cdot 3^x - 5\cdot 2^x}{3^x}dx$; (6) $\int \frac{\cos 2x}{\cos^2 x\sin^2 x}dx$;

(7) $\int \left(2e^x + \frac{3}{x}\right)dx$; (8) $\int \left(1-\frac{1}{x^2}\right)\sqrt{x\sqrt{x}}\,dx$。

2. 求下列不定积分(第一换元法)。

(1) $\int (3-2x)^3 dx$; (2) $\int \frac{dx}{\sqrt[3]{2-3x}}$;

(3) $\int \frac{\sin\sqrt{t}}{\sqrt{t}}dt$; (4) $\int \frac{dx}{x\ln x\ln(\ln x)}$;

(5) $\int \frac{dx}{\cos x\sin x}$; (6) $\int \frac{dx}{e^x + e^{-x}}$;

(7) $\int x\cos(x^2)dx$; (8) $\int \frac{3x^3}{1-x^4}dx$;

(9) $\int \frac{\sin x}{\cos^3 x}dx$; (10) $\int \frac{1-x}{\sqrt{9-4x^2}}dx$;

(11) $\int \frac{dx}{2x^2-1}$; (12) $\int \cos^3 x dx$;

(13) $\int \sin 2x\cos 3x dx$; (14) $\int \tan^3 x\sec x dx$;

(15) $\int \frac{x^3}{9+x^2}dx$; (16) $\int \frac{1}{3\cos^2 x + 4\sin^2 x}dx$;

(17) $\int \frac{10^{2\arccos x}}{\sqrt{1-x^2}}dx$; (18) $\int \frac{\arctan\sqrt{x}}{\sqrt{x}(1+x)}dx$;

(19) $\int \frac{\ln x}{x\sqrt{1+\ln x}}dx$。

3. 求下列不定积分(第二换元法)。

(1) $\int \frac{1}{x\sqrt{1+x^2}}dx$;

(2) $\int \sin\sqrt{x}\,dx$;

(3) $\int \frac{\sqrt{x^2-4}}{x}dx$;

(4) $\int \frac{x^2}{\sqrt{a^2-x^2}}dx$,$(a>0)$;

(5) $\int \frac{dx}{\sqrt{(x^2+1)^3}}$;

(6) $\int \frac{dx}{1+\sqrt{2x}}$;

(7) $\int \frac{dx}{x+\sqrt{1-x^2}}$;

(8) $\int \frac{dx}{1+\sqrt{1-x^2}}$。

4. 求下列不定积分(分部积分法)。

(1) $\int x\sin x\,dx$;

(2) $\int \arcsin x\,dx$;

(3) $\int x^2\ln x\,dx$;

(4) $\int e^{-2x}\sin\frac{x}{2}dx$;

(5) $\int x^2\arctan x\,dx$;

(6) $\int x^2\cos x\,dx$;

(7) $\int \ln^2 x\,dx$;

(8) $\int x^2\cos^2\frac{x}{2}dx$。

5. 求下列不定积分(有理函数积分)。

(1) $\int \frac{x^3}{x+3}dx$;

(2) $\int \frac{2x+3}{x^2+3x-10}dx$;

(3) $\int \frac{dx}{x(x^2+1)}$。

第五章　定积分及其应用

第一节　定积分的概念与性质

定积分无论在理论上还是实际应用上，都有着十分重要的意义，它是整个高等数学最重要的内容之一。

一、实例分析

1. 曲边梯形的面积

在初等数学中，我们已经学会计算多边形和圆的面积，至于任意曲边所围成的平面图形的面积，只有依赖于曲边梯形并利用极限的方法才能得到比较完满的解决。

所谓曲边梯形，就是在直角坐标系中，由直线 $x=a$，$x=b$，$y=0$ 及曲线 $y=f(x)$ 所围成的图形，如图Ⅱ－5－1(a)、(b)、(c)都是曲边梯形。

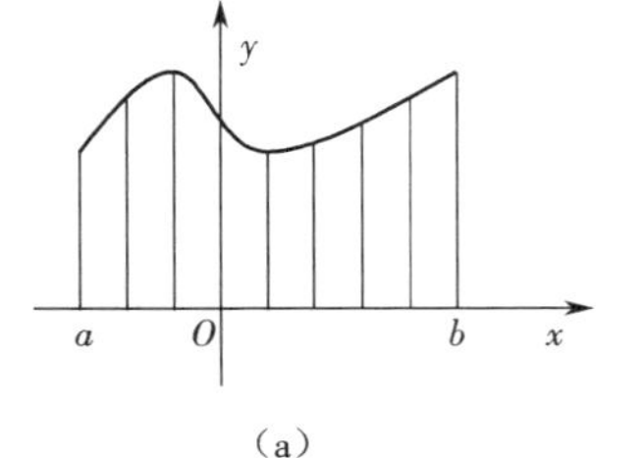

(a)

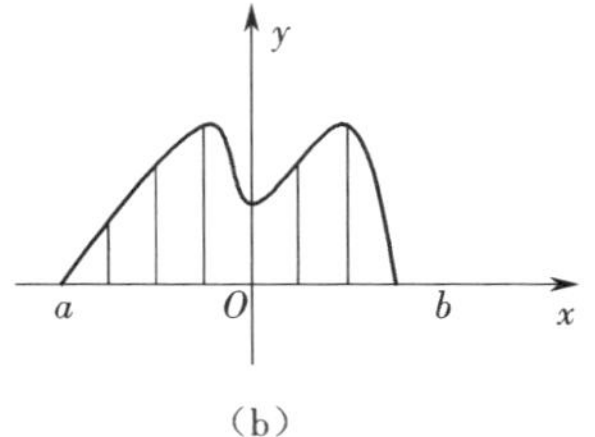

(b)

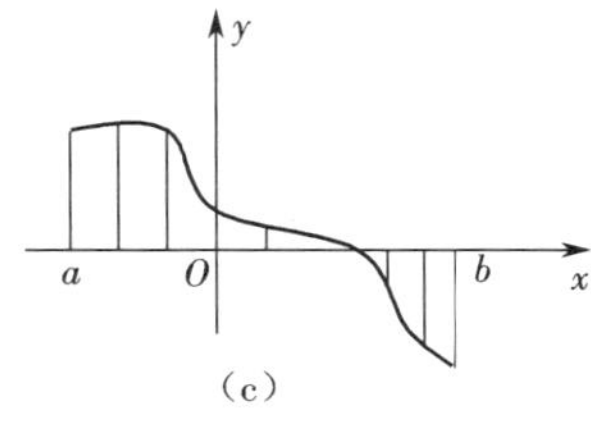

(c)

图Ⅱ－5－1

现在求 $f(x)\geqslant 0$ 时，在连续区间 $[a,b]$ 上围成的曲边梯形的面积 A（如图Ⅱ－5－1(a)、(b)所示），用以往的知识没有办法解决。为了求得它的面积，我们按下述步骤来计算：

(1)分割——将曲边梯形分割成小曲边梯形

在区间 $[a,b]$ 内任意插入 $n-1$ 个分点：$a=x_0<x_1<x_2<\cdots<x_{n-1}<x_n=b$，把区间 $[a,b]$ 分成 n 个小区间：$[x_0,x_1]$，$[x_1,x_2]$，$\cdots[x_{i-1},x_i]$，$\cdots$，$[x_{n-1},x_n]$，第 i 个小区间的长度为 $\Delta x_i=x_i-x_{i-1}(i=1,\cdots,n)$，过每个分点作垂直于 x 轴的直线段，它们把曲边梯形分成 n 个小曲边梯形（如图Ⅱ－5－2 所示），小曲边梯形的面积记为 $\Delta A_i(i=1,2,\cdots n)$。

(2)近似——用小矩形面积近似代替小曲边梯形面积

在小区间 $[x_{i-1},x_i]$ 上任取一点 $\xi_i(i=1,2,\cdots,n)$，作以 $[x_{i-1},x_i]$ 为底，$f(\xi_i)$ 为高的小矩形，用小矩形的面积近似代替小曲边梯形的面积，则

$$\Delta A_i\approx f(\xi_i)\Delta x_i(i=1,2,\cdots,n)。$$

(3)求和——求 n 个小矩形面积之和

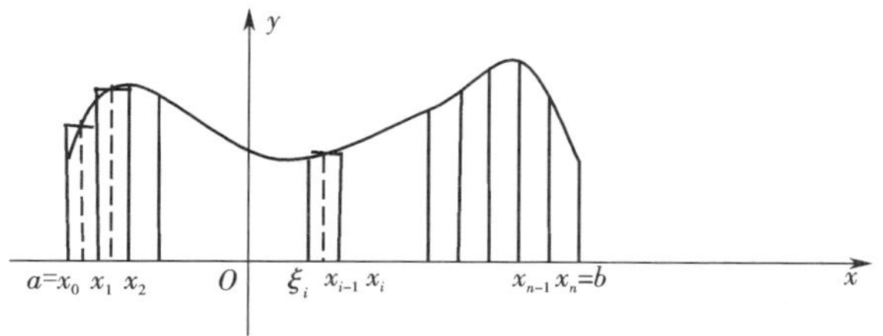

图Ⅱ-5-2

n 个小矩形面积之和近似等于曲边梯形之和 A,即

$$A=\Delta A_1+\Delta A_2+\cdots+\Delta A_n\approx f(\xi_1)\Delta x_1+f(\xi_2)\Delta x_2+\cdots+f(\xi_n)\Delta x_n$$
$$=\sum_{i=1}^{n}f(\xi_i)\Delta x_i。$$

(4)取极限

令 $\lambda=\max\limits_{1\leqslant i\leqslant n}\{\Delta x_i\}$,当分点 n 无限增多且 $\lambda\to 0$ 时,和式 $\sum\limits_{i=1}^{n}f(\xi_i)\Delta x_i$ 的极限便是曲边梯形的面积 A,即

$$A=\lim_{\lambda\to 0}\sum_{i=1}^{n}f(\xi_i)\Delta x_i。$$

二、定积分的概念

设函数 $f(x)$ 在区间 $[a,b]$ 上有定义,任取分点

$$a=x_0<x_1<x_2<\cdots<x_{n-1}<x_n=b。$$

把区间 $[a,b]$ 任意分割成 n 个小区间 $[x_{i-1},x_i]$,第 i 个小区间的长度为 $\Delta x_i=x_i-x_{i-1}(i=1,2,\cdots,n)$,记 $\lambda=\max\limits_{1\leqslant i\leqslant n}\{\Delta x_i\}$。在每个小区间 $[x_{i-1},x_i]$ 上任取一点 $\xi_i(i=1,2,\cdots,n)$ 作和式 $\sum\limits_{i=1}^{n}f(\xi_i)\Delta x_i$,当 $\lambda\to 0$ 时,若极限 $\lim\limits_{\lambda\to 0}\sum\limits_{i=1}^{n}f(\xi_i)\Delta x_i$ 存在(这个极限值与区间 $[a,b]$ 的分法及点 ξ_i 的取法无关),则称函数 $f(x)$ 在 $[a,b]$ 上可积,并称这个极限为函数 $f(x)$ 在区间 $[a,b]$ 上的定积分,记作 $\int_a^b f(x)\mathrm{d}x$,即

$$\int_a^b f(x)\mathrm{d}x=\lim_{\lambda\to 0}\sum_{i=1}^{n}f(\xi_i)\Delta x_i。$$

其中,“$f(x)$”称为被积函数,“$f(x)\mathrm{d}x$”称为被积表达式,x 称为积分变量,a 称为积分下限,b 称为积分上限,$[a,b]$ 称为积分区间。

根据定积分的定义,前面所讨论的实例可叙述为:

曲边梯形的面积 A 是曲线 $y=f(x)$ 在区间 $[a,b]$ 上的定积分。

$$A=\int_a^b f(x)\mathrm{d}x(f(x)\geqslant 0)。$$

关于定积分的定义作以下几点说明:

(1)闭区间上的连续函数是可积的;闭区间上只有有限个间断点的有界函数也是可积的。

(2)定积分是一个确定的常数,它取决于被积函数$f(x)$和积分区间$[a,b]$,而与积分变量使用的字母的选取无关,即有$\int_a^b f(x)\mathrm{d}x=\int_a^b f(t)\mathrm{d}t$。

(3)在定积分的定义中,有$a<b$,为了今后计算方便,我们规定:

$$\int_b^a f(x)\mathrm{d}x=-\int_a^b f(x)\mathrm{d}x。$$

容易得到

$$\int_a^a f(x)\mathrm{d}x=0。$$

三、定积分的几何意义

设$f(x)$是$[a,b]$上的连续函数,由曲线$y=f(x)$及直线$x=a,x=b,y=0$所围成的曲边梯形的面积记为A. 由定积分的定义容易知道定积分有如下几何意义:

(1)当$f(x)\geqslant 0$时,$\int_a^b f(x)\mathrm{d}x=A$;

(2)当$f(x)\leqslant 0$时,$\int_a^b f(x)\mathrm{d}x=-A$;

(3)如果$f(x)$在$[a,b]$上有时取正值,有时取负值时,那么以$[a,b]$为底边,以曲线$y=f(x)$为曲边的曲边梯形可分成几个部分,使得每一部分都位于x轴的上方或下方。这时定积分在几何上表示上述这些部分曲边梯形面积的代数和,如图Ⅱ-5-3所示,有

$$\int_a^b f(x)\mathrm{d}x=A_1-A_2+A_3$$

其中A_1,A_2,A_3分别是图Ⅱ-5-3中三部分曲边梯形的面积,它们都是正数。

例题Ⅱ-5-1 利用定积分的几何意义,证明$\int_{-1}^1\sqrt{1-x^2}\mathrm{d}x=\frac{\pi}{2}$。

证:令$y=\sqrt{1-x^2},x\in[-1,1]$,显然$y\geqslant 0$,则由$y=\sqrt{1-x^2}$和直线$x=-1,x=1,y=0$所围成的曲边梯形是单位圆位于$x$轴上方的半圆。如图Ⅱ-5-4所示。因为单位圆的面积$A=\pi$,所以半圆的面积为$\frac{\pi}{2}$。由定积分的几何意义知:$\int_{-1}^1\sqrt{1-x^2}\mathrm{d}x=\frac{\pi}{2}$。

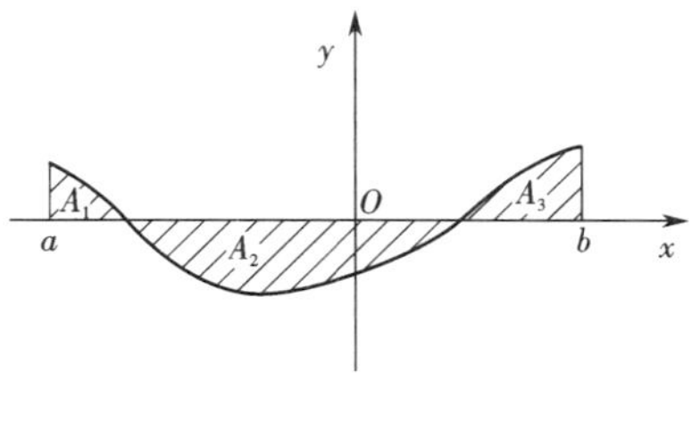

图Ⅱ-5-3

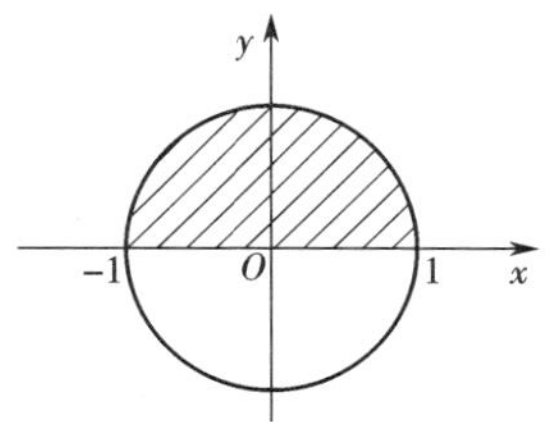

图Ⅱ-5-4

四、定积分的性质

性质 1 被积表达式中的常数因子可以提到积分号前，即

$$\int_a^b kf(x)\,dx = k\int_a^b f(x)\,dx。$$

性质 2 两个函数代数和的定积分等于各函数定积分的代数和，即

$$\int_a^b [f(x) \pm g(x)]\,dx = \int_a^b f(x)\,dx \pm \int_a^b g(x)\,dx。$$

这一结论可以推广到任意有限多个函数代数和的情形。

性质 3 对任意的点 c，有

$$\int_a^b f(x)\,dx = \int_a^c f(x)\,dx + \int_c^b f(x)\,dx。$$

注意：c 的任意性意味着不论 c 是在 $[a,b]$ 之内，还是 c 在 $[a,b]$ 之外，均成立。

性质 4 如果被积函数 $f(x)=c$，(c 为常数)，则

$$\int_a^b c\,dx = c(b-a)。$$

特别地，当 $c=1$ 时，有 $\int_a^b dx = b-a$。

性质 5 如果在区间 $[a,b]$ 上，恒有 $f(x) \geqslant g(x)$，则

$$\int_a^b f(x)\,dx \geqslant \int_a^b g(x)\,dx。$$

性质 6 如果函数 $f(x)$ 在区间 $[a,b]$ 上有最大值 M 和最小值 m，则

$$m(b-a) \leqslant \int_a^b f(x)\,dx \leqslant M(b-a)。$$

性质 7（积分中值定理） 如果函数 $f(x)$ 在区间 $[a,b]$ 上连续，则在 (a,b) 内至少有一点 ξ，使得 $\int_a^b f(x)\,dx = f(\xi)(b-a)\ \xi \in (a,b)$。

性质 7 的几何意义是：由曲线 $y=f(x)$，直线 $x=a$，$x=b$ 和 x 轴所围成，曲边梯形的面积等于区间 $[a,b]$ 上某个矩形的面积，这个矩形的底是区间 $[a,b]$，矩形的高为区间 $[a,b]$ 内某一点 ξ 处的函数值 $f(\xi)$，如图Ⅱ-5-5 所示。

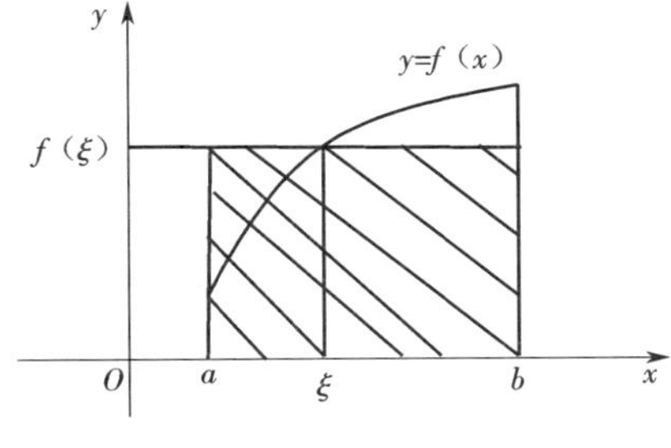

图Ⅱ-5-5

显然，由性质 7 可得 $f(\xi) = \frac{1}{b-a}\int_a^b f(x)\,dx$，$f(\xi)$ 称为函数 $f(x)$ 在区间 $[a,b]$ 上的平均值. 这是求有限个数的平均值的拓广。

性质 8（对称区间上奇偶函数的积分性质） 设 $f(x)$ 在对称区间 $[-a,a]$ 上连续，则有

(1) 如果 $f(x)$ 为奇函数，则 $\int_{-a}^a f(x)\,dx = 0$；

(2) 如果 $f(x)$ 为偶函数，则 $\int_{-a}^a f(x)\,dx = 2\int_0^a f(x)\,dx$。

例题Ⅱ-5-2 估计定积分$\int_{-1}^{1} e^{-x^2}dx$的值。

解:设$f(x)=e^{-x^2}$,$f'(x)=-2xe^{-x^2}$,令$f'(x)=0$,得$x=0$,比较$x=0$及区间端点$x=\pm 1$的函数值,有

$$f(0)=e^0=1,f(\pm 1)=e^{-1}=\frac{1}{e}。$$

显然$f(x)=e^{-x^2}$在区间$[-1,1]$上连续,则$f(x)$在$[-1,1]$上的最小值为$m=\frac{1}{e}$,最大值为$M=1$,由定积分的估值性质,得

$$\frac{2}{e}\leqslant\int_{-1}^{1} e^{-x^2}dx\leqslant 2。$$

例题Ⅱ-5-3 比较定积分$\int_0^1 x^2dx$与$\int_0^1 x^3dx$的大小。

解:因为在区间$[0,1]$上,有$x^2\geqslant x^3$,由定积分性质,得

$$\int_0^1 x^2dx\geqslant\int_0^1 x^3dx。$$

第二节 定积分的基本公式

定积分就是一种特定形式的极限,直接利用定义计算定积分是十分繁杂的,有时甚至无法计算. 本节将介绍定积分计算的有力工具——牛顿—莱布尼兹公式。

变上限定积分

设函数$f(x)$在区间$[a,b]$上连续,对于任意$x\in[a,b]$,$f(x)$在区间$[a,x]$上也连续,所以函数$f(x)$在$[a,x]$上也可积. 显然对于$[a,b]$上的每一个x的取值,都有唯一对应的定积分$\int_a^x f(t)dt$和x对应,因此$\int_a^x f(t)dt$是定义在$[a,b]$上的函数。记为

$$\Phi(x)=\int_a^x f(t)dt,x\in[a,b]。$$

称$\Phi(x)$叫作变上限定积分,有时又称为变上限积分函数。

变上限积分函数的几何意义是:如果$f(x)>0$,对$[a,b]$上任意x,都对应唯一一个曲边梯形的面积$\Phi(x)$,如图Ⅱ-5-6中的阴影部分。因此变上限积分函数有时又称为面积函数。

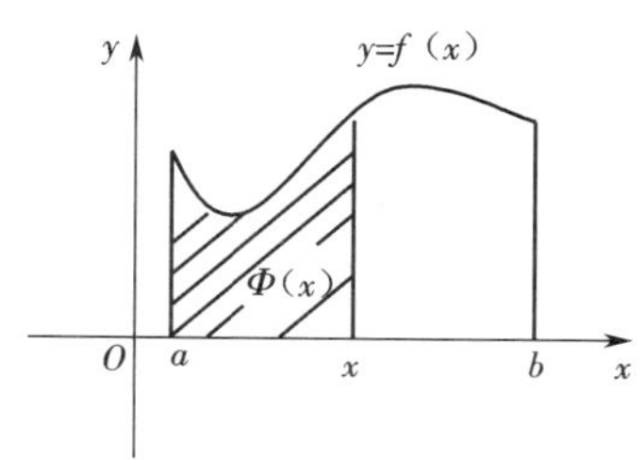

图Ⅱ-5-6

函数$\Phi(x)$具有如下重要性质:

如果函数$f(x)$在区间$[a,b]$上连续,则$\Phi(x)=\int_a^x f(t)dt$在$[a,b]$上可导,且

$$\Phi'(x)=\frac{d}{dx}\int_a^x f(t)dt=f(x)(a\leqslant x\leqslant b)。$$

如果函数$f(x)$在区间$[a,b]$上连续,则函数

$$\Phi(x)=\int_a^x f(t)\,dt$$

就是$f(x)$在区间$[a,b]$上的一个原函数。

如果$f(x)$在区间$[a,b]$上连续,则它的原函数一定存在,且其中的一个原函数为

$$\Phi(x)=\int_a^x f(t)\,dt。$$

例题Ⅱ-5-4 计算$\dfrac{d}{dx}\int_0^x e^{-t}\sin t\,dt$。

解:$\dfrac{d}{dx}\int_0^x e^{-t}\sin t\,dt=\left[\int_0^x e^{-t}\sin t\,dt\right]'=e^{-x}\sin x$。

例题Ⅱ-5-5 求$\lim\limits_{x\to0}\dfrac{1}{x^2}\int_0^x \ln(1+t)\,dt$。

解:当$x\to0$时,此极限为$\dfrac{0}{0}$型不定式,两次利用洛必塔法则有

$$\lim_{x\to0}\frac{1}{x^2}\int_0^x \ln(1+t)\,dt=\lim_{x\to0}\frac{\int_0^x \ln(1+t)\,dt}{x^2}=\lim_{x\to0}\frac{\ln(1+x)}{2x}=\lim_{x\to0}\frac{\frac{1}{1+x}}{2}=\frac{1}{2}。$$

例题Ⅱ-5-6 求$\dfrac{d}{dx}\int_1^{x^2}(t^2+1)\,dt$。

解:注意,此处的变上限积分的上限是x^2,若记$u=x^2$,则函数$\int_1^{x^2}(t^2+1)\,dt$可以看成是由$y=\int_1^u(t^2+1)\,dt$与$u=x^2$复合而成,根据复合函数的求导法则得

$$\begin{aligned}\frac{d}{dx}\int_1^{x^2}(t^2+1)\,dt&=\left[\frac{d}{du}\int_1^u(t^2+1)\,dt\right]\frac{du}{dx}=(u^2+1)2x\\&=(x^4+1)2x=2x^5+2x。\end{aligned}$$

一般地有,如果$g(x)$可导,则

$$\frac{d}{dx}\left[\int_a^{g(x)}f(t)\,dt\right]=\left[\int_a^{g(x)}f(t)\,dt\right]'_x=f[g(x)]g'(x)。$$

上式可作为公式直接使用。

例题Ⅱ-5-7 求极限$\lim\limits_{x\to0}\dfrac{\int_0^{x^2}\sin t\,dt}{x^4}$。

解:因为$\lim\limits_{x\to0}x^4=0$,$\lim\limits_{x\to0}\int_0^{x^2}\sin t\,dt=\int_0^0\sin t\,dt=0$,所以这个极限是$\dfrac{0}{0}$型的未定式,利用洛必塔法则得

$$\lim_{x\to0}\frac{\int_0^{x^2}\sin t\,dt}{x^4}=\lim_{x\to0}\frac{\sin x^2\cdot 2x}{4x^3}=\lim_{x\to0}\frac{\sin x^2}{2x^2}=\frac{1}{2}\lim_{x\to0}\frac{\sin x^2}{x^2}=\frac{1}{2}。$$

如果函数$f(x)$在区间$[a,b]$上连续,且$F(x)$是$f(x)$的任意一个原函数,那么

$$\int_a^b f(x)\,dx=F(b)-F(a)。$$

上述公式称为牛顿—莱布尼兹(Newton-Leibniz)公式,又称为微积分基本公式。

例题Ⅱ-5-8 求$\int_{-1}^{1}\frac{e^x}{1+e^x}dx$。

解:$\int_{-1}^{1}\frac{e^x}{1+e^x}dx=\int_{-1}^{1}\frac{d(e^x+1)}{1+e^x}=\ln(1+e^x)\Big|_{-1}^{1}$

$=\ln(1+e)-\ln(1+e^{-1})=1$。

例题Ⅱ-5-9 求$\int_{-1}^{3}|2-x|dx$。

解:

$$\int_{-1}^{3}|2-x|dx=\int_{-1}^{2}|2-x|dx+\int_{2}^{3}|2-x|dx=\int_{-1}^{2}(2-x)dx+\int_{2}^{3}(x-2)dx$$

$$=\left(2x-\frac{1}{2}x^2\right)\Big|_{-1}^{2}+\left(\frac{1}{2}x^2-2x\right)\Big|_{2}^{3}=\frac{9}{2}+\frac{1}{2}=5。$$

例题Ⅱ-5-10 求极限$\lim\limits_{n\to\infty}\frac{(1+2^3+3^3+\cdots+n^3)}{n^4}$。

解:根据定积分定义,得

$$\lim_{n\to\infty}\frac{(1+2^3+3^3+\cdots+n^3)}{n^4}=\lim_{n\to\infty}\sum_{i=1}^{n}\frac{1}{n}\left(\frac{i}{n}\right)^3=\int_0^1x^3dx=\frac{1}{4}x^4\Big|_0^1=\frac{1}{4}。$$

第三节 定积分的积分法

一、定积分的换元积分法

设函数$f(x)$在区间$[a,b]$上连续,并且满足下列条件:

(1)$x=\varphi(t)$,且$a=\varphi(\alpha)$,$b=\varphi(\beta)$;

(2)$\varphi(t)$在区间$[\alpha,\beta]$上单调且有连续的导数$\varphi'(t)$;

(3)当t从α变到$[a,b]$时,$\varphi(t)$从a单调地变到b,则有

$$\int_a^bf(x)dx=\int_\alpha^\beta f[\varphi(t)]\varphi'(t)dt。$$

上述公式称为定积分的换元积分公式。在应用该公式计算定积分时需要注意以下两点:

①从左到右应用公式,相当于不定积分的第二换元法. 计算时,用$x=\varphi(t)$把原积分变量x换成新变量$\varphi(t)$,积分限也必须由原来的积分限a和b相应地换为新变量t的积分限α和β,而不必代回原来的变量x,这与不定积分的第二换元法是完全不同的。

②从右到左应用公式,相当于不定积分的第一换元法(即凑微分法)。一般不用设出新的积分变量,这时,原积分的上、下限不需改变,只要求出被积函数的一个原函数,就可以直接应用牛顿—莱布尼兹公式求出定积分的值。

例题Ⅱ-5-11 求$\int_0^3\frac{x}{\sqrt{1+x}}dx$。

解:令$\sqrt{1+x}=t$,则$x=t^2-1$,$dx=2tdt$,当$x=0$时,$t=1$,当$x=3$时,$t=2$,

$$\int_0^3 \frac{x}{\sqrt{1+x}}dx = \int_1^2 \frac{t^2-1}{t}\cdot 2t dt = 2\int_1^2 (t^2-1)dt$$

$$= 2\left[\frac{1}{3}t^3 - t\right]_1^2 = \frac{8}{3}。$$

例题Ⅱ -5 -12 求$\int_0^{\frac{\pi}{2}} \cos^3 x\sin x dx$。

解法一:

设 $t=\cos x$,则 $dt = -\sin x dx$, 当 $x=0$ 时,$t=1$;当 $x=\frac{\pi}{2}$时,$t=0$,于是

$$\int_0^{\frac{\pi}{2}} \cos^3 x\sin x dx = \int_1^0 t^3\cdot(-dt) = \int_0^1 t^3 dt = \left[\frac{1}{4}t^4\right]_0^1 = \frac{1}{4}。$$

解法二:

$$\int_0^{\frac{\pi}{2}} \cos^3 x\sin x dx = -\int_0^{\frac{\pi}{2}} \cos^3 x d\cos x = \left[-\frac{1}{4}\cos^4 x\right]_0^{\frac{\pi}{2}} = \frac{1}{4}。$$

解法一是变量替换法,上下限要改变;解法二是凑微分法,上下限不改变。

例题Ⅱ -5 -13 求$\int_0^{\ln 2} \sqrt{e^x-1}dx$。

解:令 $\sqrt{e^x-1}=t$,则 $x=\ln(1+t^2)$,$dx=\frac{2t}{1+t^2}dt$,当 $x=0$ 时,$t=0$;当 $x=\ln 2$ 时,$t=1$,于是

$$\int_0^{\ln 2} \sqrt{e^x-1}dx = \int_0^1 t\cdot\frac{2t}{1+t^2}dt = \int_0^1 \frac{2t^2}{1+t^2}dt = 2\int_0^1\left(1-\frac{1}{1+t^2}\right)dt$$

$$= 2\left[t - \arctan t\right]_0^1 = 2-\frac{\pi}{2}。$$

设$f(x)$在区间$[-a,a]$上连续,

(1)如果$f(x)$为奇函数,则$\int_{-a}^{a} f(x)dx = 0$;

(2)如果$f(x)$为偶函数,则$\int_{-a}^{a} f(x)dx = 2\int_0^a f(x)dx$。

例题Ⅱ -5 -14 求下列定积分:

(1)$\int_{-\sqrt{3}}^{\sqrt{3}} \frac{x^2\sin x}{1+x^4}dx$; (2)$\int_{-2}^{2} x^2\sqrt{4-x^2}dx$。

解:(1)因为被积函数$f(x)=\frac{x^2\sin x}{1+x^4}$是奇函数,且积分区间$[-\sqrt{3},\sqrt{3}]$是对称区间,所以

$$\int_{-\sqrt{3}}^{\sqrt{3}} \frac{x^2\sin x}{1+x^4}dx = 0。$$

(2)被积函数$f(x)=x^2\sqrt{4-x^2}$是偶函数,积分区间$[-2,2]$是对称区间,所以

$$\int_{-2}^{2} x^2\sqrt{4-x^2}dx = 2\int_0^2 x^2\sqrt{4-x^2}dx,$$

令 $x=2\sin t$,则 $dx=2\cos t dt$,$\sqrt{4-x^2}=2\cos t$,

当 $x=0$ 时，$t=0$；当 $x=2$ 时，$t=\frac{\pi}{2}$，于是

$$\int_{-2}^{2}x^2\sqrt{4-x^2}\,\mathrm{d}x=2\int_0^{\frac{\pi}{2}}16\sin^2t\cos^2t\,\mathrm{d}t=8\int_0^{\frac{\pi}{2}}\sin^2 2t\,\mathrm{d}t$$

$$=4\int_0^{\frac{\pi}{2}}(1-\cos 4t)\,\mathrm{d}t=(4t-\sin 4t)\Big|_0^{\frac{\pi}{2}}=2\pi。$$

二、定积分的分部积分法

设函数 $u=u(x)$ 和 $v=v(x)$ 在区间 $[a,b]$ 上有连续的导数，则有

$$\int_a^b u(x)\,\mathrm{d}v(x)=[u(x)v(x)]_a^b-\int_a^b v(x)\,\mathrm{d}u(x)。$$

上述公式称为定积分的分部积分公式。选取 $u(x)$ 的方式、方法与不定积分的分部积分法完全一样。

例题Ⅱ-5-15 求 $\int_1^2 x\ln x\,\mathrm{d}x$。

解：$\int_1^2 x\ln x\,\mathrm{d}x=\frac{1}{2}\int_1^2\ln x\,\mathrm{d}(x^2)=\frac{1}{2}x^2\ln x\Big|_1^2-\frac{1}{2}\int_1^2 x^2\,\mathrm{d}(\ln x)$

$$=2\ln 2-\frac{1}{2}\int_1^2 x\,\mathrm{d}x=2\ln 2-\frac{1}{4}x^2\Big|_1^2=2\ln 2-\frac{3}{4}。$$

例题Ⅱ-5-16 求 $\int_0^{\pi}x\sin x\,\mathrm{d}x$。

解：$\int_0^{\pi}x\sin x\,\mathrm{d}x=-\int_0^{\pi}x\,\mathrm{d}\cos x=-x\cos x\Big|_0^{\pi}+\int_0^{\pi}\cos x\,\mathrm{d}x$

$$=\pi+\sin x\Big|_0^{\pi}=\pi。$$

第四节 无限区间上的广义积分

设函数 $y=f(x)$ 在区间 $[a,+\infty)$ 上连续，则称 $\lim\limits_{b\to+\infty}\int_a^b f(x)\,\mathrm{d}x$ 为 $f(x)$ 在无限区间 $[a,+\infty)$ 上的广义积分，记作

$$\int_a^{+\infty}f(x)\,\mathrm{d}x=\lim_{b\to+\infty}\int_a^b f(x)\,\mathrm{d}x\quad(b>a)$$

同样，$\int_{-\infty}^{b}f(x)\,\mathrm{d}x=\lim\limits_{a\to-\infty}\int_a^b f(x)\,\mathrm{d}x$，$\int_{-\infty}^{+\infty}f(x)\,dx=\int_{-\infty}^{c}f(x)\,\mathrm{d}x+\int_c^{+\infty}f(x)\,\mathrm{d}x$ 分别是无限区间 $(-\infty,b]$ 和 $(-\infty,+\infty)$ 上的广义积分。

若上述极限存在，则称广义积分收敛；若上述极限不存在，则称广义积分发散。

例题Ⅱ-5-17 计算 $\int_0^{+\infty}x\mathrm{e}^{-x}\,\mathrm{d}x$。

解：$\int_0^{+\infty}x\mathrm{e}^{-x}\,\mathrm{d}x=-\lim\limits_{b\to+\infty}\int_0^b x\,\mathrm{d}\mathrm{e}^{-x}=-\lim\limits_{b\to+\infty}x\mathrm{e}^{-x}\Big|_0^b+\lim\limits_{b\to+\infty}\int_0^b\mathrm{e}^{-x}\,\mathrm{d}x$

$$= -\lim_{b\to+\infty}\frac{b}{e^b} - \lim_{b\to+\infty} e^{-x}\Big|_0^b = 0 - \lim_{b\to+\infty}\frac{1}{e^b} + e^0 = 1。$$

例题Ⅱ-5-18 计算$\int_1^{+\infty}\frac{dx}{\sqrt{x}}$。

解:$\int_1^{+\infty}\frac{dx}{\sqrt{x}} = \lim_{b\to+\infty}\int_1^b x^{-\frac{1}{2}}dx = \lim_{b\to+\infty} 2\sqrt{x}\Big|_1^{+\infty} = \infty$,广义积分发散。

在计算广义积分时,为了书写方便,一般省略极限符号,把$\lim_{b\to+\infty}\int_a^b f(x)\,dx = \lim_{b\to+\infty}F(x)\Big|_a^b$写成

$$\int_a^{+\infty} f(x)\,dx = F(x)\Big|_a^{+\infty}。$$

例题Ⅱ-5-19 计算$\int_{-\infty}^{+\infty}\frac{1}{1+x^2}dx$。

解:$\int_{-\infty}^{+\infty}\frac{1}{1+x^2}dx = \arctan x\Big|_{-\infty}^{+\infty} = \frac{\pi}{2} - \left(-\frac{\pi}{2}\right) = \pi$。

第五节 定积分的应用

一、定积分求平面图形的面积

直角坐标系下面积的计算

求由两条曲线$y=f(x)$,$y=g(x)$,$(f(x)\geq g(x))$及直线$x=a$,$x=b$所围成平面的面积A(如图Ⅱ-5-7所示)。

图Ⅱ-5-7

下面用微元法求面积A。

(1)取x为积分变量,$x\in[a,b]$。

(2)在区间$[a,b]$上任取一小区间$[x,x+dx]$,该区间上小曲边梯形的面积dA可以用高$f(x)-g(x)$,底边为dx的小矩形的面积近似代替,从而得面积元素

$$dA = [f(x)-g(x)]\,dx。$$

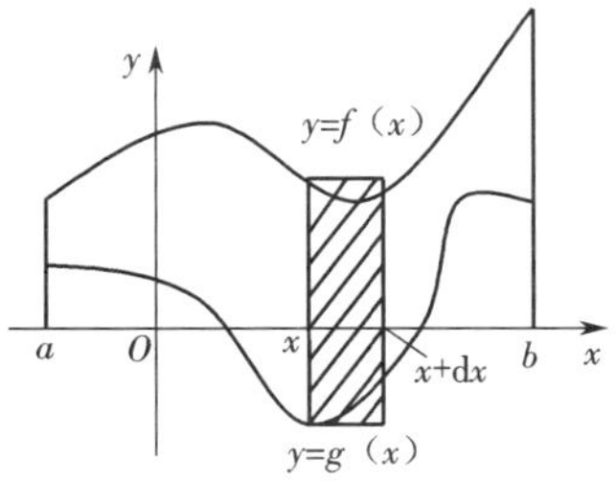

(3)写出积分表达式,即

$$A = \int_a^b [f(x)-g(x)]\,dx。$$

求由两条曲线$x=\psi(y)$,$x=\varphi(y)$,$(\psi(y)\leq\varphi(y))$及直线$y=c$,$y=d$所围成平面图形(如图Ⅱ-5-8)的面积。

这里取y为积分变量,$y\in[c,d]$,可以推出:

$$A = \int_c^d [\varphi(y)-\psi(y)]\,dy。$$

例题Ⅱ-5-20 求由曲线$y=x^2$与$y=2x-x^2$所围图形的面积。

解:先画出所围的图形(如图Ⅱ-5-9)。

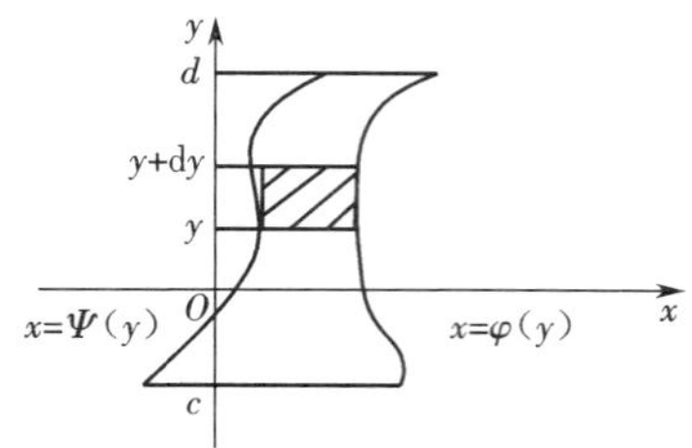

图Ⅱ -5 -8

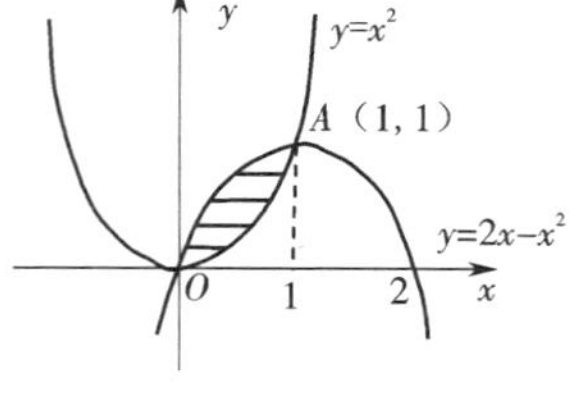

图Ⅱ -5 -9

由方程组$\begin{cases}y=x^2\\y=2x-x^2\end{cases}$，得两条曲线的交点为 $O(0,0)$，$A(1,1)$，取 x 为积分变量，$x\in[0,1]$。由公式得

$$A=\int_0^1(2x-x^2-x^2)\,\mathrm{d}x=\left[x^2-\frac{2}{3}x^3\right]_0^1=\frac{1}{3}。$$

例题Ⅱ -5 -21 求曲线 $y=\cos x$ 与 $y=\sin x$ 在区间$[0,\pi]$上所围平面图形的面积。

解：如图Ⅱ -5 -10 所示，曲线 $y=\cos x$ 与 $y=\sin x$ 的交点坐标为$\left(\frac{\pi}{4},\frac{\sqrt{2}}{2}\right)$，选取 x 作为积分变量，$x\in[0,\pi]$，于是，所求面积为

$$\begin{aligned}A&=\int_0^{\frac{\pi}{4}}(\cos x-\sin x)\,\mathrm{d}x+\int_{\frac{\pi}{4}}^{\pi}(\sin x-\cos x)\,\mathrm{d}x\\&=(\sin x+\cos x)\Big|_0^{\frac{\pi}{4}}+(-\cos x-\sin x)\Big|_{\frac{\pi}{4}}^{\pi}=2\sqrt{2}。\end{aligned}$$

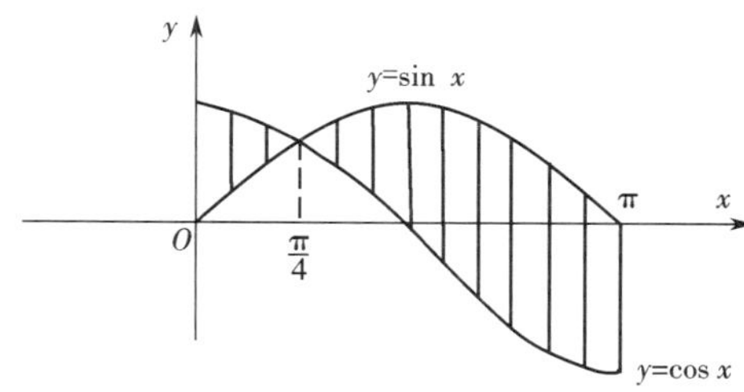

图Ⅱ -5 -10

二、定积分求体积

1. 旋转体的体积

旋转体是一个平面图形绕这平面内的一条直线旋转而成的立体。这条直线叫作旋转轴。

设旋转体是由连续曲线 $y=f(x)$ $(f(x)\geqslant 0)$ 和直线 $x=a$，$x=b$ 及 x 轴所围成的曲边梯形绕 x 轴旋转一周而成（如图Ⅱ -5 -11）。

取 x 为积分变量，它的变化区间为$[a,b]$，在$[a,b]$上任取一小区间$[x,x+\mathrm{d}x]$，相应薄片的体积近似于以 $f(x)$ 为底面圆半径，$\mathrm{d}x$ 为高的小圆柱体的体积，从而得到体积元素为

$\mathrm{d}V=\pi\,[f(x)]^2\mathrm{d}x$，

于是，所求旋转体体积为

$$V_x = \pi \int_a^b [f(x)]^2 dx。$$

类似地，由曲线 $x=\varphi(y)$ 和直线 $y=c, y=d$ 及 y 轴所围成的曲边梯形绕 y 轴旋转一周而成（如图Ⅱ -5 -12），所得旋转体的体积为

$$V_y = \pi \int_c^d [\varphi(y)]^2 dy。$$

例题Ⅱ -5 -22 求由曲线 $y=\frac{1}{2}x^2$ 与 $y=\sqrt{2x}$ 所围成的平面图形绕 x 轴旋转一周所得旋转体的体积。

思路：解题的关键是把所求旋转体体积看作两个旋转体体积之差。

步骤：画出草图→确定被积函数的边界→确定积分上、下限→用定积分表示体积→求定积分。

解： 曲线 $y=\frac{1}{2}x^2$ 与 $y=\sqrt{2x}$ 所围成的平面图形如图Ⅱ -5 -13 所示。

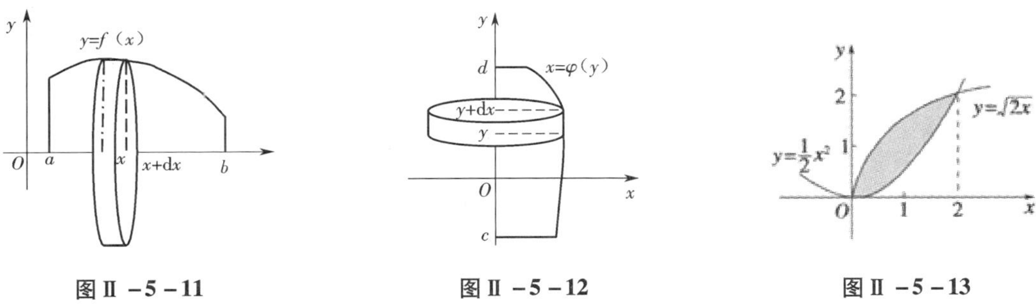

图Ⅱ -5 -11　　图Ⅱ -5 -12　　图Ⅱ -5 -13

设所求旋转体的体积为 V，根据图像可以看出 V 等于曲线 $y=\sqrt{2x}$，直线 $x=2$ 与 x 轴围成的平面图形绕 x 轴旋转一周所得的旋转体的体积（设为 V_1）减去曲线 $y=\frac{1}{2}x^2$ 直线 $x=2$ 与 x 轴围成的平面图形绕 x 轴旋转一周所得的旋转体的体积（设为 V_2）。

$$V_1 = \int_0^2 \pi(\sqrt{2x})^2 dx = 2\pi \int_0^2 x dx = 2\pi \cdot \frac{1}{2}x^2 \Big|_0^2 = 4\pi,$$

$$V_2 = \int_0^2 \pi\left(\frac{1}{2}x^2\right)^2 dx = \frac{\pi}{4}\int_0^2 x^4 dx = \frac{\pi}{4} \times \frac{1}{5}x^5 \Big|_0^2 = \frac{8\pi}{5},$$

$$V = V_1 - V_2 = 4\pi - \frac{8\pi}{5} = \frac{12\pi}{5}。$$

例题Ⅱ -5 -23 如图Ⅱ -5 -14 所示，求由抛物线 $y^2=8x$ 与直线 $x+y-6=0$ 及 $y=0$ 所围成的图形绕 x 轴旋转一周所得几何体的体积。

思路：解答本题可先由解析式求出交点坐标。再把组合体分开来求体积。

解：

$$\begin{cases} y^2 = 8x(y>0) \\ x+y-6=0 \end{cases} \Rightarrow \begin{cases} x=2 \\ y=4 \end{cases}$$

交点坐标为(2,4),所求几何体的体积为:

$$V=\int_0^2\pi(\sqrt{8x})^2\mathrm{d}x+\int_2^6\pi(6-x)^2\mathrm{d}x=16\pi+\frac{64\pi}{3}=\frac{112\pi}{3}。$$

例题Ⅱ-5-24 求由 $y=\sqrt{x+1}$,$y=\frac{2}{9}x^2$ 以及 y 轴围成的图形绕 x 轴旋转一周所得旋转体的体积。

解:如图Ⅱ-5-15所示。

由 $\begin{cases}y=\sqrt{x+1}\\ y=\frac{2}{9}x^2\end{cases}$ 得:$\begin{cases}x=3\\ y=2\end{cases}$

$$V=\int_0^3\pi(x+1)\mathrm{d}x-\int_0^3\pi\cdot\frac{4}{81}x^4\mathrm{d}x=\frac{51}{10}\pi。$$

例题Ⅱ-5-25 已知曲线 $y=x^2$,$y=\frac{1}{x}$和直线 $y=0$,$x=a(a>0)$。试用 a 表示该四条曲线围成的平面图形绕 x 轴旋转一周所形成的几何体的体积。

思路:掌握对定积分的几何意义,不要忽视了对变量 a 的讨论。

解:如图Ⅱ-5-16所示。

由 $\begin{cases}y=x^2\\ y=\frac{1}{x}\end{cases}$ 得 $\begin{cases}x=1\\ y=1\end{cases}$

由示意图可知:要对 a 与1的关系进行讨论:

当 $0<a\leqslant1$ 时,$V=\int_0^a\pi(x^2)^2\mathrm{d}x=\int_0^a\pi x^4\mathrm{d}x=\frac{\pi}{5}a^5$

当 $a>1$ 时,$V=\int_0^1\pi(x^2)^2\mathrm{d}x+\int_1^a\pi\left(\frac{1}{x}\right)^2\mathrm{d}x=\frac{6\pi}{5}-\frac{\pi}{a}$。

所以得到旋转体的体积为

$$V=\begin{cases}\frac{\pi a^5}{5}(0<a\leqslant1)\\ \frac{6\pi}{5}-\frac{\pi}{a}(a>1)\end{cases}。$$

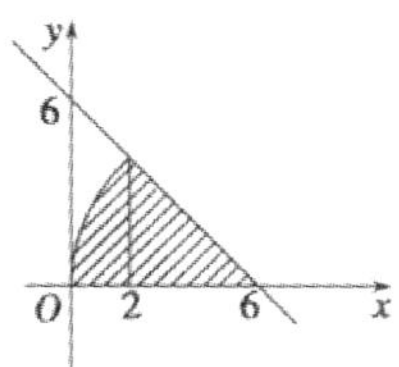

图Ⅱ-5-14

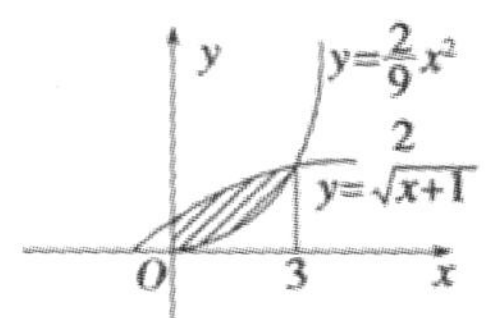

图Ⅱ-5-15

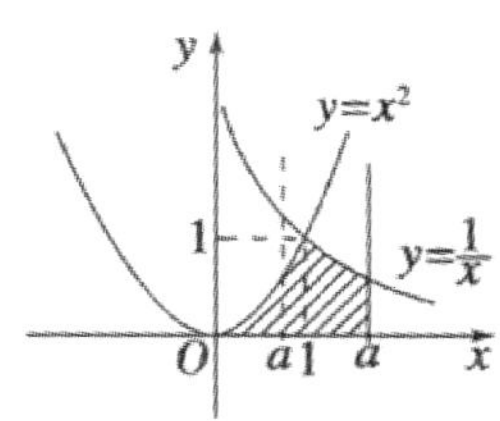

图Ⅱ-5-16

复习题Ⅱ－5

1. 求下列定积分。

(1) $\int_{-1}^{3}(4x-x^2)\mathrm{d}x$;

(2) $\int_{1}^{2}(x-1)^5\mathrm{d}x$;

(3) $\int_{0}^{\frac{\pi}{2}}(x+\sin x)\mathrm{d}x$;

(4) $\int_{-\frac{\pi}{2}}^{\frac{\pi}{2}}\cos^2 x\mathrm{d}x$;

(5) $\int_{0}^{\frac{\pi}{2}}\cos^2\frac{\theta}{2}\mathrm{d}\theta$;

(6) $\int_{0}^{1}(2x+3)\mathrm{d}x$;

(7) $\int_{0}^{1}\frac{1-x^2}{1+x^2}\mathrm{d}x$;

(8) $\int_{e}^{e^2}\frac{\mathrm{d}x}{x\ln x}$;

(9) $\int_{0}^{1}\frac{e^x-e^{-x}}{2}\mathrm{d}x$;

(10) $\int_{0}^{\frac{\pi}{3}}\tan^2 x\mathrm{d}x$;

(11) $\int_{4}^{9}(\sqrt{x}+\frac{1}{\sqrt{x}})\mathrm{d}x$;

(12) $\int_{0}^{4}\frac{\mathrm{d}x}{1+\sqrt{x}}$;

(13) $\int_{\frac{1}{e}}^{e}\frac{1}{x}(\ln x)^2\mathrm{d}x$;

(14) $\int_{0}^{\frac{\pi}{2}}\cos^5 x\sin 2x\mathrm{d}x$;

(15) $\int_{0}^{\frac{\pi}{2}}e^x\sin x\mathrm{d}x$;

(16) $\int_{0}^{1}\frac{\mathrm{d}x}{(x^2-x+1)^{3/2}}$;

(17) $\int_{0}^{\frac{\pi}{2}}\frac{\cos x}{1+\sin^2 x}\mathrm{d}x$;

(18) $\int_{0}^{1}\frac{\mathrm{d}x}{e^x+e^{-x}}$;

(19) $\int_{0}^{\frac{\pi}{2}}\sin x\cos^3 x\mathrm{d}x$;

(20) $\int_{0}^{a}x^2\sqrt{a^2-x^2}\mathrm{d}x$;

(21) $\int_{1}^{\sqrt{3}}\frac{\mathrm{d}x}{x^2\sqrt{1+x^2}}$;

(22) $\int_{-1}^{1}\frac{x\mathrm{d}x}{\sqrt{5-4x}}$;

(23) $\int_{1}^{4}\frac{\mathrm{d}x}{\sqrt{x}+1}$;

(24) $\int_{\frac{3}{4}}^{1}\frac{\mathrm{d}x}{\sqrt{1-x}-1}$;

(25) $\int_{1}^{e^2}\frac{\mathrm{d}x}{x\sqrt{1+\ln x}}$;

(26) $\int_{-2}^{0}\frac{\mathrm{d}x}{x^2+2x+2}$;

(27) $\int_{0}^{\pi}\sqrt{1+\cos 2x}\mathrm{d}x$;

(28) $\int_{-\pi}^{\pi}x^4\sin x\mathrm{d}x$;

(29) $\int_{-\frac{\pi}{2}}^{\frac{\pi}{2}}4\cos^4 x\mathrm{d}x$;

(30) $\int_{-5}^{5}\frac{x^3\sin^2 x}{x^4+2x^2+1}\mathrm{d}x$;

(31) $\int_{\frac{\pi}{4}}^{\frac{\pi}{3}}\frac{x}{\sin^2 x}\mathrm{d}x$;

(32) $\int_{1}^{4}\frac{\ln x}{\sqrt{x}}\mathrm{d}x$;

(33) $\int_{0}^{1}x\mathrm{arctg}\, x\mathrm{d}x$;

(34) $\int_{0}^{\frac{\pi}{2}}e^{2x}\cos x\mathrm{d}x$;

(35) $\int_0^{\pi}(x\sin x)^2\mathrm{d}x$；

(36) $\int_1^{e}\sin(\ln x)\mathrm{d}x$；

(37) $\int_{-\frac{\pi}{4}}^{\frac{\pi}{2}}\sqrt{\cos x-\cos^3 x}\,\mathrm{d}x$；

(38) $\int_0^{\frac{\pi}{4}}\frac{\sin x}{1+\sin x}\mathrm{d}x$；

(39) $\int_0^{\pi}\frac{x\sin x}{1+\cos^2 x}\mathrm{d}x$；

(40) $\int_0^{\frac{1}{2}}x\ln\frac{1+x}{1-x}\mathrm{d}x$；

(41) $\int_{-\infty}^{+\infty}\frac{1+x^2}{1+x^4}\mathrm{d}x$；

(42) $\int_0^{\frac{\pi}{2}}\ln\sin x\mathrm{d}x$；

(43) $\int_0^1\sqrt{1-x^2}\,\mathrm{d}x$；

(44) $\int_0^{a}\left(\sqrt{1-(x-1)^2}-x^2\right)\mathrm{d}x$。

2. 利用函数的奇偶性计算下列定积分。

(1) $\int_{-\pi}^{\pi}x^4\sin x\mathrm{d}x$；

(2) $\int_{-\frac{\pi}{2}}^{\frac{\pi}{2}}4\cos^4 x\mathrm{d}x$；

(3) $\int_{-5}^{5}\frac{x^3\sin^2 x}{x^4+2x^2+1}\mathrm{d}x$；

(4) $\int_{-a}^{a}(x\cos x-5\sin x+2)\mathrm{d}x$。

3. 计算下列广义积分。

(1) $\int_1^{+\infty}\mathrm{e}^{-100x}\mathrm{d}x$ ；

(2) $\int_{-\infty}^{+\infty}\frac{1+x^2}{1+x^4}\mathrm{d}x$；

(3) $\int_1^{+\infty}\frac{1}{(x+1)^3}\mathrm{d}x$；

(4) $\int_0^{6}(x-4)^{-\frac{2}{3}}\mathrm{d}x$；

(5) $\int_0^{+\infty}\mathrm{e}^{-2x}\mathrm{d}x$；

(6) $\int_0^{+\infty}\frac{1}{x\ln x}\mathrm{d}x$。

4. 利用定积分求面积。

(1)求由曲线 $y=(x+2)^2$ 与 x 轴,直线 $y=4-x$ 所围成的平面图形的面积。

(2)求由直线 $y=2x$ 及曲线 $y=3-x^2$ 围成的封闭图形的面积。

(3)如图求由两条曲线 $y=-x^2$,$y=-x^2$ 及直线 $y=-1$ 所围成的图形的面积。

(4)求在$[0,2\pi]$上,由 x 轴及正弦曲线 $y=\sin x$ 围成的图形的面积。

(5)求曲线 $y=x^3-6x$ 与曲线 $y=x^2$ 所围成的图形的面积。

(6)求曲线 $y=x^2$,$y=x$ 及 $y=2x$ 所围成的平面图形的面积。

(7)求由抛物线 $y^2=8x(y>0)$ 与直线 $x+y=6$ 及 $y=0$ 所围成图形的面积。

(8)求由曲线 $y=\sqrt{x}$,直线 $y=x-2$ 及 y 轴所围成的图形的面积。

(9)求由曲线 $y^2=x$ 与直线 $y=x-2$ 所围成的封闭图形的面积。

(10) $y=\frac{1}{x}$ 及直线 $y=x$,$x=2$,$y=0$ 所围图形的面积。

(11) $y=\frac{x^2}{2}$ 分割 $x^2+y^2\leqslant 8$ 成两部分图形的各自面积。

(12) $y=\mathrm{e}^x$,$y=\mathrm{e}^{-x}$ 与直线 $x=1$ 所围图形的面积。

(13) $y=\ln x$,y 轴与直线 $y=\ln a$,$y=\ln b(b>a>0)$ 所围图形的面积。

5. 求按照指定的轴旋转产生的旋转体的体积。

(1) $y=x^2$, $y=0$, $x=2$, 绕 x 轴。

(2) $y=x$, $x=1$, $y=0$, 绕 x 轴。

(3) $y=e^x$, $x=0$, $x=1$, $x=0$, 绕 x 轴。

(4) $x=5-y^2$, $x=1$, 绕 y 轴。

(5) $y=x^3$, $y=1$, $x=0$, 绕 y 轴。

(6) $y=x^2$, $x=1$, $x=-1$, $y=0$, 绕 x 轴。

课外读物Ⅱ

海图

按照一定的数学法则,将地球表面的海洋及其毗邻的陆地部分的空间信息,经过科学的制图综合后,以人类最终可以感知的方式缩小表示在一定的载体上的图形模型,用以满足人们对地理信息的需求,为满足航海需要而专门绘制的一种地图。

海图上详细绘画了航海所需要的各种资料,除有经、纬线外,还必须将所有的航海资料,诸如地形、地物、岸线、水深、底质、航行危险物、航行障碍物、助航标志、港湾设施等。按其各自的地理坐标,用一定的符号或缩写准确地绘制到图网上去。

海图是为了航行前拟定计划航线、制订航行计划,航行中进行航迹推算、定位、导航和避险,航行后总结航行经验,以及发生海事时判断事故责任等。

海图的分类

(1)按海图内容分类

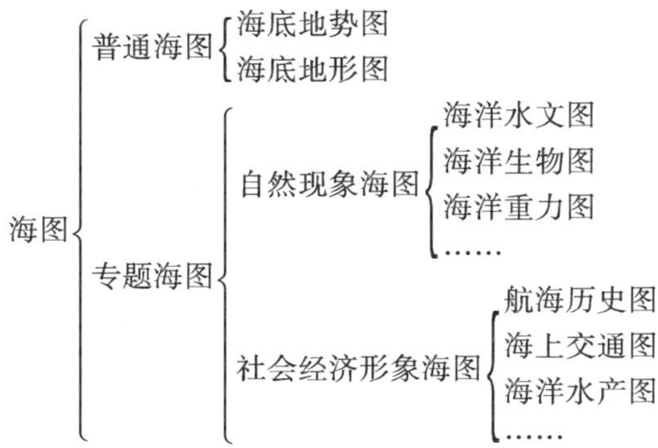

(2)按用途分类

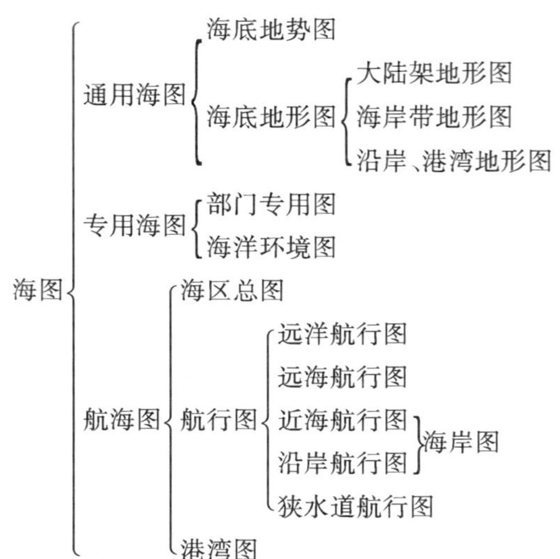

(3)按比例尺分类

对于航海图,其按比例尺分类的方法一般为:

1∶10 万以上:港湾图。还可细分为 1∶25 000 以上(港湾水道图);

1∶10 ~1∶19 万:沿岸航行图;

1∶20 ~1∶99 万:近海航行图;

1∶100 ~1∶299 万:远洋航行图;

1∶300 万及以下:海区总图。

(4)按海图形式分类

①纸质海图是海图的传统形式。国际标准海图纸的尺寸为 1 189 $mm\ \times 841\ mm$,即所谓"A0"尺寸。其长宽比接近黄金分割规则,特点是每次对折后,长宽比不变。

②数字海图是以数字形式储存于某种媒体中的海图。从广义讲,机助制图过程中数字化了的海图数据或各种数字式制图资料,用于屏幕显示的海图数据以及直接提供用户使用的各种海洋信息数据,都可称为数字海图。

③电子海图是在显示器上显示出的海图和其他出版物上所选取的海图信息,也称"屏幕海图"。由资料存储系统、微机和显示器三大部分组成。

海图的数学知识

1. 恒向线

在地球表面上,与子午线的交角保持不变的线,叫作恒向线。

恒向线又称等角航线,在地球表面,恒向线一般表现为一条与所有经线相交成恒定角度、具有双重曲率的球面螺旋线,它无限趋近于地极,但不能到达地极。

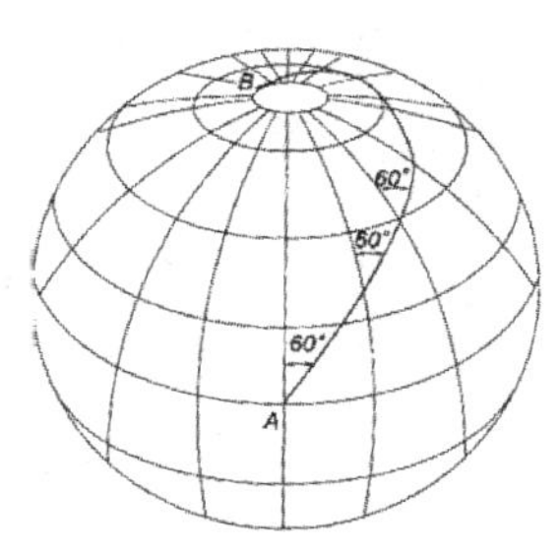

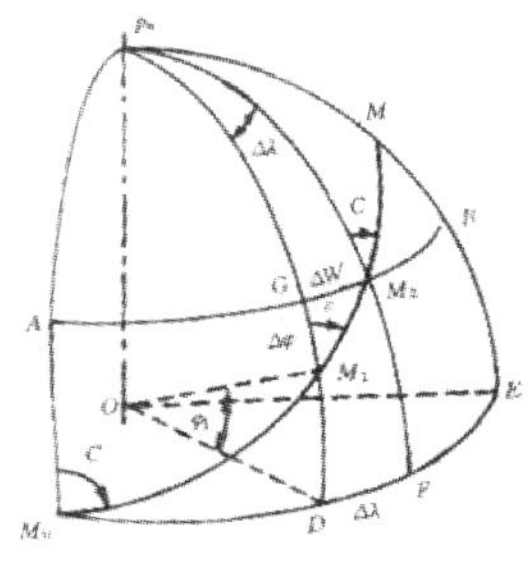

地面上两点之间的最短连线(圆球体)叫作大圆劣弧

但严格按大圆弧航行,必须不断改变航向。

恒向线一般并不是地面上两点之间的最短连线(①航向 000°或 180°的子午线;②航向 090°和 270°的赤道上除外),但驾驶船舶方便。

2. 恒向线的特点

(1)当航向为 000°或 180°时,船舶沿经度线(子午线)航行,故子午线就是恒向线;

(2)当航向为 090°或 270°时,船舶沿着等纬度圈航行,故纬度圈是恒向线,赤道既是恒向线又是大圆弧;

(3)当航向不为 000°(180°)和 090°(270°)时,恒向线与同一等纬圈只有一个交点,与同一子午线相交无数次,且交点的纬度愈来愈高,最后接近地极,但不能到达地极。

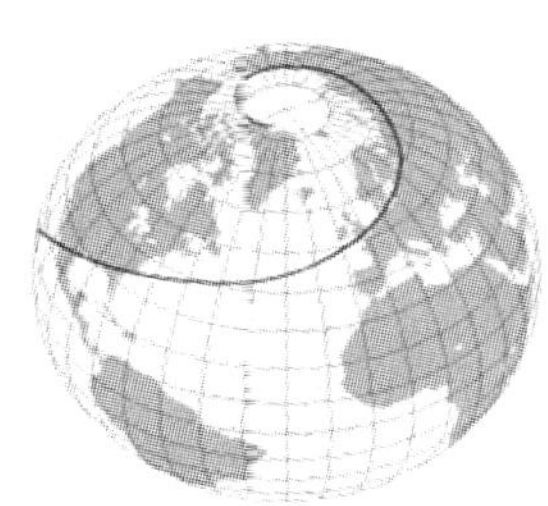

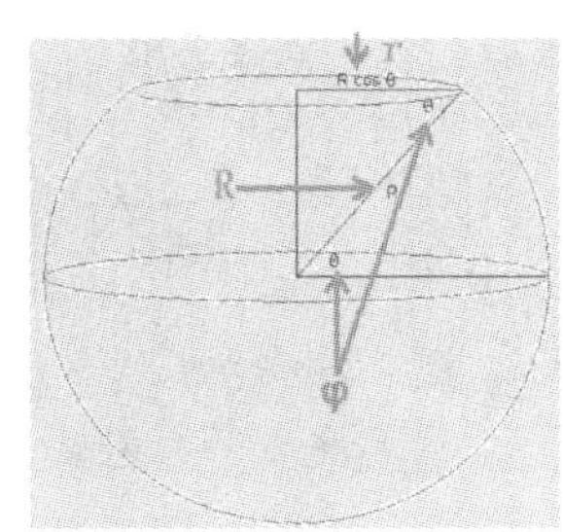

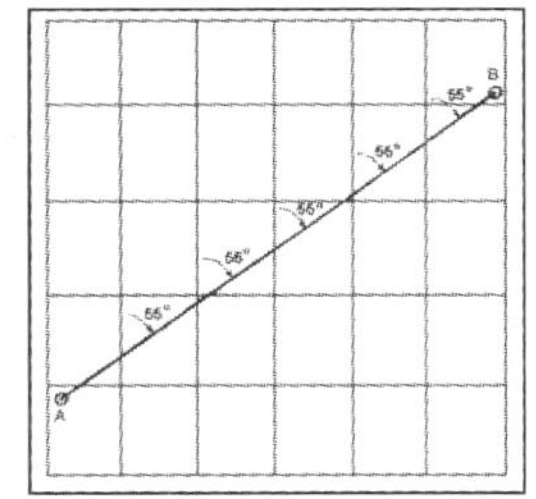

将地球作为圆球体时,任意纬度 φ 的等纬圈半径 r 与球半径 R 之间的关系。

$$r = R\cos\varphi$$

海图基础知识包括地图投影、比例尺、高程基准面、深度基准面、坐标系统。

1569 年荷兰制图学家墨卡托(Mercator)创造了能同时满足航用海图必备的两个条件的投影方法。这就是航用海图的墨卡托投影。墨卡托投影是等角正圆柱投影,它占目前海图的 95% 以上。下面着重介绍墨卡托海图。

墨卡托海图的图网特点

①子午线被画成相互平行的直线;

②赤道和纬度圈也被画成相互平行的直线;

③子午线与纬度线相互垂直;

④纬度渐长现象:图上纬度 1°的长度随纬度升高而渐长。在同一张海图上,纬度不同其

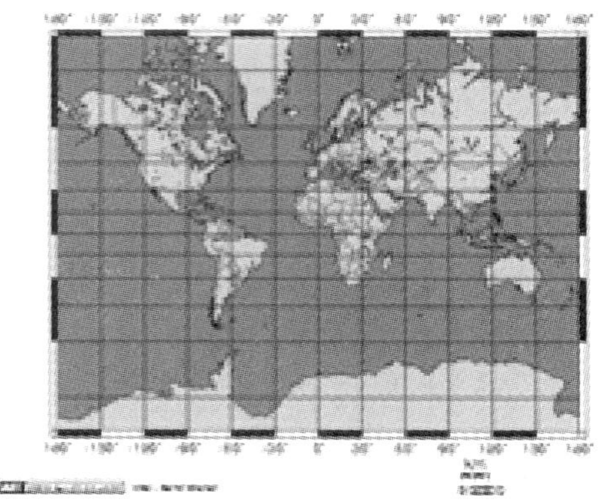

局部比例尺也不同，纬度越高比例尺越大。

墨卡托投影的经纬线特点：经线等间隔，纬线自赤道向两级渐长。

高斯－克吕格投影（又叫横轴圆柱投影）

设想一个椭圆柱横切于地球椭球某一经线（即中央经线），根据等角条件，用数学分析方法得到经纬线映像的一种等角投影。该投影是我国编制基本比例尺地形图的投影和比例尺大于1:20000的海图投影。

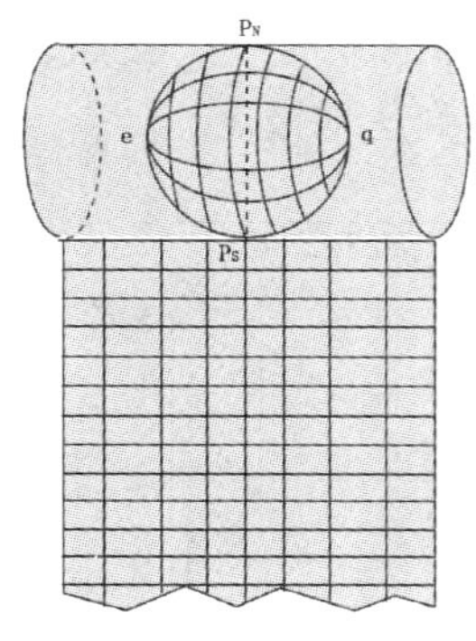

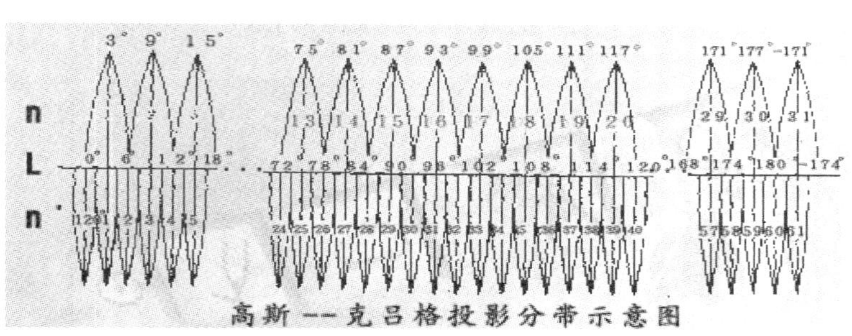

高斯——克吕格投影分带示意图

分带方法

6度带的分带方法：自零子午线起，自西向东每隔经差为一投影带，全球共分为60个投影带。每带的带号用自然数1,2,3,4,…,60编号。

3度带的分带方法：自东经1度30分起，每3度为一带，全球共分为120个投影带，并使6度带的中央经线全部为3度带的中央经线。每带的带号用自然数1,2,3,4,…,120编号。

由于我国位于北半球，故x恒为正值。但y有正有负，为使用方便，避免y值出现负号，规定将各带的坐标纵轴西移500 km。$Y=y+500000$ m。

由于沿经线分别投影，各带的投影完全相同。这样对于一组(x,y)值，能找到60个对应点。为了区别某点所属的投影带，规定在已加500 km的Y值前再加上投影带号。

主 要 海 图 图 式 示 意 图

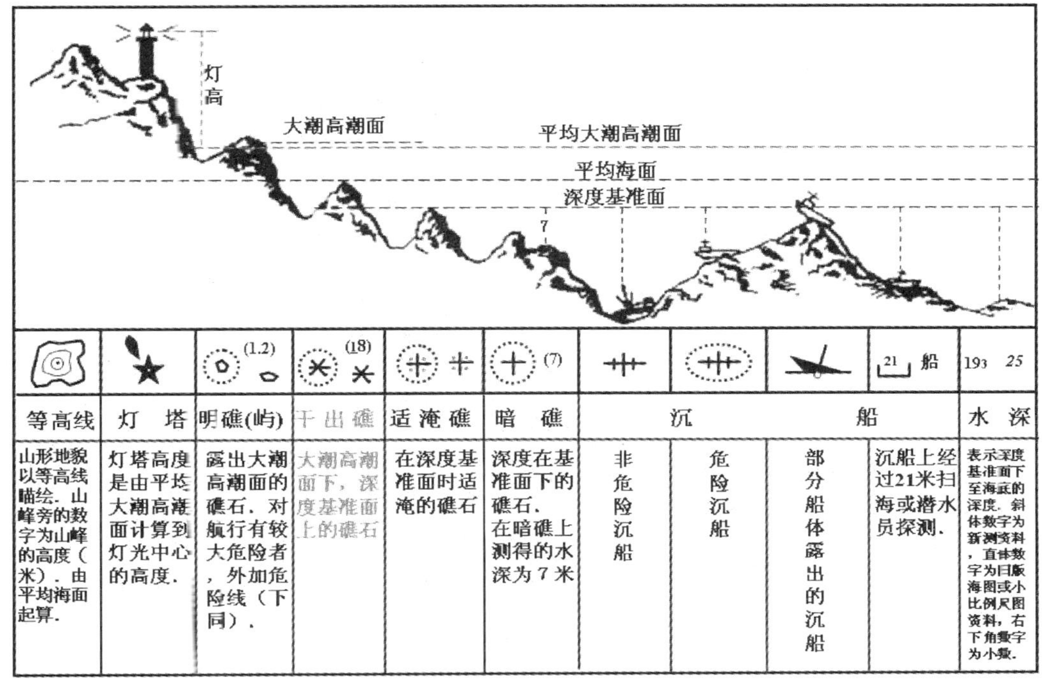

等高线	灯 塔	明礁(屿)	干出礁	适淹礁	暗 礁	沉		船		水 深
山形地貌以等高线瞄绘．山峰旁的数字为山峰的高度（米）．由平均海面起算．	灯塔高度是由平均大潮高潮面计算到灯光中心的高度．	露出大潮高潮面的礁石．对航行有较大危险者，外加危险线（下同）．	大潮高潮面下，深度基准面上的礁石	在深度基准面时适淹的礁石	深度在基准面下的礁石．在暗礁上测得的水深为７米	非危险沉船	危险沉船	部分船体露出的沉船	沉船上经过21米扫海或潜水员探测．	表示深度基准面下至海底的深度．斜体数字为新测资料，直体数字为日版海图或小比例尺图资料，右下角数字为小数．

主要海图图式示意图

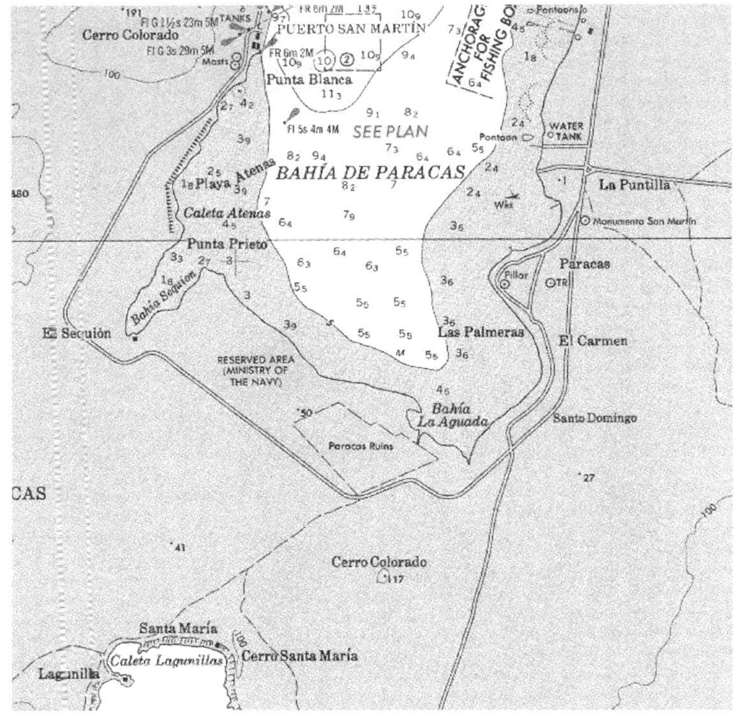

美国 NOAA 海图局部

Главный Кут
Львовский 1-й
Сулак
СУЛАК
Зтм16М РМк
Богатыревка
Кумторкала
МАХАЧКАЛА
Пр(2)24М
ТАРКИ
КАСПИЙСК
ДаПр
м.Турали
БУЙНАКСК
Верх-Джснгутай
г.Шерябаш
м.Буйнак
Район № 235
Район № 236
Район № 237
Район №238
Р-к №239
Р-н №107
Магн.скл.5.8° E 1999г.
Год.изм.0°33

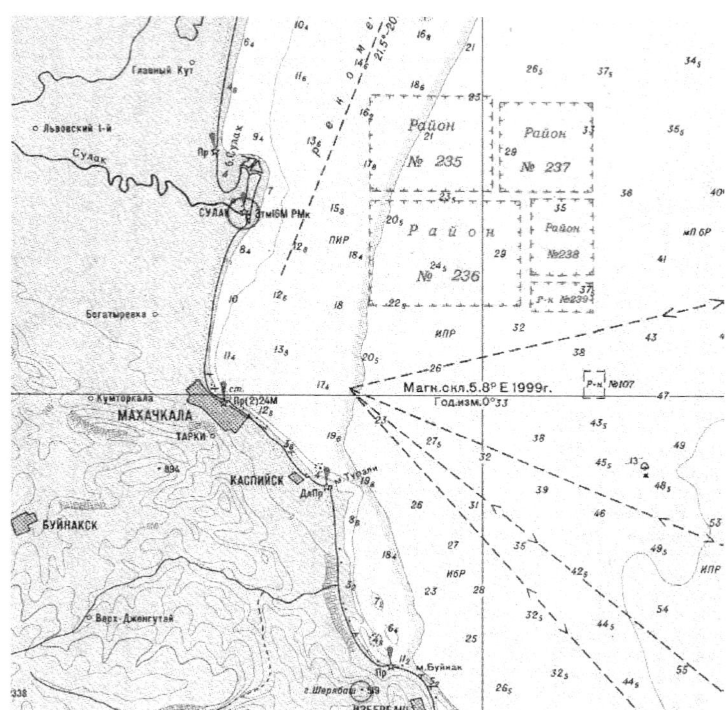

前苏联海军海图局部

Ⅲ.球面三角学篇

球面三角

球面是空间中最完美匀称的曲面。两个半径相等的球面可以通过平移把它们叠合起来，而两个半径不相等的球面则可以通过相似变换来研究，因此，球面几何可以归纳到单位半径的球面来讨论。在古典天文学中，观察恒星的方位可以用单位球面上的一个点来标记，而两个方向之间的角度（方向差）则相应于单位球面上两点之间的球面距离。

球面三角是数学的一个分支，其内容极其丰富。16 世纪，葡萄牙著名航海家和探险家麦哲伦完成了人类历史上的重大冒险，成为第一个从东向西跨太平洋航行的人。这次航海实践证明了我们赖以生存的地球是一个球体，为天文学与地理学的建立奠定了基础，对近代科学的发展有不可估量的意义。在生产实践和理论研究中，例如，大地测量、天文、航海、卫星定位、宇宙航行等方面，球面几何学、球面三角学都有着广泛的应用。在理论上，适于二维平面的欧氏几何，在描述三维空间的球面时会出现明显的偏离，这时就要用到非欧几何的球面几何学和球面三角学。

球面三角学是航海技术专业学生在学习航海学和航海天文学这两门主要课程时，必须掌握的重要数学基础。

第一节　球面几何

确定船舶的地理位置是航海中的一个核心问题。地球是不规则椭球，在航海实践中，可以采用球面模型近似地球表面，从而使问题得到简化。

本章内容需要用到平面几何的一些知识，例如：

弧度与角度的关系：π（弧度）$=180°$

圆（球）上弧长：$s=r\theta$（θ 单位为弧度）

三垂线定理：平面内的一条直线，如果与穿过这个平面的一条斜线在这个平面上的射影垂直，那么它也和这条斜线垂直。

一、基本概念

1. 球面、球

球面：空间中与定点 O 距离相等的点的轨迹称作球面。

球：球面所包含的几何体称作球。

球心：定点 O 称作球的球心。

球半径：连接球心 O 与球面上任意一点的线段称作球半径。

球直径：通过球心 O 连接球面上任意两点的线段称作球直径。

2. 球面上的圆

定理Ⅲ-1-1 任一平面与球面相截,其截痕是圆。

证:设球半径为 R,平面 π 与球面 s 相截,B 为截痕上任意一点。

设球心 $O\in\pi$(如图Ⅲ-1-1所示)。

因为 B 在球面上,所以 $OB=R$,根据平面上圆的定义,B 在平面 π 内以 O 为圆心,R 为半径的圆上。所以,平面 π 与球面 s 相截,其截痕是圆。

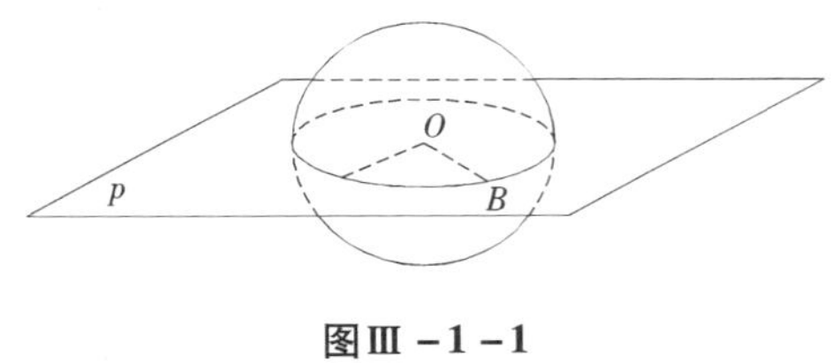

图Ⅲ-1-1

设球心 $O\notin\pi$(如图Ⅲ-1-2所示)。

过球心 O 作平面 π 的垂线,交平面 π 于 O'。

连接 OO'、$O'B$,则 $\triangle OO'B$ 为直角三角形,$\angle OO'B=90°$。

由于球半径 OB 和垂线 OO' 为定值,所以点 O' 到截痕上任意一点 B 的距离

$\overline{O'B}=\sqrt{OB^2-OO'^2}=c$ (c 为常数)

由圆的定义可知,平面 π 与球面 s 相截,截痕为圆。圆心为点 O',半径为 $O'B$。

平面与球相截在球面上形成的圆分大圆和小圆,如图Ⅲ-1-3所示。

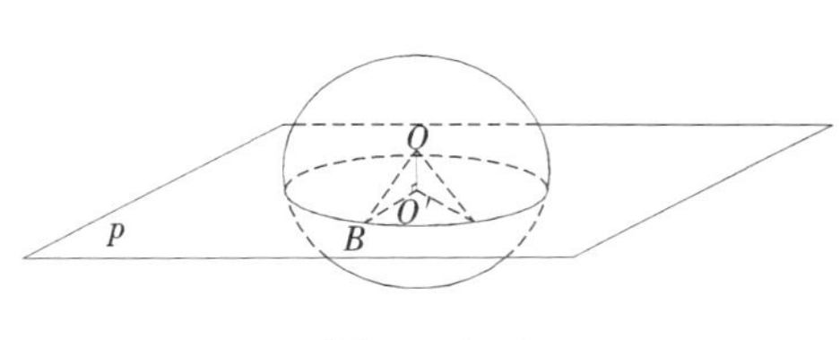

图Ⅲ-1-2

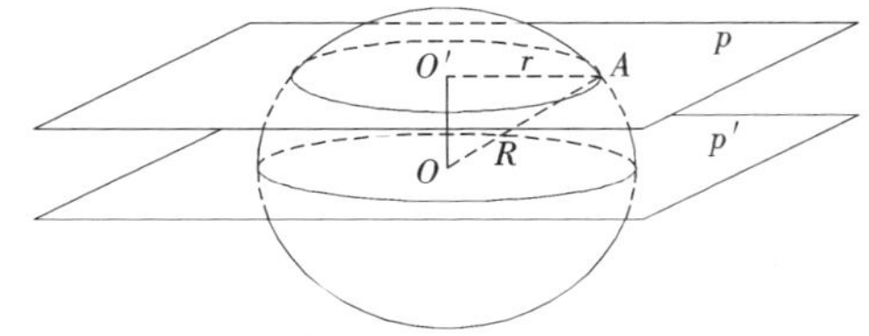

图Ⅲ-1-3

(1)大圆

通过球心的平面与球所截成的圆称为大圆,大圆上的弧称作大圆弧。大圆半径与球半径相等,同一球或等球的球面上各个大圆大小相等。

在航海学中确定球面上距离、方位等以大圆作为度量依据。

(2)小圆

不通过球心的平面与球所截成的圆称为小圆,小圆上的弧称作小圆弧。小圆半径小于球半径。

同一球或等球中,与球心距离相等的平面在球面上截成的圆相等;与球心距离不等的平面在球面上截成的圆,其大小与距离成反比。

在航海学中,一般将地球看作球体,赤道和经度圈为大圆,纬度圈为小圆。

大圆分球或球面所成的两部分相等。

过球面上不在同一直径两端的任意两点,能且仅能做一个大圆。球面上不在同一直径两端的任意两点 A、B 和球心 O 三点不在同一直线上,能且仅能作一个通过球心的平面,该平面与球的截痕为唯一的大圆。但是,过 A、B 可作无穷多个小圆。

过球面上同一直径两个端点,能作无穷多个大圆,但不能作小圆。球面上在同一直径的两

个端点 C、D 和球心 O 三点在同一直线上，由于过一直线能作无穷多个平面，这些平面与球的截痕均为大圆. 显然，过 C、D 不能作小圆。

由于球面上不可能有两个不重合的大圆相互平行，所以，球面上不重合的两个大圆必定相交，其交线是它们的直径，且两个大圆相互平分。

3. 轴、极

(1)轴：垂直于任一圆面(大圆或小圆)的球直径称作该圆的轴。

(2)极：轴与球面的两个交点称作极。每个圆均有两个极，通过两个极有无穷多个大圆。

(3)极距：由大圆弧或小圆弧上一点到极的球面距离称作极距，也称作该圆的球面半径。(注意：球面半径并非球半径。)

(4)极距为 90°的大圆弧称作极线或称作赤道。

由于轴垂直于大圆平面，所以大圆的极距为 90°。大圆弧是其极的极线；反之，极线必是大圆弧。

显然，若球面上一点 p 到其他两点(非直径的两个端点)的球面距离都是 90°，则点 p 必定是过这两点的大圆的极。

由图Ⅲ－1－4 可以看到：

球 s 的直径 pp' 垂直于大圆 $A_1A_2A_3A_4$ 和小圆 $B_1B_2B_3B_4$，所以 pp' 是大圆 $A_1A_2A_3A_4$ 和小圆 $B_1B_2B_3B_4$ 的轴，p、p' 是它们的两个极。

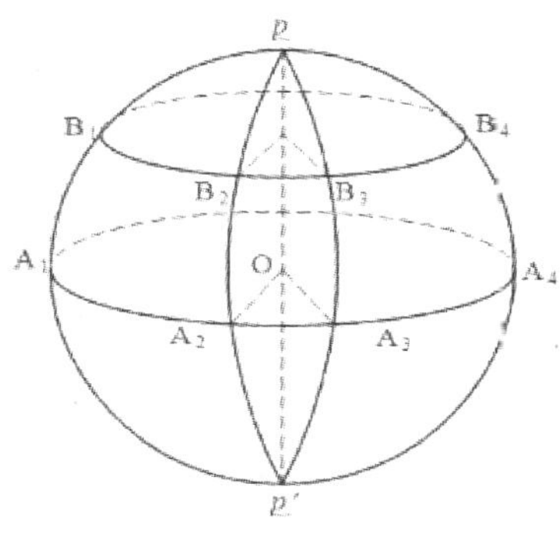

图Ⅲ－1－4

$\overset{\frown}{pB_1A_1p'}$ 和 $\overset{\frown}{pB_3A_3p'}$ 是大圆弧，弧 $\overset{\frown}{pA_1}$ 和 $\overset{\frown}{pA_3}$ 是大圆 $A_1A_2A_3A_4$ 到极点 p 的极距，弧 $\overset{\frown}{p'A_1}$ 和 $\overset{\frown}{p'A_3}$ 是大圆 $A_1A_2A_3A_4$ 到极点 p' 的极距。

弧 $\overset{\frown}{pB_1}$ 和 $\overset{\frown}{pB_3}$ 是小圆 $B_1B_2B_3B_4$ 到极点 p 的极距，弧 $\overset{\frown}{p'B_1}$ 和 $\overset{\frown}{pB_3}$ 是小圆 $B_1B_2B_3B_4$ 到极点 p' 的极距。

大圆弧 $\overset{\frown}{A_1A_2A_3A_4}$ 是极 p 或 p' 的极线。

4. 球面距离

球面上两点间的大圆弧的长称作该两点的球面距离. 以大圆弧对应的圆心角的度(°)、分(′)、秒(″)度量。

如果我们把地球表面看成一个球面，在航海中，由 p_0 到 p_n 如何走航程最短的路线？由图Ⅲ－1－5、图Ⅲ－1－6 可以看到，半径较大的劣弧 $\overset{\frown}{p_0mp_n}$ 显然比半径较小的劣弧 $\overset{\frown}{p_0np_n}$ 短些。

这就启示我们，在球面由 p_0 到 p_n 的路程要尽量沿着所在圆半径较大的劣弧走. 显然，在球面上半径最大的劣弧就是经过 p_0、p_n 这两点的大圆在这两点间的一段劣弧长度，这个弧长称作两点间的球面距离。

定理Ⅲ－1－2 球面上两点间小于 180°的大圆弧(劣弧)的长是该两点的最短球面距离。

证：如图Ⅲ－1－7 所示，O 为球心，p_0、p_n 为球面上任意两点，$\overset{\frown}{p_0mp_n}$ 是过点 p_0、p_n 且小于

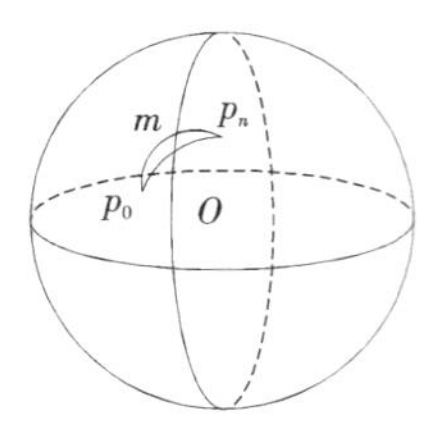

图Ⅲ-1-5

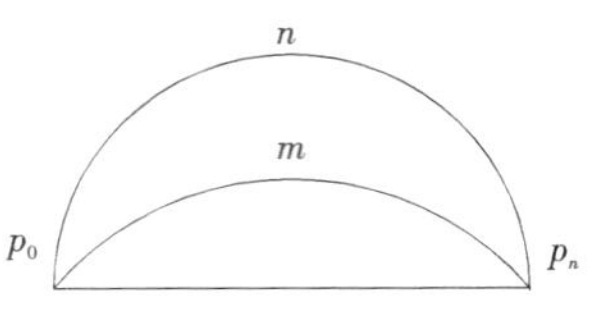

图Ⅲ-1-6

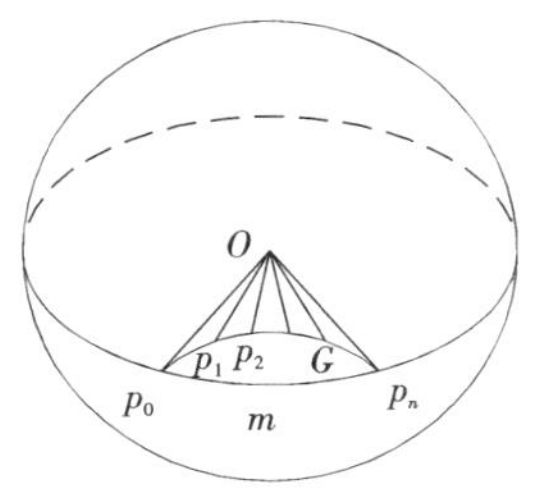

图Ⅲ-1-7

180°的大圆弧。过 p_0、p_n 作任意曲线$p_0p_1\cdots p_i\cdots p_{n-1}p_n$,其中 $n\to\infty$ 。$p_0,p_1,\cdots,p_n$ 分曲线为无穷多个小弧段$\overset{\frown}{p_0p_1}$,$\overset{\frown}{p_1p_2}$,$\cdots\overset{\frown}{p_{i-1}p_i}$,$\cdots\overset{\frown}{p_{n-1}p_n}$。由于每个小弧段的长 $\Delta s_i\to 0$,所以$\overset{\frown}{p_0p_1}$,$\overset{\frown}{p_1p_2}$,$\cdots$,$\overset{\frown}{p_{i-1}p_i}$,$\cdots$,$\overset{\frown}{p_{n-1}p_n}$ 都可以看作是大圆弧。

连接 $op_0,op_1,\cdots op_i,\cdots op_n$,得多面角 $o-p_0p_1\cdots p_i\cdots p_{n-1}p_n$。由立体几何可知,多面角中任何一面角小于其他各面角之和

$$\angle p_0Op_n < \angle p_0Op_1+\angle p_1Op_2+\cdots+\angle p_{n-1}Op_n$$

其对应的弧满足

$$\overset{\frown}{p_0mp_n} < \overset{\frown}{p_0p_1}+\overset{\frown}{p_1p_2}+\cdots+\overset{\frown}{p_{i-1}p_i}+\cdots+\overset{\frown}{p_{n-1}p_n}$$

即

$$\overset{\frown}{p_0mp_n} < p_0p_1\cdots p_i\cdots p_{n-1}p_n$$

因此,球面上连接两点的曲线中,小于 180°的大圆弧最短。

航海中,船舶从 A 到 B 的最短航线是两地间小于 180°的大圆弧。规定地球子午线上 1′的弧长作为海上距离单位,称作 1 海里。

1 海里 =1852 m

5. 球面角

(1)球面角的度量

球面上两个大圆弧所构成的角称作球面角,大圆弧称作球面角的边,两个大圆弧的交点称作球面角的顶点。

如图Ⅲ-1-8 所示,$\angle ApB$ 是一个球面角,其边为弧 $\overset{\frown}{pA}$ 和弧 $\overset{\frown}{pB}$,其顶点为 p。$CABD$ 是以球面角顶点 p 为极点的极线. 弧 $\overset{\frown}{pA}$ 和弧 $\overset{\frown}{pB}$ 过点 p 的切线分别为 pE、pF。

规定球面角由过其顶点的两个大圆弧平面所成的两面角度量。

球面角度量方式有三种:

①过球面角 $\angle ApB$ 的顶点作弧 $\overset{\frown}{pA}$ 和弧 $\overset{\frown}{pB}$ 的切线 pE、pF,则球面角 $\angle ApB=\angle EpF$。

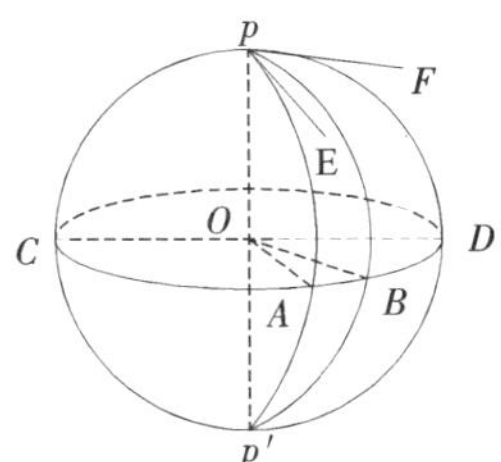

图Ⅲ-1-8

②顶点 p 的极线被弧 $\overset{\frown}{pA}$ 和弧 $\overset{\frown}{pB}$ 所截的弧长为$\overset{\frown}{AB}$,则球面角 $\angle ApB=\overset{\frown}{AB}$。

③由于$\overset{\frown}{AB}$ = 球心角 $\angle AOB$,则球面角 $\angle ApB$ = 球心角 $\angle AOB$,球面角的取值范围是 0° ~ 360°。

(2)圆心角相等的大圆弧与小圆弧长度的关系

如图Ⅲ-1-9 所示,$\overset{\frown}{ab}$是球面上一段小圆弧,圆心为 O',圆心角为 $\angle aO'b$,极为 p,极距为$\overset{\frown}{pa}$。

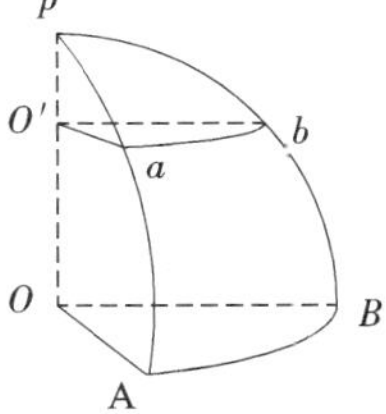

图Ⅲ-1-9

$\overset{\frown}{AB}$为大圆弧,O 为球心,极距为 $\overset{\frown}{pA}$,$\angle AOB=\angle aO'b$

由于 $\dfrac{\overset{\frown}{ab}(长度)}{aO'}=\dfrac{\overset{\frown}{AB}(长度)}{AO}=\angle AOB(弧度)$

因此 $\dfrac{\overset{\frown}{ab}(长度)}{\overset{\frown}{AB}(长度)}=\dfrac{aO'}{AO}=\dfrac{aO'}{aO}$

又因 $aO'\perp pO$

所以 $aO'=aO\cdot\sin\angle aOO'=aO\cdot\sin\overset{\wedge}{pa}$

即 $\dfrac{\overset{\frown}{ab}(长度)}{\overset{\frown}{AB}(长度)}=\dfrac{aO'}{aO}=\dfrac{aO\cdot\sin\overset{\wedge}{pa}}{aO}=\sin\overset{\wedge}{pa}$

在以上推导中,小圆弧平面与大圆弧平面相互平行,若不平行,由于同球或等球上圆心角相等的大圆弧长都相等,上面关系式依然成立。

6. 地球的极、子午线、赤道、经纬度

地球可近似看作球体,其半径约为 6370 km。地球绕其自转轴自西向东转动,其自转轴称为地轴。

南北极:地轴与地球表面交于两极,用右手握住地轴,四指沿地球自转方向,则拇指所指为地球的北极,北极用 p_n 表示,另一极为南极,南极用 p_s 表示。

子午线:地球表面任意一点 m(p_n、p_s 除外)与南北两极连成的大圆 p_nmp_s 称作 m 地的子午线,也叫经线。国际上采用经过英国伦敦格林尼治天文台子午仪中心的子午线,作为 0 度经线,叫作本初子午线。本初子午线分地球为相等的东半球和西半球。

赤道:南北极的极线称作赤道. 赤道分地球为相等的南半球和北半球。

经度、纬度、纬度圈:本初子午线作为 0°经线,向东划分 0° ~180°,为东经度,向西划分 0° ~180°,为西经度。

地球上 m 至赤道的弧长 $\overset{\frown}{Am}$ 称为 m 地的纬度,南半球上纬度称南纬,北半球上纬度称北纬. 南、北纬均为 0° ~90°。

纬度相等点的轨迹构成平行于赤道的小圆,称作纬度圈。

在图Ⅲ-1-10 中,p_n 为北极,p_s 为南极,大圆 $p_na_2A_2p_s$ 为子午线(经线),大圆弧$\overset{\frown}{A_1A_2A_3A_4}$为赤道,小圆 $a_1a_2a_3a_4$ 为纬度圈。

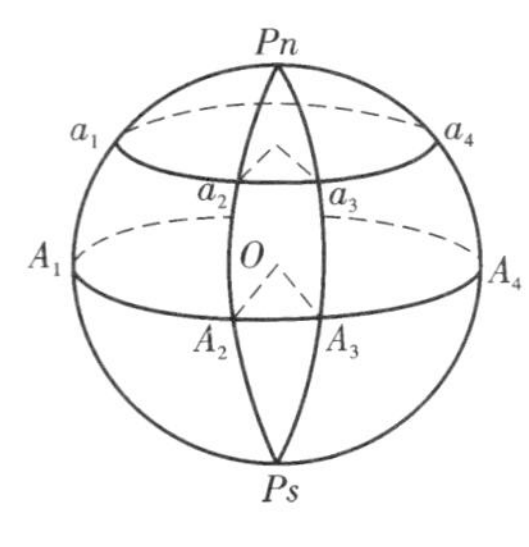

图Ⅲ－1－10

例题Ⅲ－1－1 北京纬度接近北纬40°,求北纬40°纬线的长度约为多少千米(地球半径约6370 km)。

解:$\angle AOB = 40°$,

过A点纬度圈的半径

$$R_A = AO'$$

过A点纬度圈的周长

$$C_A = 2\pi R_A = 2\pi R\cos 40° \approx 3.066 \times 10^4 \text{ km}$$

子午线也叫经线,是在地面上连接两极的线,表示南北方向。经线和垂直于它的纬线构成地球上的坐标即经纬网。地球上任何一个地方的位置都可以用一条经线和纬线的交叉点来表示。所有的经线都是长度相等的大圆。科学家把开始计算经度的一条经线(0度经线)叫作本初子午线。它不像纬线,有自然起迄点。地球上有天然的零度纬线一赤道,却没有天然的零度经线,因此,本初子午线只能从无数的子午线中人为地选出一条。19世纪以前,许多国家采用通过大西洋加那利群岛耶罗岛的子午线。那条子午线相当于今天的西经17°39′46〃经线。19世纪上半叶,很多国家又以通过本国主要天文台的子午线为本初子午线。这样一来,在世界上就同时存在几条本初子午线,给后来的航海及大地测量带来了诸多不便.1884年10月1日,在美国的华盛顿召开了国际子午线会议。10月23日,大会通过一项决议向全世界各国政府正式建议,采用经过英国伦敦格林尼治天文台子午仪中心的子午线,作为计算经度起点的本初子午线。从0°经线算起,向东划分0°~180°,为东经度,向西划分0°~180°,为西经度。1953年,格林尼治天文台迁移,但全球经度仍然以原址为零点计算。在那里,最引人注目的是一条镶嵌在大理石地面上的笔直的铜线,这就是世界闻名的本初子午线。铜线两边,分别标着“东经”和“西经”字样。本初子午线的一头伸到一座古老的二层楼房的墙脚边。墙上镶嵌着的铜牌中央也刻着一条线,上面写着:

世界本初子午线,北纬51°28′38″.2,经度0°0′0″

第二节 球面三角形

一、基本概念

球面三角形:球面上三个大圆弧相交所构成的三角形,称作球面三角形。

球面三角形的边:构成球面三角形的大圆弧,称作球面三角形的边。

球面三角形的角:球面三角形中两个大圆弧相交构成的球面角,称作球面三角形的角。

如图Ⅲ－1－11所示,大圆弧$\overset{\frown}{AB}$、$\overset{\frown}{BC}$、$\overset{\frown}{CA}$构成球面三角形。球面三角形的三个角通常用大写字母A、B、C表示,球面三角形的三个边通常用小写字母a、b、c表示。球面三角形的三个角A、B、C和三个边a、b、c称作球面三角形的六要素。

球面三角形的六要素取值范围为0°~360°,航海中主要研究取值范围为0°~180°的欧拉球面三角形,常用的是地球表面上任意两点与北极p_n或南极p_s构成的球面三角形。

二、球面三角形分类

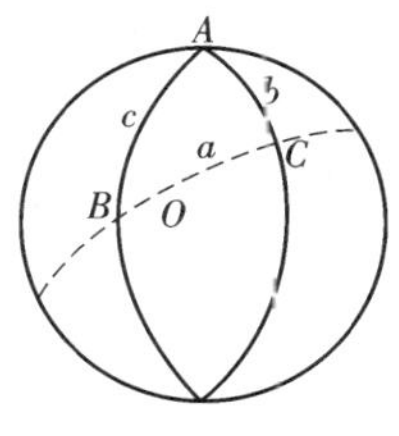

图Ⅲ－1－11

球面等腰三角形：两边或两角相等的球面三角形称作球面等腰三角形。

球面等边三角形：三边或三角相等的球面三角形称作球面等边三角形。

球面直角三角形：至少一个角为 90°的球面三角形称作球面直角三角形。

球面直边三角形：至少一条边为 90°的球面三角形称作球面直边三角形。

球面初等三角形：三条边相对其球半径非常小的球面三角形称作球面小三角形（三个角不会很小）；一个角及其对边都很小的球面三角形称作球面窄三角形. 球面小三角形和球面窄三角形统称球面初等三角形。

球面任意三角形：不具有特殊条件的球面三角形称作球面任意三角形。

三、球面三角形关系

1. 球面全等三角形

同球或等球上，排列顺序相同且边角对应相等的球面三角形称作球面全等三角形。

同球或等球上，满足下面条件之一的两个球面三角形全等。

两边及其夹角对应相等。（边角边）

两角及其夹边对应相等。（角边角）

三边对应相等。（边边边）

三角对应相等。（角角角）

2. 球面相似三角形

半径不同的球面上，边角度数对应相等的球面三角形称作球面相似三角形。如图Ⅲ－1－12，球面三角形 ABC 与球面三角形 $A_1B_1C_1$ 是球面相似三角形。

3. 球面对称三角形

如图Ⅲ－1－13，过球面三角形 ABC 的三个顶点作直径，交球面于 A_0、B_0、C_0，连接大圆弧 $\overset{\frown}{A_0B_0}$、$\overset{\frown}{B_0C_0}$、$\overset{\frown}{C_0A_0}$，得另一球面三角形 $A_0B_0C_0$，则球面三角形 $A_0B_0C_0$ 与球面三角形 ABC 边、角对应相等，这样两个三角形称作球面对称三角形。但两个球面三角形边、角排列顺序不同，因此，球面对称三角形不是全等三角形。

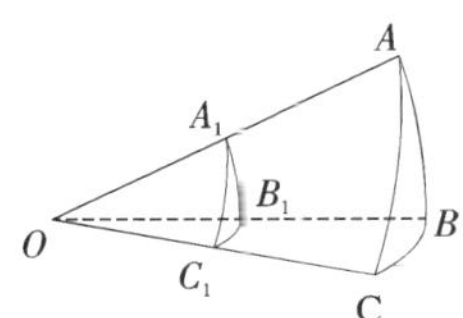

图Ⅲ－1－12

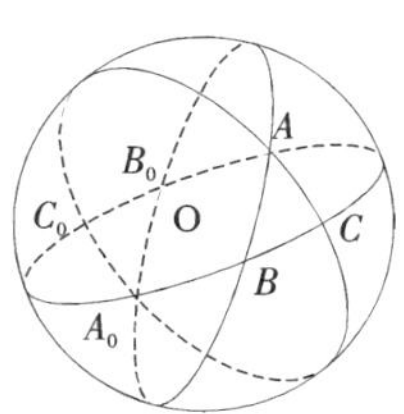

图Ⅲ－1－13

4. 球面极线三角形

球面三角形 ABC 三个顶点的极线构成的三角形 $A'B'C'$，称作球面三角形 ABC 的球面极线三角形. 一般用 A'、B'、C'表示球面极线三角形的三个顶点，并表示该顶点的角。各角对应的边一般用 a'、b'、c'表示。

若球面三角形 ABC 各边都大于 90°，其极线三角形 $A'B'C'$ 在球面三角形 ABC 之内，如图Ⅲ－1－14 所示。

若球面三角形 ABC 各边都小于 90°，则其极线三角形 $A'B'C'$ 在球面三角形 ABC 之外，如图Ⅲ－1－15 所示。

若球面三角形 ABC 一边或两边大于 90°，则其极线三角形 $A'B'C'$ 与球面三角形 ABC 相交，如图Ⅲ－1－16 所示。

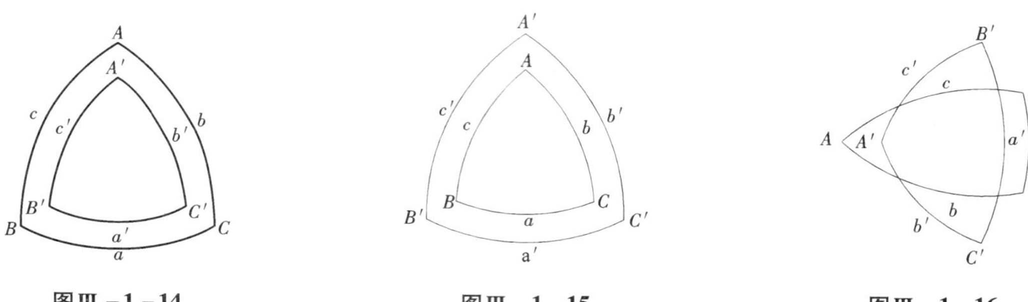

图Ⅲ－1－14　　图Ⅲ－1－15　　图Ⅲ－1－16

球面三角形 ABC 与其极线三角形 $A'B'C'$ 有如下关系：

(1) 球面三角形 ABC 与其极线三角形 $A'B'C'$ 关系是相互的，即球面三角形 ABC 的顶点是其极线三角形 $A'B'C'$ 对应边的极；极线三角形 $A'B'C'$ 的顶点是球面三角形 ABC 对应边的极。

(2) 球面三角形 ABC 的边与其极线三角形 $A'B'C'$ 对应的角互补；球面三角形 ABC 的角与其极线三角形 $A'B'C'$ 对应的边互补。

如图Ⅲ－1－17，$A + a' = 180°$，$B + b' = 180°$，$C + c' = 180°$，$a + A' = 180°$，$b + B' = 180°$，$c + C' = 180°$

四、球面三角形性质

1. 球面三角形与三面角的关系

如图Ⅲ－1－18，将任意球面三角形 ABC 的顶点与球心 O 连接，则构成一个三面角；反之，将三面角的顶点作球心，用等长作半径所成的球面，则构成一个球面三角形。显然

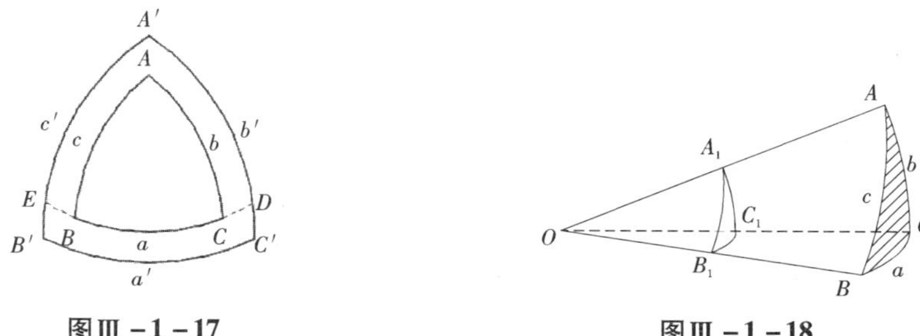

图Ⅲ－1－17　　图Ⅲ－1－18

球心是三面角的顶点；

球半径是三面角的棱；

球面三角形的角是三面角的二面角；

球面三角形的边是三面角的平面角。

2. 球面三角形的边

(1)球面三角形的边必是大圆弧。

(2)$0° <$ 球面三角形每一边 $< 180°$。

$$0° < a < 180°, 0° < b < 180°, 0° < c < 180°$$

(3)$0° <$ 球面三角形三边之和 $< 360°$

$$0° < a + b + c < 360°$$

(4)球面三角形两边之和大于第三边，两边之差小于第三边。

$$a - b < c < a + b$$

3. 球面三角形的角

(1)$0° <$ 球面三角形每一角 $< 180°$

$$0° < A < 180°, 0° < B < 180°, 0° < C < 180°$$

(2)$180° <$ 球面三角形三角之和 $< 540°$

$$180° < A + b + C < 540°$$

证：由 $A + a' = 180°, B + b' = 180°, C + c' = 180°$得

$$a' = 180° - A, b' = 180° - B, c' = 180° - C$$

$$a' + b' + c' = 540° - (A + B + C)$$

因 $a' + b' + c' < 360°$

故 $A + B + C > 180°$

又因 $a' + b' + c' > 0°$

故 $a' + b' + c' = 540° - (A + B + C) > 0°$即

$$A + B + C < 540°$$

因此 $180° < A + B + C < 540°$

(3)球面三角形两角之和减去第三角小于 $180°$。

$$A + B - C < 180°, B + C - A < 180°, C + A - B < 180°$$

(4)球面三角形两角之和大于第三角的外角，两角之和小于第三角的外角。

如图Ⅲ－1－17，D 是球面三角形 ABC 中角 C 的外角，则

$$A - B < D < A - B$$

证：因 $A + B + C > 180°, C + D = 180°$

故 $A + B + C > C + D$，则

$$A + B > D$$

又因 $C + A - B < 180°$

故 $C + A - B < C - D$，则

$$A - B < D$$

因此 $A-B<D<A+B$

4. 球面三角形边与角的关系

(1)球面三角形中等边对等角,等角对等边。

(2)球面三角形中大边对大角,小边对小角;大角对大边,小角对小边。

第三节 球面任意三角形基本公式

球面三角学通过建立球面三角各要素之间的关系的方程,求解球面三角形未知的边和角.余弦公式、正弦公式、四联公式称作球面三角的基本公式,是航海中常用的公式。一般可根据球面三角形六要素,即球面三角形的三个角 A、B、C 和三个边 a、b、c 中的三个要素,应用球面三角的公式求解未知的三个要素。

一、余弦公式

1. 边的余弦公式

在给定球面三角形两条边及夹角求第三边,或给定三条边求一个角时,可用边的余弦公式求解。求起航点与到达点的大圆航程时,就要用到边的余弦公式。

若球面三角形 ABC 的三顶点是 A、B、C,其所对应的三边分别是 a、b、c,则有边的余弦公式

$$\cos a=\cos b\cos c+\sin b\sin c\cos A$$

$$\cos b=\cos a\cos c+\sin a\sin c\cos B$$

$$\cos c=\cos a\cos b+\sin a\sin b\cos C$$

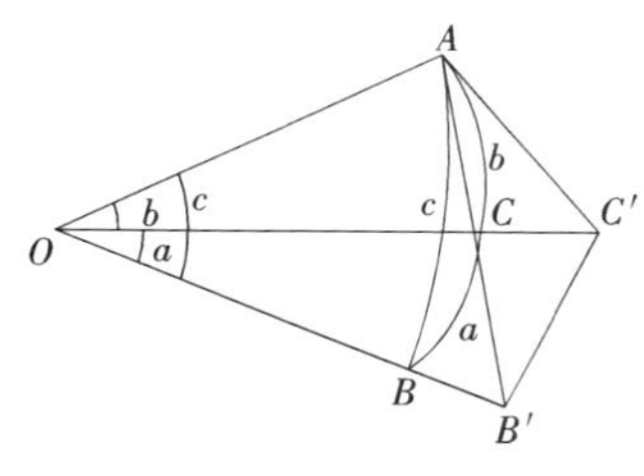

图Ⅲ-1-19

证:如图Ⅲ-1-19 所示,$\triangle ABC$ 为球面三角形,O 为球心。

过 A 作边和 AC 的切线$\overline{AB'}$、$\overline{AC'}$,

B'、C'为切线与$\overline{OB}$、$\overline{OC}$延长线的交点。

平面上$\triangle AB'C'$、$\triangle OB'C'$中,由余弦定理可得

$$B'C'^2=AB'^2+AC'^2-2AB'AC'\cos A$$

$$=OB'^2+OC'^2-2OB'OC'\cos a \qquad (*)$$

因 AB'、AC'分别是 AB、AC 的切线,故$\triangle OAB'$和$\triangle OAC'$是直角三角形,且

$$\angle OAB'=\angle OAC'=90°$$

故 $AB'=AO\tan c$,$OB'=AO\sec c$,

$OC'=AO\sec b$,$AC'=AO\tan b$,

代入(*)式

$$\tan^2 c+\tan^2 b-2\tan c\tan b\cos A=\sec^2 c+\sec^2 b-2\sec c\sec b\cos a$$

利用 $\text{sce}^2 c-\tan^2 c=1$,$\text{sce}^2 b-\tan^2 b=1$ 得

$$\sec c\sec b\cos a=1+\tan c\tan b\cos A$$

于是

$$\cos a = \cos b\cos c + \sin b\sin c\cos A$$

同理可证

$$\cos b = \cos a\cos c + \sin a\sin c\cos B$$

$$\cos c = \cos a\cos b + \sin a\sin b\cos C$$

例题Ⅲ－1－2 在球面三角形 ABC 中，若 $a=60°$，$b=120°$，$\angle C=60°$，求边 c。

解：如图Ⅲ－1－20 所示，

$$\cos c = \cos 60°\cos 120° + \sin 60°\sin 120°\cos 60°$$

$$= \frac{1}{2}\left(-\frac{1}{2}\right) + \frac{\sqrt{3}}{2}\cdot\frac{\sqrt{3}}{2}\cdot\frac{1}{2}$$

$$=0.125$$

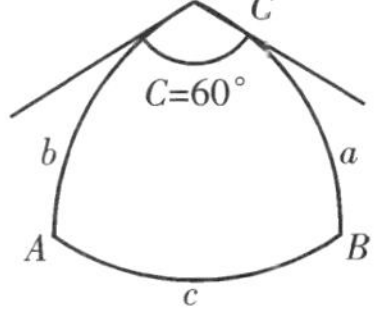

图Ⅲ－1－20

故 $c=82°49' \approx 82.816° = 82.816\times\frac{\pi}{180}\approx 1.445$

2. 角的余弦公式

在给定球面三角形两角及夹边求第三角，或给定三角求一条边时，可用角的余弦公式求解. 在航海中角的余弦公式应用较少，但在推导球面直角三角形和球面直边三角形相应公式时将起重要作用。

若球面三角形 ABC 的三顶点是 A、B、C，其所对应的三边分别是 a、b、c，则有角的余弦公式

$$\cos A = -\cos B\cos C + \sin B\sin C\cos a$$

$$\cos B = -\cos A\cos C + \sin A\sin C\cos b$$

$$z\cos C = -\cos A\cos B + \sin A\sin B\cos c$$

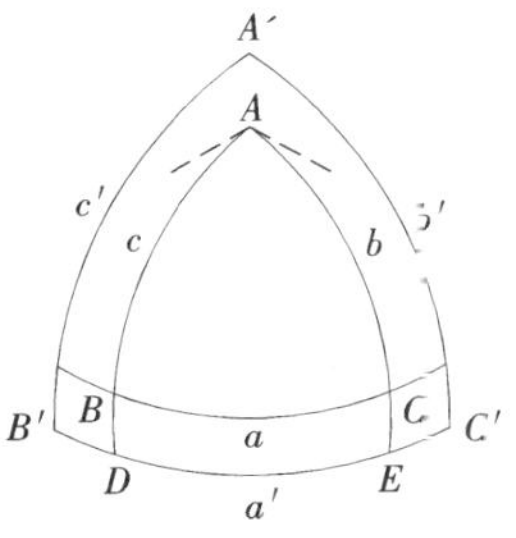

图Ⅲ－1－21

证：如图Ⅲ－1－21 所示。

$\triangle A'B'C'$ 为球面三角形 ABC 的极限三角形，由边的余弦公式

$$\cos a' = \cos b'\cos c' + \sin b'\sin c'\cos A'$$

因 $a'=180°-A$，$b'=180°-B$，$c'=180°-C$，$A'=180°-a$，且

$$\cos(180°-\alpha) = -\cos\alpha,\ \sin(180°-\alpha)=\sin\alpha$$

故 $$-\cos A = (-\cos B)(-\cos C) + \sin B\sin C(-\cos a)$$

于是 $$\cos A = -\cos B\cos C + \sin B\sin C\cos a$$

同理可证

$$\cos B = -\cos A\cos C + \sin A\sin C\cos b$$

$$\cos C = -\cos A\cos B + \sin A\sin B\cos c$$

二、正弦公式

在给定球面三角形两条边及一边的对角求另一边的对角，或给定两角及其一角的对边求另一角对边，可用正弦公式求解。求起航点与到达点的初始航向时，就要用到正弦公式。

在求解时，会得到两个互补的角，需要选择其一。

若球面三角形 ABC 的三顶点是 A、B、C，其所对应的三边分别是 a、b、c，则有球面正弦公式

$$\frac{\sin A}{\sin a}=\frac{\sin B}{\sin b}=\frac{\sin C}{\sin c}$$

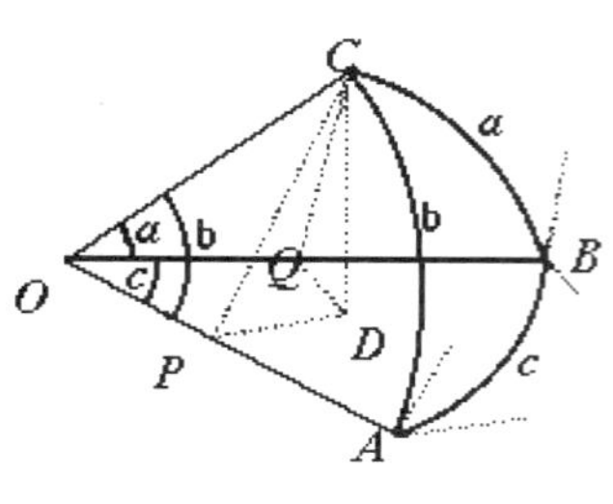

图Ⅲ-1-22

证:如图Ⅲ-1-22,$\triangle ABC$ 为球面三角形,O 为球心。作 $\overline{CD}\perp$ 平面 OAB,$\overline{DP}\perp\overline{OA}$,$\overline{DQ}\perp\overline{OB}$

由三垂线定理,$\overline{CP}\perp\overline{OA}$,$\overline{CQ}\perp\overline{OB}$

因 $\angle A$、$\angle B$ 是由球面上的弧线作切线所得的角

$$\angle A=\angle CPD,\angle B=\angle CQD$$

故

$$CD=CP\sin A=(OC\sin b)\sin A$$

$$CD=CQ\sin B=(OC\sin a)\sin B$$

于是

$$\sin b\sin A=\sin a\sin B$$

$$\frac{\sin A}{\sin a}=\frac{\sin B}{\sin b}$$

同理可证

$$\frac{\sin A}{\sin a}=\frac{\sin B}{\sin b}=\frac{\sin C}{\sin c}$$

例题Ⅲ-1-3 已知 A、B 两地与北极 N 所构成的球面三角形中,$\angle ANB=150°52'$,$AB=107°49'$,$BN=48°07'$,求由 A 到 B 最短航程的航向角 $\angle NAB$。

解:由球面正弦公式

$$\frac{\sin\angle NAB}{\sin NB}=\frac{\sin\angle ANB}{\sin AB}$$

则

$$\sin\angle NAB=\sin NB\cdot\frac{\sin\angle ANB}{\sin AB}=\sin 48°07'\frac{\sin 150°52'}{\sin 107°49'}\approx 0.38$$

$$\angle NAB=22°20'$$

于是,由 A 到 B 最短航程的航向角 $\angle NAB\approx 22°20'$(北偏东)。

三、余切公式(四联公式)

在给定球面三角形两条边及夹角求相连的角,或给定两角及夹边求相连的边,可用余切公式求解。求起航点与到达点之间的起航点大圆航向时,就要用到余切公式。

若球面三角形 ABC 的三顶点是 A、B、C,其所对应的三边分别是 a、b、c,则有球面余切公式(四联公式):

$$\cot a\sin b=\cot A\sin C+\cos C\cos b$$

$$\cot a\sin c=\cot A\sin B+\cos B\cos c$$

$$\cot b\sin a=\cot B\sin C+\cos C\cos a$$

$$\cot b\sin c=\cot B\sin A+\cos A\cos c$$

$$\cot c\sin a=\cot C\sin B+\cos B\cos a$$

$$\cot c\sin b=\cot C\sin A+\cos A\cos b$$

在球面三角形 ABC 的六要素中，任意相连的四要素按其处的相对位置，分为外边、内边、外角、内角。如图Ⅲ－1－23，a、b、A、C 是相连的四要素，即

$$a—C—b—A$$

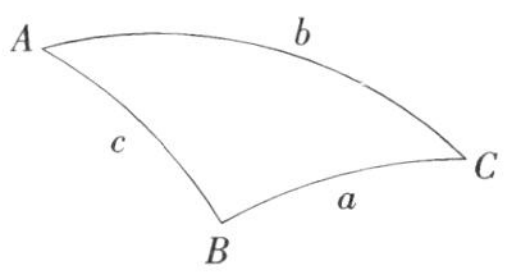

两端的 a 和 A 分别称作外边和外角，中间的 b 和 C 分别称作内边和内角。一般公式

$$\cot a\sin b=\cot A\sin C+\cos C\cos b$$

图Ⅲ－1－23

读作“球面三角形外边余切与内边正弦的乘积，等于外角余切与内角正弦的乘积，加上内角余弦与内边余弦的乘积”。

第四节　球面直角三角形与直边三角形公式

一、球面直角三角形公式

对于球面直角三角形，如果有两个角是90°，则其所对的两条边也是90°，第三角与其对边数值相等；如果三个角都是90°，则其所对的三条边均为90°。上述两种情形无需再进行讨论.因此，仅研究一个角是90°的球面直角三角形。

不妨设球面直角三角形中 $C=90°$，则 $\sin C=1$，$\cos C=0$. 由球面三角形余弦公式、正弦公式、四联公式可推导出球面直角三角形的10个基本公式：

$$\sin a=\sin A\sin c$$

$$\sin a=\cot B\tan b$$

$$\sin b=\sin B\sin c$$

$$\sin b=\cot A\tan a$$

$$\cos c=\cos a\cos b$$

$$\cos c=\cot A\cot B$$

$$\cos A=\sin B\cos a$$

$$\cos A=\tan b\cot c$$

$$\cos B=\sin A\cos b$$

$$\cos B=\cot c\tan a$$

球面直角三角形的10个基本公式可通过纳皮尔圆周记忆。

如图Ⅲ－1－24，按照球面三角形相邻的边角关系，依序将三角形的六个要素写在一个圈子内。也就是以一个角开始，然后在它旁边写上相邻的边，继续写下一个角，以此类推，最后结束成一个圆。然后删除90°角，并且将90°角相邻要素的角度换成它们的余角，即将 a 换成 $90°-a$，b 换成 $90°-b$ 等。由纳皮尔圆周可得每个要素的余弦值等于：

①相邻两要素余切的乘积；

②相对两要素正弦的乘积。

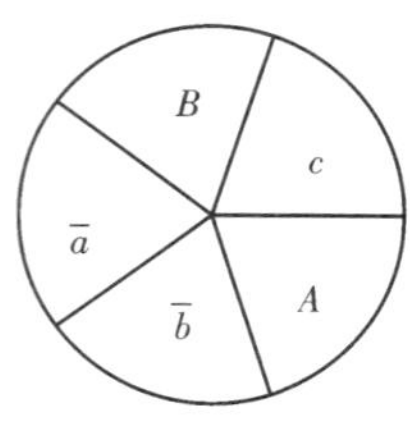

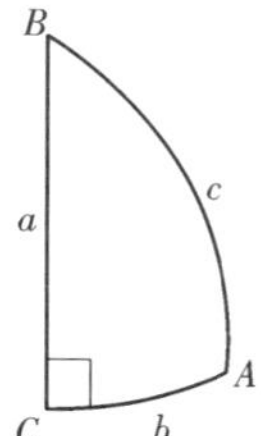

图Ⅲ－1－24

例如 $\cos(90° - b) = \cot A\cot(90° - a)$ 或 $\cos(90° - b) = \sin B\sin c$，即

$$\sin b = \cot A\tan a$$

或

$$\sin b = \sin B\sin c$$

又如 $\cos A = \cot(90° - b)\cot c$ 或 $\cos A = \sin(90° - a)\sin B$，即

$$\cos A = \tan b\cot c$$

或

$$\cos A = \cos a\sin B$$

由球面直角三角形公式可看到，已知球面直角三角形两个要素，可求其另外的未知要素。

二、球面直边三角形公式

对于球面直边三角形，如果有两条边是 90°，则其所对的两个角也是 90°，两边夹角的顶点是第三边的极，所以两边夹角与第三边数值相等；如果三条边都是 90°，则球面三角形任一顶点都是其所对极，则三个角均为 90°。上述两种情形无需再进行讨论。因此，仅研究一条边是 90°的球面直边三角形。

不妨设球面直边三角形中 $c = 90°$，则 $\sin c = 1$，$\cos c = 0$。由球面三角形余弦公式、正弦公式、四联公式可推导出球面直边三角形的 10 个基本公式：

$$\sin A = \sin a\sin C$$

$$\sin A = \cot b\tan B$$

$$\sin B = \sin b\sin C$$

$$\sin B = \cot a\tan A$$

$$\cos C = -\cot a\cot b$$

$$\cos C = -\cos A\cos B$$

$$\cos a = \sin b\cos A$$

$$\cos a = -\tan B\cot C$$

$$\cos b = \sin a\cos B$$

$$\cos b = -\tan A\cot C$$

球面直边三角形的 10 个基本公式也可通过纳皮尔圆周记忆。

如图Ⅲ－1－25，依照球面直角三角形方式形成纳皮尔圆周. 然后删除 90°边，并且将与

90°边不相邻要素的角度换成它们的余角，即将 a 换成 $90°-a$，b 换成 $90°-b$，C 换成 $90°-C$ 等；由纳皮尔圆盾可得每个要素的正弦值等于：

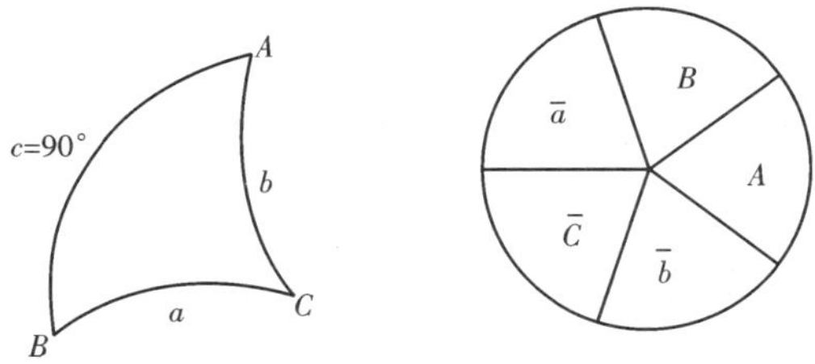

图Ⅲ-1-25

①相邻两要素正切的乘积；

②相对两要素余弦的乘积；

③如遇相邻两要素或相对两要素都是边或都是角，则乘积前面要加负号。

例如 $\sin(90°-a)=-\tan B\tan(90°-C)$ 或 $\sin(90°-a)=\cos A\cos(90°-b)$

即 $\cos a=-\tan B\cot C$ 或 $\cos a=\cos A\sin b$

又如 $\sin A=\tan(90°-b)\tan B$ 或 $\sin A=\cos(90°-a)\cos(90°-C)$

即 $\sin A=\cot b\tan B$ 或 $\sin A=\sin a\sin C$

由球面直边三角形公式可看到，已知球面直边三角形两个要素，可求其另外的未知要素。

第五节 球面初等三角形

球面小三角形和球面窄三角形称作球面初等三角形，球面初等三角形在航海天文及估计船位误差时经常会遇到。

一、球面小三角形

若球面三角形的三边相对于球半径甚小，则称其为球面小三角形。球面小三角形有如下特性：

(1)相对球半径，球面小三角形的三边甚小；

(2)球面小三角形的三角不会很小；

(3)球面小三角形的三角之和接近180°，且大于180°；

(4)球面小三角形的面积接近平面三角形面积。

一般对球面小三角形计算可作为平面三角形处理，其近似结果相当理想。航海中，在视野范围内观测陆标定位时，即可将球面三角形用平面几何的方法计算。

二、球面窄三角形

1.球面窄三角形特性

若球面三角形的一边相对于球半径甚小，则称其为球面窄三角形。球面窄三角形有如下特性：

(1)相对球半径，球面窄三角形中一边甚小；

(2)球面窄三角形中小边所对的角也甚小；

(3)球面窄三角形中另外两边近似相等。

2. 小边为 a 的球面窄三角形两边之差 $c-b$ 和角 A 的近似值公式

在航海天文学中经常遇到已知小边 a、a 的邻角 B、边 c，求角 A 和边 b。例如根据测得的北极星高度，求测量者纬度改正量；根据北极星方位角求罗经差等。

(1) $c-b$ 的近似值公式

第一近似值公式 $(c-b)_1 = a\cos B$

第二近似值公式 $(c-b)_2 = (c-b)_1 - \dfrac{a^2}{2}\sin^2 B\cot c$

(2)角 A 的近似值公式

第一近似值公式 $A_1 = \dfrac{a\sin B}{\sin c}$

第二近似值公式 $A_2 = A_1 + \dfrac{a^2}{2}\sin 2B\cot c\csc c$

显然第二近似值精度要高于第一近似值。

三、度与弧度的换算

在航海和轮机专业课中，经常会用到度与弧度的换算。

1. 角度制与弧度制

(1)角度制：规定周角的$\dfrac{1}{360}$为 1 度角，记作 1°。用度作为单位来度量角的单位制叫作角度制。

(2)弧度制：规定把长度等于半径长的弧所对的圆心角叫作 1 弧度的角，以弧度为单位来度量角的单位制叫作弧度制，在弧度制下，1 弧度记做 1rad。

2. 角度与弧度之间的换算

(1)将角度化为弧度

$$360° = 2\pi(\text{rad})$$

$$180° = \pi(\text{rad})$$

$$1° = \frac{\pi}{180}(\text{rad}) \approx 0.017\,45(\text{rad})$$

(2)将弧度化为角度

$$2\pi(\text{rad}) = 360°$$

$$\pi(\text{rad}) = 180°$$

$$1(\text{rad}) = \left(\frac{180}{\pi}\right)° \approx 57.30° = 57°18'$$

(3)弧度制与角度制的换算公式

$$\alpha(\text{rad})=\left(\frac{180\alpha}{\pi}\right)^{\circ}$$

$$n^{\circ}=n\frac{\pi}{180}(\text{rad})$$

(4)一些特殊角的度数与弧度数的对应表

度	0°	15°	30°	45°	60°	90°	120°	135°	180°	210°	270°	300°	315°	360°
弧度	0	$\frac{\pi}{12}$	$\frac{\pi}{6}$	$\frac{\pi}{4}$	$\frac{\pi}{3}$	$\frac{\pi}{2}$	$\frac{2\pi}{3}$	$\frac{3\pi}{4}$	π	$\frac{7\pi}{6}$	$\frac{3\pi}{2}$	$\frac{5\pi}{3}$	$\frac{7\pi}{4}$	2π

注意:

①不管是以“弧度”还是以“度”为单位的角的大小都是一个与半径的大小无关的值;

②用弧度为单位表示角的大小时,“弧度”可以省略不写,此时的弧度在形式上是不名数,但应当把它理解为名数,如 sin 2 是指 2(rad)角的正弦,但如果以度(°)为单位表示角时,度(°)就不能省去;

③用弧度为单位表示角时,常常把弧度数写成多少 π 的形式,如无特殊要求,不必把 π 写成小数,如 $45°=\frac{\pi}{4}$,不必写成 45°≈0.785(rad);

④与角度制相比弧度制有一定的优点,其一是在进位上.角度制在度、分、秒上是六十进位制,不便于计算,而弧度制是十进位制,给运算带来方便;其二是在弧长公式与扇形面积公式的表达上,弧度制下的公式远比角度制下的公式简单,运用起来方便;

⑤用角度制和弧度制度量角,零角既是 0°角,又是 0(rad)角,除此以外,同一非零角的度数和弧度数是不同的;

⑥角的概念推广后,无论用角度制还是用弧度制都能在角的集合与实数集 R 之间建立一一对应的关系.每一个角都有唯一的一个实数(例如这个角的弧度数或度数)与之对应;反过来,每一个实数也都有唯一的一个角(例如弧度数或度数等于这个实数的角)与之对应。

复习题Ⅲ

1.回答以下问题。

(1)如何区分球面上的大圆和小圆?

(2)为什么说球面上两点间的最短距离是小于 180°的大圆弧?

(3)球面角度量的方法有哪几种?

(4)极线上任一点与其极相连的大圆弧和极构成怎样的球面角?

(5)什么叫球面三角形和球面极线三角形?

2.利用球面三角形性质判断下列球面三角形是否存在。

(1)$a=100°\ b=50°\ c=48°$

(2)$a=130°\ b=113°\ c=121°$

(3)$a=112°\ b=58°\ c=122°$

(4)$A=50°\ B=122°\ C=26°$

(5)$A=45°\ B=67°\ C=59°$

(6)$a=125°\ b=125°\ C=17°$

(7) $A=80°$ $B=130°c=131°$

3. 解下列球面三角形。

(1) $a=38°15'$, $b=75°21'$, $c=52°18'$，求其余元素。

(2) $A=30°15'$, $B=58°24'$, $c=85°33'$，求其余元素。

(3) $a=66°15'$, $c=108°51'$, $A=64°15'$，求另一对角。

(4) $B=114°36'$, $C=30°18'$, $b=85°03'$，求另一对边。

(5) $a=69°24'$, $b=578°51'$, $c=114°15'$，求角 A。

(6) $A=112°30'$, $B=32°18'$, $c=84°03'$，求边 b。

4. 在球面直角三角形 ABC 中，已知 $A=90°$，写出求边 c 的所有公式。

5. 在球面直边三角形 ABC 中，已知 $b=90°$，写出求角 A 的所有公式。

6. 填空。

(1) 1n mile = ________ m。

(2) 经度由________计算至________；纬度由________计算至________。

(3) 经度以________为正，以________为负；纬度以________为正，以________为负；经差、纬差亦如此。

(4) 在某地子午圈上由赤道至该地的弧长是该地的________。

(5) 等纬圈的纬度是 60°，则该纬度圈上的一段弧长是其对应的赤道弧长的________倍。

(6) 球面初等三角形包括________、________。

(7) 在球面直角三角形中，已知边 a, b，求角 C 可用________公式。

(8) 设某船从赤道上某点起航，沿赤道分别向正东、正北、正西、正南航行 1800 n mile，则终点位于出发点的________。

(9) 已知出发点与到达点的经度分别为 123°15′、147°26′，则两地的经差为________。

(10) 如果一球面角的两边均等于 90°，那么该球面角的度量方法是________。

7. A 船位于 $\varphi_A=24°N$、$\lambda_A=120°E$，而 B 船位于 $\varphi_B=24°N$、$\lambda_B=130°E$，A 船 6 点时以 12 km 速度向北航行，B 船 12 点时也向北航行，试求 B 船应以何速度才能在次日 12 点时与 A 船到达同一纬线上，此时两船相距多远？

8. A 船位于 $\varphi_A=60°N$、$\lambda_A=20°E$，而 B 船位于 $\varphi_B=30°N$、$\lambda_B=20°E$，A 船 3 点时以 12kn 速度向东航行，B 船在同一天 9 点时也向东航行，试求 B 船应以何速度航行才能在次日 9 点时与 A 船到达同一经线上？

9. 某船计划由 $\varphi_A=30°N$, $\lambda_A=120°W$ 出发，沿大圆弧航行至 $\varphi_B=60°S$, $\lambda_B=150°W$，求 A、B 两点间的大圆航程及航向。

10. 从我国台湾省的台北附近 25°30′N、121°05′E，到檀香山北方 22°00′N、158°00′W 作大圆航行，求大圆航程和初始航向。

课外读物Ⅲ

GPS

利用 GPS(Global Positioning System)定位卫星,在全球范围内实时进行定位、导航的系统,称为全球卫星定位系统,简称 GPS。GPS 是由美国国防部研制建立的一种具有全方位、全天候、全时段、高精度的卫星导航系统,能为全球用户提供低成本、高精度的三维位置、速度和精确定时等导航信息,是卫星通信技术在导航领域的应用典范,它极大地提高了地球社会的信息化水平,有力地推动了数字经济的发展。

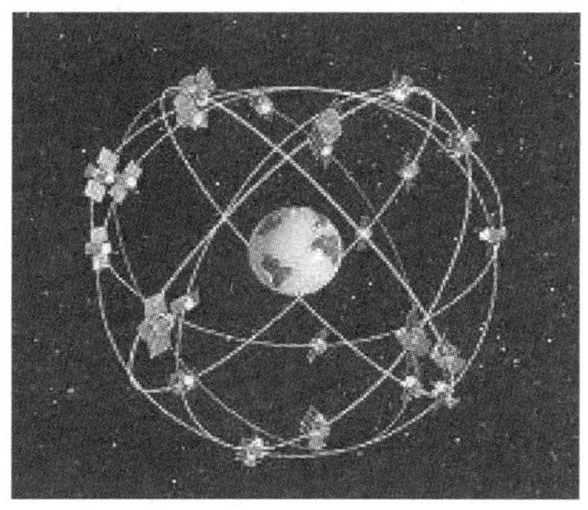

GPS 可以提供车辆定位、防盗、反劫、行驶路线监控及呼叫指挥等功能。要实现以上所有功能必须具备 GPS 终端、传输网络和监控平台三个要素。

GPS 导航系统是以全球 24 颗定位人造卫星为基础,向全球各地全天候地提供三维位置、三维速度等信息的一种无线电导航定位系统。它由三部分构成,一是地面控制部分,由主控站、地面天线、监测站及通讯辅助系统组成。二是空间部分,由 24 颗卫星组成,分布在 6 个轨道平面。三是用户装置部分,由 GPS 接收机和卫星天线组成。民用的定位精度可达 10 米内。

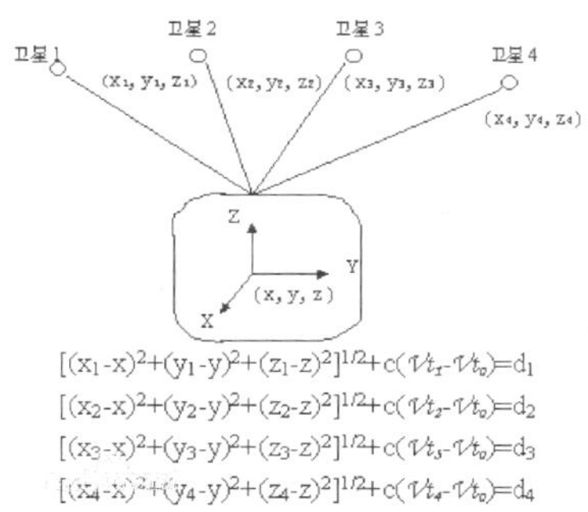

GPS 定位的基本原理是根据高速运动的卫星瞬间位置作为已知的起算数据,采用空间距离后方交会的方法,确定待测点的位置。如图所示,假设 t 时刻在地面待测点上安置 GPS 接收机,可以测定 GPS 信号到达接收机的时间 Δt,再加上接收机所接收到的卫星星历等其他数据

可以确定以下四个方程式。

28 颗卫星(其中 4 颗备用)早已升空,分布在 6 条交点互隔 60 度的轨道面上,距离地面约 20 000 千米。已经实现单机导航精度约为 10 米,综合定位的话,精度可达厘米级和毫米级。但民用领域开放的精度约为 10 米。

地面控制系统由监测站(Monitor Station)、主控制站(Master Monitor Station)、地面天线(Ground Antenna)所组成,主控制站位于美国科罗拉多州春田市(Colorado. Springfield)。地面控制站负责收集由卫星传回之讯息,并计算卫星星历、相对距离,大气校正等数据。

用户设备部分即 GPS 信号接收机。其主要功能是能够捕获到按一定卫星截止角所选择的待测卫星,并跟踪这些卫星的运行。当接收机捕获到跟踪的卫星信号后,就可测量出接收天线至卫星的伪距离和距离的变化率,解调出卫星轨道参数等数据。根据这些数据,接收机中的微处理计算机就可按定位解算方法进行定位计算,计算出用户所在地理位置的经纬度、高度、速度、时间等信息。接收机硬件和机内软件以及 GPS 数据的后处理软件包构成完整的 GPS 用户设备。GPS 接收机的结构分为天线单元和接收单元两部分。接收机一般采用机内和机外两种直流电源。设置机内电源的目的在于更换外电源时不中断连续观测。在用机外电源时机内电池自动充电。关机后机内电池为 RAM 存储器供电,以防止数据丢失。各种类型的接受机体积越来越小,重量越来越轻,便于野外观测使用。其次则为使用者接收器,现有单频与双频两种,但由于价格因素,一般使用者所购买的多为单频接收器。

随着 2000 年 10 月 31 日第一颗北斗导航卫星成功发射,我国开始逐步建立北斗卫星定位系统。截止到 2013 年,北斗在军用及民用领域均已开展应用,对 GPS 形成了一定程度的冲击。如在军用领域,北斗二代军用终端已达到厘米级的定位精度;而在更广泛的民用领域,三星已推出支持北斗卫星定位功能的手机,凯立德已推出支持北斗的车载导航仪,汽车导航的市场也将达到 50 亿元人民币。根据《国家卫星导航产业中长期发展规划》,到 2020 年,我国卫星导航系统产值将超过 4000 亿元,国内以往由 GPS 垄断市场的局面就此改变。

GPS 的特点包括以下 7 个方面:

(1)全球全天候定位

GPS 卫星的数目较多,且分布均匀,保证了地球上任何地方任何时间至少可以同时观测到 4 颗 GPS 卫星,确保实现全球全天候连续的导航定位服务(除打雷闪电不宜观测外)。

(2)定位精度高

应用实践已经证明,GPS 相对定位精度在 50 km 以内可达 10 ~6 m,100 ~500 km 可达 10 ~7 m,1000 km 可达 10 ~9 m。在 300 ~1500 m 工程精密定位中,1 小时以上观测时解其平面位置误差小于 1 mm,与 ME -5000 电磁波测距仪测定的边长比较,其边长较差最大为 0.5 mm,校差中误差为 0.3 mm。

实时单点定位(用于导航):P 码 1 ~2 m;C/A 码 5 ~10 m。

静态相对定位:50 km 之内误差为几 mm +(1 ~2ppm * D);50 km 以上可达 0.1 ~0.01 ppm。

实时伪距差分(RTD):精度达分米级。

实时相位差分(RTK):精度达 1 ~2 cm。

(3)观测时间短

随着 GPS 系统的不断完善,软件的不断更新,20 km 以内相对静态定位,仅需 15 ~ 20 min;快速静态相对定位测量时,当每个流动站与基准站相距在 15 km 以内时,流动站观测时间只需 1 ~ 2 min;采取实时动态定位模式时,每站观测仅需几秒钟。

因而使用 GPS 技术建立控制网,可以大大提高作业效率。

(4)测站间无需通视

GPS 测量只要求测站上空开阔,不要求测站之间互相通视,因而不再需要建造觇标。这一优点既可大大减少测量工作的经费和时间(一般造标费用约占总经费的 30% ~50%),同时也使选点工作变得非常灵活,也可省去经典测量中的传算点、过渡点的测量工作。

(5)仪器操作简便

随着 GPS 接收机的不断改进,GPS 测量的自动化程度越来越高,有的已趋于"傻瓜化"。在观测中测量员只需安置仪器,连接电缆线,量取天线高,监视仪器的工作状态,而其他观测工作,如卫星的捕获,跟踪观测和记录等均由仪器自动完成。结束测量时,仅需关闭电源,收好接收机,便完成了野外数据采集任务。

如果在一个测站上需作长时间的连续观测,还可以通过数据通讯方式,将所采集的数据传送到数据处理中心,实现全自动化的数据采集与处理。另外,接收机体积也越来越小,相应的重量也越来越轻,极大地减轻了测量工作者的劳动强度。

(6)可提供全球统一的三维地心坐标

GPS 测量可同时精确测定测站平面位置和大地高程。GPS 水准可满足四等水准测量的精度,另外,GPS 定位是在全球统一的 WGS - 84 坐标系统中计算的,因此全球不同地点的测量成果是相互关联的。

(7)应用广泛

GPS 的应用领域主要包括:

①GPS 在巡线车辆管理的运用

巡线车辆监控调度方案服务于需要通过车辆巡逻来监控线路状态的服务型企业或管理型部门。方案将线路的规划和实际的巡线工作结合起来,以业务关键点为核心,通过 GPS 实时监控获得车辆的位置信息来考察车辆的巡线任务完成情况,通过各车辆距离事发关键点的距离和车辆当前的状态自动进行可调度车辆的选取。最终结合车辆分析和周密的统计报表,行成可计划、可执行、可评价的巡线车辆监控调度方案。该方案由行业中的成功实践者提出,并在 2010 广州亚运会对中国电信巡线车辆成功运用。

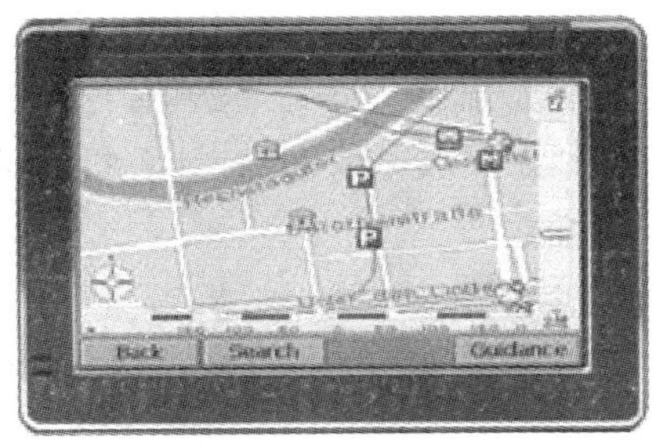

②GPS 首次出现在军事应用

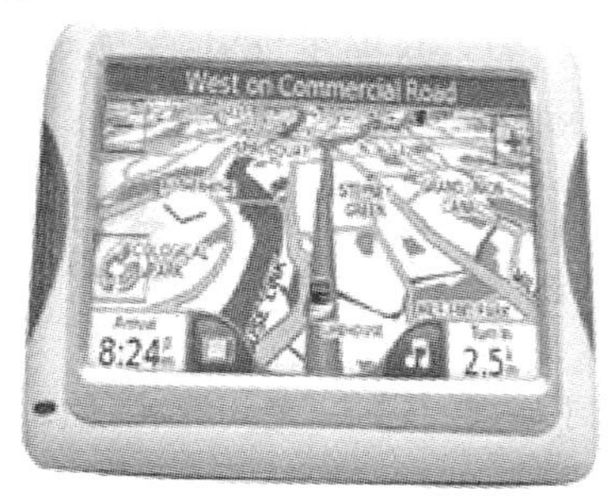

1989 年,一群认真专注的工程师和一个伟大的产品构想,造就了今日全球卫星定位导航系统的领导品牌 GARMIN—兼具最佳的销售成绩与专业技术。由制造当初在波斯湾战争中被联军采用的第一台手持 GPS,到现今成为 GPS 的第一品牌,GARMIN 的产品以更优良的功能和用途远远超越传统 GPS 接收器,并为 GPS 立下一崭新的里程碑。

为了缓解当时“沙漠风暴”行动时军用 GPS 接收装置短缺的问题,美军考虑购买民用 GPS 接收装置。民用接收装置的导航功能和军用装置完全一样,只不过不能识别军用加密信号而已。因此,到了“沙漠盾牌”军事行动的时候,美国国防部就提前购买了数千套民用 GPS 接收装置装备各参战部队,占到了所有的 5300 套接收装置的 85% 。

③GPS 在个人定位中的应用

国内首款语音彩信 GPS 定位器昱读全资科技语音彩信 GPS 定位器为列,它内置全国的地图数据,无需后 台支持,结合了 GPS 全球定位系统、GSM 通信技术、嵌入式语音播报技术、GIS 技术、GIS 搜索引擎、图像处理技术和图像传输技术,直接回复终端中文地址、彩信、或语音播报地理位置。

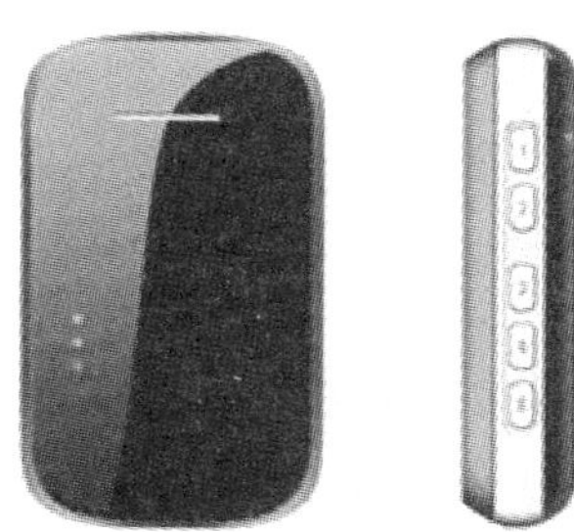

④GPS 在汽车导航和交通管理中的应用

三维导航是 GPS 的首要功能,飞机、轮船、地面车辆以及步行者都可以利用 GPS 导航器进行导航。汽车导航系统是在全球定位系统 GPS 基础上发展起来的一门新型技术。汽车导航系统由 GPS 导航、自律导航、微处理机、车速传感器、陀螺传感器、CD - ROM 驱动器、LCD 显示器组成。GPS 导航系统与电子地图、无线电通信网络、计算机车辆管理信息系统相结合,可以实现车辆跟踪和交通管理等许多功能。

⑤GPS 技术在导航仪中的应用举例

国际领先 GPS 导航仪品牌:Ahada(艾航达)——源自美国硅谷,现已登录中国。

产品核心功能:

○地图查询

◎可以在操作终端上搜索你要去的目的地位置。

◎可以记录你常要去的地方的位置信息，并保留下来，也和可以和别人共享这些位置信息。

◎模糊的查询你附件或某个位置附近的如加油站、宾馆、取款机等信息。

○路线规划

◎GPS 导航系统会根据你设定的起始点和目的地，自动规划一条线路。

◎规划线路可以设定是否要经过某些途径点。

◎规划线路可以设定是否避开高速等功能。

○自动导航

◎语音导航。

◎画面导航。

◎重新规划线路。

Ⅳ. 内插法及误差基础篇

第一章　内插法

第一节　比例内插（线性内插）

一、内插法定义及分类

1. 内插法定义

在航海数值计算中，经常要用到一些专用表册，如：航海表、吃水差表等等，这些表册都是按一定的函数关系编排的，如：

$$y=f(x)$$

根据已知的 x 值，查表可求得 y 值，但是表内不可能一一列出全部 y 值，当所求的函数值 y 正好在两表列数值之间，利用表列数据间的引数求 y 值的方法称为内插法。

2. 内插法分类

(1)按使用目的分

正内插——已知引数求函数。

反内插——已知函数求引数。

(2)按引数的个数分

单内插、双内插、三内插。

(3)按函数的性质分

线性内插、变率内插、高次内插。

二、比例单内插（一元函数 $y=f(x)$）

1. 比例正内插

已知 x 求 y。

$$y=f(x)$$

引数	函数值
x_0	y_0
x_1	y_1
……	……

比率内插公式（如图Ⅳ－1－1）

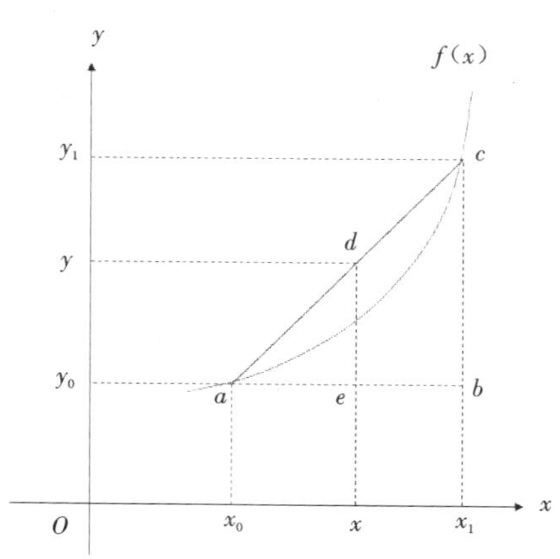

图Ⅳ -1-1

$$\frac{y-y_0}{y_1-y_0}=\frac{x-x_0}{x_1-x_0}$$

$$y=y_0+\frac{x-x_0}{x_1-x_0}(y_1-y_0)$$

$$y=y_0+\frac{y_1-y_0}{x_1-x_0}(x-x_0)$$

2. 比率内插的几何意义

用表列引数两点的直线代替曲线进行内插,即以弦代替曲线进行内插。

结论:

(1)$f(x)$为线性函数,求得的 y 值没有误差。

(2)$f(x)$为非线性函数,求得的 y 值有误差。

①只要在误差允许的范围内,均可采用线性内插。

②对非线性函数,表间距越小,利用线性内插求得的函数值的误差越小。但是表的篇幅会增大。

例题Ⅳ -1-1 根据表Ⅳ -1-1,求出当 $x=2.45$ 时的 y 值。

表Ⅳ -1-1

x	$y=x^2$
1	1
2	4
3	9
4	16

解:

$$y=y_0+\frac{x-x_0}{x_1-x_0}(y_1-y_0)=4+\frac{2.45-2}{3-2}(9-4)=6.25$$

三、比例双内插(二元函数)

当函数有两个自变量时,用比例双内插求近似解。这种两个引数的函数比例内插方法称为比例双内插。

1. 按照单内插法解决双内插

例题Ⅳ -1 -2 设物标高 h,垂直角 α,水平距离 $D = h\cot\alpha$,利用该式编表Ⅳ - 1 - 2 如下:

表Ⅳ -1 -2

α \ h	10	13.4	20
3	6.2		12.3
4	4.6	6.2	9.3
5	3.7		7.4

(1)求 $\alpha = 4'$, $h = 13.4$ m 时的 D?

解: $D = D_0 + \dfrac{D_1 - D_0}{h_1 - h_0}(h - h_0) = 4.6 + \dfrac{9.3 + 4.6}{20 - 10}(13.4 - 10) = 6.2\text{n mile}$

(2)求 $\alpha = 5'$, $h = 13.4$ m 时的 D?

解: $D = D_0 + \dfrac{D_1 - D_0}{h_1 - h_0}(h - h_0) = 3.7 + \dfrac{7.4 - 3.7}{20 - 10}(13.4 - 10) = 5.0\text{n mile}$

(3)求 $\alpha = 4'.4$, $h = 13.4$ m 时的 D?

解: $D = 6.2 + \dfrac{5.0 - 6.2}{5 - 4}(4.4 - 4) = 5.7\text{n mile}$

结果如表Ⅳ -1 -3 所示。

表Ⅳ -1 -3

α \ h	10	13.4	20
3	6.2		12.3
4	4.6	6.2	9.3
4.4		5.7	
5	3.7	5.0	7.4

2. 按照比例双内插的公式计算

设有二元函数 $z = f(x, y)$,对应数值为如表Ⅳ -1 -4。

表Ⅳ -1 -4

x / y / z	x_0	x_1
y_0	z_{00}	z_{10}
y_1	z_{01}	z_{11}

仿照比例单内插的公式,有

$$z = z_{00} + \frac{x - x_0}{x_1 - x_0}(z_{10} - z_{00}) + \frac{y - y_0}{y_1 - y_0}(z_{01} - z_{00})$$

例题Ⅳ -1 -3 求 $\alpha = 4'.4$, $h = 13.4$ m 时的 D? 如表Ⅳ -1 -5 所示。

表Ⅳ -1 -5

h / α	10	13.4	20
3	6.2		12.3
4	4.6		9.3
4.4		5.8	
5	3.7		7.4

$$z = z_{00} + \frac{z_{10} - z_{00}}{x_1 - x_0}(x - x_0) + \frac{z_{01} - z_{00}}{y_1 - y_0}(y - y_0)$$

$$z = 4.6 + \frac{9.3 - 4.6}{20 - 10}(13.4 - 10) + \frac{3.7 - 4.6}{5 - 4}(4.4 - 4) = 5.8\text{n mile}$$

第二节 变率内插

当函数是非线性函数时,如果用比例内插计算将会导致一定的计算误差,为了尽量减小该误差,则引进了变率内插。

一、变率单内插(一元函数)

已知比例内插计算公式:

$$y = y_0 + \frac{y_1 - y_0}{x_1 - x_0}(x - x_0)$$

利用表中给出的函数变化率进行内插。

将比例内插计算公式改写成变率内插公式:

$$y = y_0 + \frac{\mathrm{d}y}{\mathrm{d}x}(x - x_0)$$

例题Ⅳ -1 -4 用 $y = x^2$ 造表,求 $x = 2.3$ 时的 y? 如表Ⅳ -1 -6 所示。

表Ⅳ -1 -6

x	y	$\frac{dy}{dx}$
2	4	4
3	9	6
4	16	8

解:

(1)用比例内插

$y=5.5$

(2)用 $x=2$ 变率内插

$y=4+4(2.3-2)=5.2$

(3)用 $x=3$ 变率内插

$y=9+6(2.3-3)=4.8$

(4)用 $y=x^2$ 直接计算

$y=5.29$

分析:

①比例内插误差大;

②$x=2$ 的变率内插较准。

结论:

使用变率内插时,为减小误差,应使用最接近实际引数的表列引数所对应的函数为基准 。

变率内插的几何意义:

二、变率内插的几何意义(如图Ⅳ -1 -2 所示)

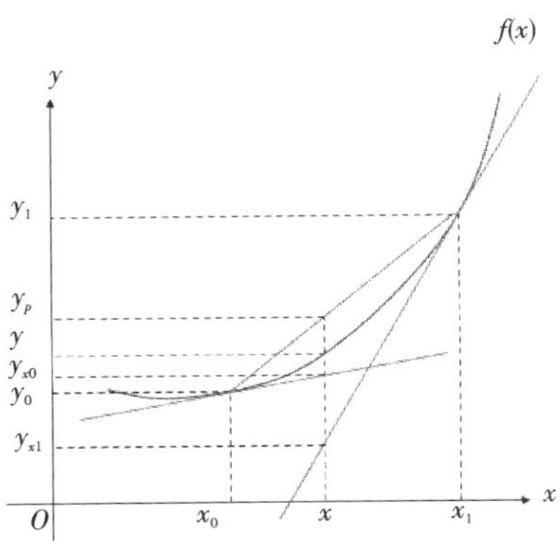

图Ⅳ -1 -2

准确值 y。

按比例内插,为 y_p。

按 x_0 变率内插,为 y_{x0}。

按 x_1 变率内插,为 y_{x1}。

y_{x0} 最接近准确值 y。

综上所述:

查算由非线性函数造的函数表,不论用比例内插还是变率内插都会导致一定的误差。在精度允许的情况下可采用任意一种方法计算。在航海实际工作中大多数采用比例内插。

第二章　误差理论基础

对未知量进行测量的过程,称为观测。进行多次测量时,观测值之间往往存在差异。这种差异实质上是观测值与其真实值之间差异的表现,这种差异称为测量误差或观测误差。

航海中需要通过各种观测手段及时准确地确定船舶所在的位置,这就是船舶定位。船舶定位是测量学的一个分支。由于每一个经观测得到的船位必定存在误差,这就要求航海人员根据误差理论,对船位误差做出定性分析,在原有精度的基础上得到最佳观测结果,避免航海定位的盲目性,从而作出正确的判断,以保证船舶在航线上的安全。

航海专业学习航海学、航海天文、无线电导航等课程都涉及到误差分析,误差理论是学习上述专业课程必要的基础。

第一节　观测误差

一、观测方法

1. 按观测结果分

(1)直接观测

用测量仪器或器材直接测量所求量,无需对所求量与其他实测的量进行函数关系的辅助计算,而直接得到所求量值的方法称为直接观测法。

(2)间接观测

通过一个或多个直接观测值与所求量的函数关系间接求出测定结果的方法。

2. 按观测条件分

(1)等精度观测

对一个观测量,在相同观测条件下进行重复观测,对每一次观测的信赖程度均相同。

(2)非等精度观测

对一个观测量,在不同观测条件下进行重复观测,对每一次观测的信赖程度均不相同。

在实际工作中,应用上述两种方法观测时又可分为:等精度直接观测、等精度间接观测、非等精度直接观测和非等精度间接观测。

二、观测误差

对未知量进行测量所获得的数值称为观测值。任何一个观测量,客观上总存在着一个能代表其真正大小的数值,这一数值称该观测量的真值。事实上,真值是不可能测到的。进行多次测量时,观测值之间往往存在差异。这种差异实质上表现为观测值与其真实值之间的差异,这种差异称为测量误差或观测误差。

一般用 Δ 表示观测误差，l 表示观测值，X 表示真值，则

$$\Delta = l - X$$

观测误差反映了观测值偏离真值的程度，故又称其为真误差。

真值与观测值之差称作改正量，记作 Δ'，即

$$\Delta' = X - l$$

显然，观测误差与改正量大小相等符号相反。在航海观测的数据处理中，习惯将改正量称为误差。例如：六分仪指标差、磁差、自差、罗经差等，均指改正量。

三、观测误差产生的原因

误差不可避免的存在于每一次观测中，因此航海人员在观测过程中必须了解误差产生的原因，从而指导航海人员改进观测方法，提高观测水平。

观测误差产生的原因主要有以下四个方面：

1. 观测者视觉鉴别能力和技术水平

由于观测者感觉器官鉴别能力有一定的局限性，在仪器安置、照准、读数等方面都会产生偏差。同时观测者的技术水平、工作态度及工作状态都会对测量的质量产生直接影响。

2. 仪器、工具的精密程度

每种仪器有一定限度的精密程度，因而观测值的精确度也必然受到一定的限度。同时仪器本身在设计、制造、安装、校正等方面也存在一定的误差，如作图比例尺的刻度误差、仪器的偏心等。

3. 观测时外界条件的好坏

观测时所处的外界条件，如温度、湿度、风力、气压的变化，大气折光等因素都会对观测结果产生一定的影响。外界条件发生变化，观测值将随之变化。

上述三方面的因素是引起观测误差的主要来源，因此把这三方面因素综合起来称为观测条件。观测条件的好坏与观测成果的质量有着密切的联系。

4. 测量数据处理的近似程度

测量数据处理时四舍五入。使用的测量原理和测量方法不尽准确。如间接测量时，由于使用函数本身就是一个近似公式，由此产生的误差称为间接测量误差。

四、误差的分类

观测误差按其对观测成果的影响性质，可分为粗差、系统误差和随机误差三种，即

$$\Delta = \Delta_1 + \Delta_2 + \Delta_3$$

1. 粗差（过失误差）

观测过程中，由于观测者各种失误或观测方法的谬误产生的误差，称作粗差或过失误差，粗差超过观测误差允许值，是一种大级量的观测误差。

粗差产生原因主要是：

（1）观测者疏忽大意、失职，如计算错误、用错公式、认错物标及读错数据等。

（2）观测仪器、仪表发生故障或受外界干扰失灵等。

这类误差无规则可寻,含有粗差的观测值不能使用,在航海中,粗差是不允许发生的,一旦发生,若不能及时发现和纠正,将影响船舶的安全航行。因此,在观测中应尽量避免粗差产生。可以通过重复观测,采用严密的验算、复核等方法有效地发现粗差并消除。

2. 系统误差(恒定误差)

在相同的观测条件下,对同一量反复观测时,如果误差的绝对值和符号总是保持恒定,使测量结果永远偏向一个方向,或者在观测过程中按一定的规律变化,或者为某一常数,这种测量误差称为系统误差或恒定误差。简言之,符合函数规律的误差称为系统误差。

系统误差的产生与下列因素有关:

(1)测量仪器的不完善,仪器本身的缺陷或者安装调试不妥。如仪器零点位未调好,引起零点位误差;应该放置水平的仪器未放水平等。

(2)仪器使用时的环境因素等外界条件的影响。

(3)观测数据处理理论和方法不够完善,引起理论与观测数据偏差。

(4)测量者个人的习惯性误差。如记录某一信号的时间总是滞后,有的人对颜色的感觉不灵敏或读数时眼睛的位置总是偏高或偏低等。

系统误差是恒差,无法用增加观测次数的方式消除。系统误差对观测结果影响较大,且一般具有累积性,应尽可能消除或限制到最小程度。航海中观测结果是否正确,往往在于系统误差是否被发现并尽可能消除,因此对系统误差不能忽视。

其常用的处理方法有:

(1)对于不便计算改正,又不能采用一定观测方法消除的系统误差,可精确调整检校仪器,把系统误差降低到最小程度,如磁罗经自差的消除等。

(2)了解系统误差的规律,用适当的方法求出它的数值予以修正,在观测结果中加入系统误差改正数。如六分仪测水平角、垂直角时指标差和器差的改正。

(3)采用适当的观测方法,或采用几种不同的观测技术、观测方式,确定误差的性质使系统误差相互抵消或减弱,如测水平角时采用盘左、盘右观测,水准测量限制前后视视距差等。

3. 随机误差(偶然误差)

在一定的观测条件下作一系列观测,若误差的大小及符号都表现出随机性,即从单个误差来看,该误差的大小及符号没有规律,但对大量误差进行统计分析,则呈现出规律性,且误差个数越多,其规律性越明显,这类误差称为随机误差或偶然误差。

随机误差的发生是由于观测时各种随机因素的综合影响而产生的。在航海中,船舶摇摆、观测环境光线明暗、仪器内部温度和电压的微小变化、观测者身体状况和观测水平的差异等,使得观测误差具有偶然性。随机误差是不可避免的,且其数值又无法确定,因而也不能改正和消除。但通过大量实践并结合误差理论知识,可以充分了解随机误差的性质、掌握其规律并采取相应的措施,使它对观测结果的影响达到最小。

随机误差是服从正态分布的随机变量,是误差理论主要研究的对象。

在观测误差中,一般粗差值大大超过系统误差或随机误差。粗差可以发现并剔除,系统误差可以改正,随机误差则不可避免,并且无法消除。随机误差是在消除了粗差和系统误差之后占主导地位的观测误差。

五、观测结果的评定

对观测结果进行总体评定时候，在消除粗差后，应把系统误差和随机误差联系在一起评定结果的精度，即精密度、准确度和精确度。

(1)精密度：表示观测值的离散程度，反映随机误差对测量结果的影响。

(2)准确度：表示观测值与真值的偏离程度，反映系统误差对测量结果的影响。

(3)精确度：表示测量值重复性以及接近真值的程度，是对系统误差和随机误差综合描述。

观测精度反映观测值接近真值的程度。

观测误差与观测精度本质上相同，都是用来描述观测结果的可信赖程度的，通过实践可知，误差大则观测精度低；误差小则观测精度高。

第二节　随机误差

一、随机误差的性质

设在同一观测条件下，重复观测了 358 个三角形的全部内角，由于观测值含有随机误差，故平面三角形内角之和不一定等于真值 180°（如表Ⅳ－2－1）。

表Ⅳ－2－1

误差区间 dΔ	正误差		负误差		合计	
	个数 k	频率$\frac{k}{n}$	个数 k	频率$\frac{k}{n}$	个数 k	频率$\frac{k}{n}$
0″～3″	45	0.126	46	0.128	91	0.254
3″～6″	40	0.112	41	0.115	81	0.227
6″～9″	33	0.092	33	0.092	66	0.184
9″～12″	23	0.064	21	0.059	44	0.123
12″～15″	17	0.047	16	0.045	33	0.092
15″～18″	13	0.036	13	0.036	26	0.072
18″～21″	6	0.017	5	0.014	11	0.031
21″～24″	4	0.011	2	0.006	6	0.017
>24″	0	0	0	0	0	0
$\sum$	181	0.505	177	0.495	358	1.00

由表Ⅳ－2－1 可发现：

误差区间在 6″～9″的正误差和负误差出现个数均为 33 个，误差区间在 15″～18″的正误差和负误差出现个数均为 13 个，误差区间在 0″～3″的误差有 91 个，而误差区间在 21″～24″的误差仅有 6 个，误差最大值 24″。

通过大量实例分析，随机误差有如下性质：

(1)一定的观测条件下，随机误差的绝对值不会超过一定的限值；

(2)绝对值较小的误差比绝对值大的误差出现的概率大；

(3)绝对值相等的正、负误差出现的概率相同；

(4)同一量的等精度观测，其随机误差的算术平均值，随着观测次数的无限增加而趋近于零。

用图示法可以直观地表示随机误差的分布。按表Ⅳ－2－1 的数据，以误差大小为横坐标，以频率$\frac{k}{n}$与区间 dΔ 的比值为纵坐标，如图Ⅳ－2－1 所示。这种图称为频率直方图。

显然，当误差个数 $n\to\infty$，误差区间 $d\Delta\to 0$，图Ⅳ－2－1 中各矩形的顶边折线就成为一条光滑的曲线，该曲线称为误差分布曲线。

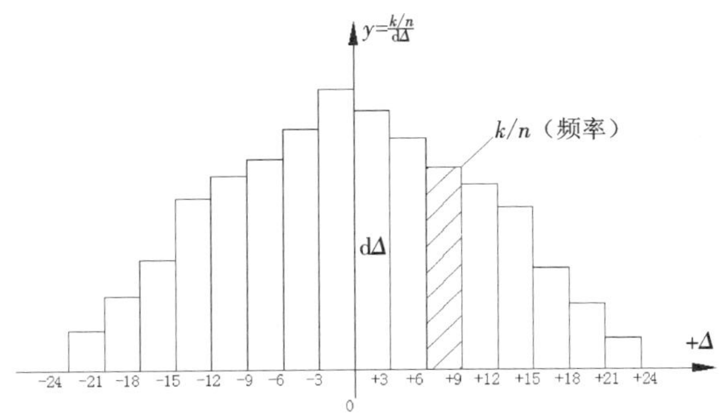

图Ⅳ－2－1

二、随机误差的概率分布函数

1809 年德国数学家高斯在研究误差理论时证明，随机误差值与其出现的概率之间存在某种关系，当观测次数趋向无穷时随机误差服从正态分布。

其概率密度函数为：

$$f(\Delta)=\frac{1}{\sigma\sqrt{2\pi}}e^{-\frac{\Delta^2}{2\sigma^2}}$$

标准正态分布曲线如图Ⅳ－2－2 所示。

正态分布曲线上任一点的纵坐标 $f(\Delta)$ 均为横坐标 Δ 的函数。

σ 为曲线拐点处的横坐标，它是表示随机误差分散的重要参数。σ 越小，测量精密度越高，曲线越陡，峰值越高，随机误差越集中，测量重复性越好。

图Ⅳ－2－3 是不同 σ 值时 $f(\Delta)$ 的曲线。σ 值小，曲线陡且峰值高，说明测量值的误差集中，小误差占优势，各测量值的分散性小，重复性好。反之，σ 值大，曲线较平坦，各测量值的分散性大，重复性差。

从图Ⅳ－2－3 中可以看出随机误差分布曲线具有以下特征：

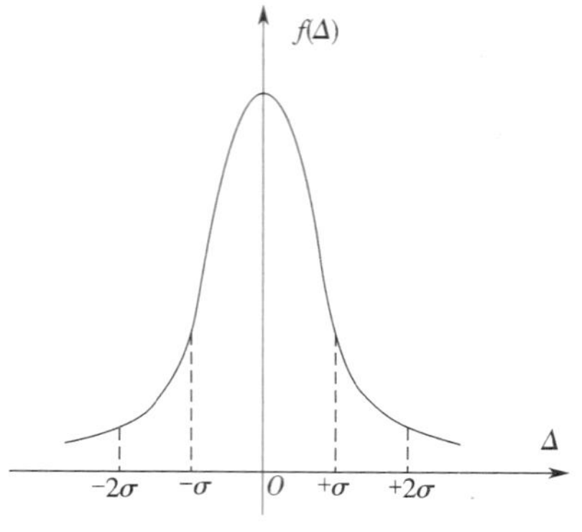

图Ⅳ－2－2

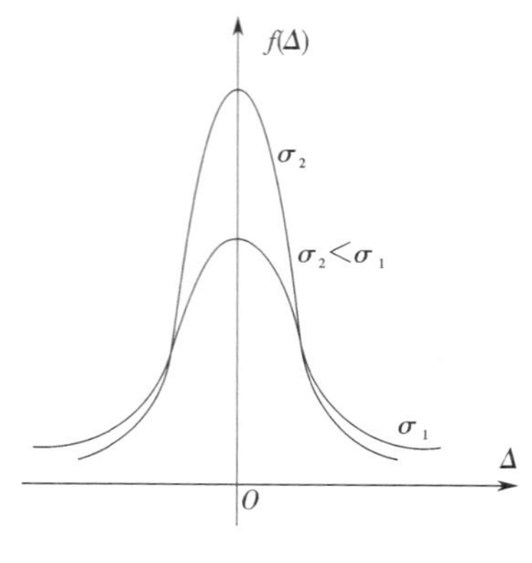

图Ⅳ－2－3

(1)单峰性

在 $\Delta=0$ 处,随机误差分布曲线有一峰值 $f(0)=\dfrac{1}{\sigma\sqrt{2\pi}}$。随着 $|\Delta|$ 的增大,$f(\Delta)$ 按指数规律减小,其拐点位于 $\Delta=\pm\sigma$ 处,曲线接近横轴时趋于平缓并以横轴为渐近线。由此可知小误差出现的概率大。在航海实践中,当观测次数很少时,只要观测认真,仪器正常,即排除了粗差和系统误差,则可认为观测值基本可信。

(2)对称性

显然,随机误差分布曲线对称于纵轴,因此,绝对值相等的正误差和负误差出现的概率相等。在航海观测中,如果排除了粗差和系统误差的影响,将多次观测值相加后除以观测次数,由于不少大小相等,符号相反的误差值相互抵消,故得到的算术平均值 $\dfrac{l_1+l_2+\cdots+l_n}{n}$ 更接近真值。

(3)有界性

在一定条件下,当随机误差 超过某一量时,$f(\Delta)\to 0$,故绝对值很大的误差出现的概率趋于零。即在有限次观测中,随机误差的绝对值不会超过一定的限度。

(4)抵偿性

随机误差的算术平均值随着测量次数的增加而越来越接近零,当观测次数趋向无穷时,随机误差的算术平均值以零为极限。即

$$\lim_{n\to\infty}\frac{[\Delta]}{n}=\lim_{n\to\infty}\frac{\sum_{i=1}^{n}\Delta_i}{n}=\lim_{n\to\infty}\frac{\Delta_1+\Delta_2+\cdots+\Delta_n}{n}=0$$

上式中“$[\Delta]$”为高斯取和符号,即 $[x]=\sum_{i=1}^{n}x_i$

三、随机误差的概率分布

由于 $P(\Delta<+\infty)=\int_{-\infty}^{+\infty}f(\Delta)\,\mathrm{d}\Delta=\int_{-\infty}^{+\infty}\frac{1}{\sigma\sqrt{2\pi}}\mathrm{e}^{-\frac{\Delta^2}{2\sigma^2}}\mathrm{d}\Delta=1$,所以随机误差是客观存在的必然事件。

为了统计随机误差的概率分布,将概率密度函数在区间$(-\delta,+\delta)$上积分,得到随机误差落在该区间内的概率。

$$P(-\delta\leqslant\Delta<\delta)=\int_{-\delta}^{\delta}f(\Delta)\,\mathrm{d}\Delta=\frac{1}{\sigma\sqrt{2\pi}}\int_{-\delta}^{\delta}\mathrm{e}^{-\frac{\Delta^2}{2\sigma^2}}\mathrm{d}\Delta$$

由于$f(\Delta)$为偶函数,则上式可写成

$$P(-\delta\leqslant\Delta<\delta)=\frac{2}{\sigma\sqrt{2\pi}}\int_{0}^{\delta}\mathrm{e}^{-\frac{\Delta^2}{2\sigma^2}}\mathrm{d}\Delta$$

令 $k=\frac{\delta}{\sigma}$则 $\delta=k\sigma$

$$P(-\delta\leqslant\Delta<\delta)=P(-k\sigma\leqslant\Delta<k\sigma)=\frac{2}{\sigma\sqrt{2\pi}}\int_{0}^{k\sigma}\mathrm{e}^{-\frac{\Delta^2}{2\sigma^2}}\mathrm{d}\Delta$$

为简化积分,令 $\Delta=t\sigma$,则 $\mathrm{d}\Delta=\sigma\mathrm{d}t$

$\Delta=0$ 时,$t=0$;$\Delta=k\sigma$ 时,$t=k$

$$P(-k\sigma\leqslant\Delta<k\sigma)=\frac{2}{\sqrt{2\pi}}\int_{0}^{k}\mathrm{e}^{-\frac{t^2}{2}}\mathrm{d}t$$

由于被积函数 $\mathrm{e}^{-\frac{t^2}{2}}$没有原函数,所以将其展开为幂级数近似计算。

$$\begin{aligned}P(-\delta\leqslant\Delta<\delta)&=P(-k\sigma\leqslant\Delta<k\sigma)\\&=\frac{2}{\sqrt{2\pi}}\int_{0}^{k}\left[1-\frac{t^2}{2}+\frac{1}{2!}\left(-\frac{t^2}{2}\right)^2+\frac{1}{3!}\left(-\frac{t^2}{2}\right)^3+\frac{1}{4!}\left(-\frac{t^2}{2}\right)^4+\cdots\right]\mathrm{d}t\\&=\frac{2}{\sqrt{2\pi}}\left[t-\frac{t^3}{6}+\frac{t^5}{40}-\frac{t^7}{336}+\frac{t^9}{3\,456}-\cdots\right]_o^k\\&=\frac{2}{\sqrt{2\pi}}\left[k-\frac{k^3}{6}+\frac{k^5}{40}-\frac{k^7}{336}+\frac{k^9}{3\,456}-\cdots\right]\end{aligned}$$

当 $k=1$,$P(-\sigma\leqslant\Delta<\sigma)\approx68.3\%$

当 $k=2$,$P(-2\sigma\leqslant\Delta<2\sigma)\approx95.4\%$

当 $k=3$，$P(-3\sigma\leqslant\Delta<3\sigma)\approx 99.7\%$

四、极限误差和置信区间

1. 极限误差

由随机误差的特性可知，在一定的观测条件下，随机误差的绝对值不会超过一定的限值，这个限值就是极限误差。

在一组等精度观测值中，$P(-\sigma\leqslant\Delta<\sigma)\approx 68.3\%$，表示真误差落在$(-\sigma,\sigma)$内的概率等于0.683，而真误差在$\pm\sigma$范围以外的个数约占误差总数的32%。

$P(-2\sigma\leqslant\Delta<2\sigma)\approx 95.4\%$，表示真误差落在$(-2\sigma,2\sigma)$内的概率等于0.954，在$\pm 2\sigma$范围以外的个数约占4.5%。

$P(-3\sigma\leqslant\Delta<3\sigma)\approx 99.7\%$，表示真误差落在$(-3\sigma,3\sigma)$内的概率等于0.997，在$\pm 3\sigma$范围以外的个数只占0.3%，即在1 000次测量中只有3次测量的误差绝对值可能会超过3σ。由于在一般测量中次数很少超过几十次，可以确定测量误差超出$\pm 3\sigma$范围的大误差出现概率是很小的。因此可以认为$\pm 3\sigma$是真误差实际出现的极限，称3σ为极限误差。

2. 置信区间

$P(-\sigma\leqslant\Delta<\sigma)$称作置信概率，$(-\sigma,\sigma)$就是68.3%的置信概率对应的置信区间。只要给出置信区间和相应的置信概率就可以表达观测结果的精密度。

一般极限误差作为观测值取舍的判定标准，绝对值大于3σ的误差视为粗差。但在航海实践中，观测次数一般较少，为3～5次，这就要求有较高的观测精度，因此航海上以2σ为极限误差，在进行数据处理时，将误差绝对值超过2σ的数值作为粗差剔除，以确保观测结果的准确性。

第三节　观测值精度的衡量标准

在相同观测条件下，对某一量所进行的一组观测，对应着同一种误差分布，为了衡量观测值的精度高低，显然可以用前面介绍的方法，绘出频率直方图或误差分布表加以分析来衡量。但这样做在实际应用上十分不便，同时又缺乏一个简单的关于精度的数值概念。因此，需要一个能反映误差分布的密集或离散程度的定量的尺度，作为衡量误差精度的标准。

一、几种常用的衡量误差精度的指标

1. 标准误差（均方根误差）σ

设对某量进行了n次观测，其观测值为$l_1,l_2,\cdots,l_n$，假定观测量的真值为X，则误差$\Delta_i=l_i-X(i=1,2,\cdots,n)$，定义标准误差为

$$\sigma=\pm\sqrt{\frac{[\Delta\Delta]}{n}}=\pm\sqrt{\frac{\sum_{i=1}^{n}\Delta_i^2}{n}}=\pm\sqrt{\frac{\Delta_1^2+\Delta_2^2+\cdots+\Delta_n^2}{n}}$$

在误差理论中,一般定义标准误差为 $\sigma = \pm \lim\limits_{n\to\infty}\sqrt{\dfrac{[\Delta\Delta]}{n}}$,而将 $m = \pm\sqrt{\dfrac{[\Delta\Delta]}{n}}$ 称作中误差,在航海观测中约定俗成将 $\sigma = \pm\sqrt{\dfrac{[\Delta\Delta]}{n}}$ 称作标准误差。

标准误差 $\sigma = \pm\sqrt{\dfrac{[\Delta\Delta]}{n}}$ 是理论公式,由于真误差 $= l - X$ 在实际观测中一般不能取得,所以不能用于计算。在航海工作中,一般以标准误差作为随机误差观测精度的衡量标准。

由于随机误差的概率密度函数为指数函数,即 X

$$y = f(\Delta) = \frac{2}{\sigma\sqrt{2\pi}}\mathrm{e}^{-\frac{\Delta^2}{2\sigma^2}}$$

其指数 $-\dfrac{\Delta^2}{2\sigma^2} \leqslant 0$,所以 $\mathrm{e}^{-\frac{\Delta^2}{2\sigma^2}} \leqslant 1$,则 $y = f(\Delta) = \dfrac{2}{\sigma\sqrt{2\pi}}$ 为最大值。

其中:Δ 为随机误差值;

σ 为该列观测的标准误差。

不同精度的误差分布曲线如图Ⅳ-2-4 所示。在一组观测值中,当小误差比较集中时,σ_1 较小,则曲线形状较陡峭,如图Ⅳ-2-4 中 $f_1(\Delta)$,表示该组观测精度较高;σ_2 较大,其误差分布比较离散,曲线形状较平缓,如图Ⅳ-2-4 中 $f_2(\Delta)$,表明该组观测精度较低。

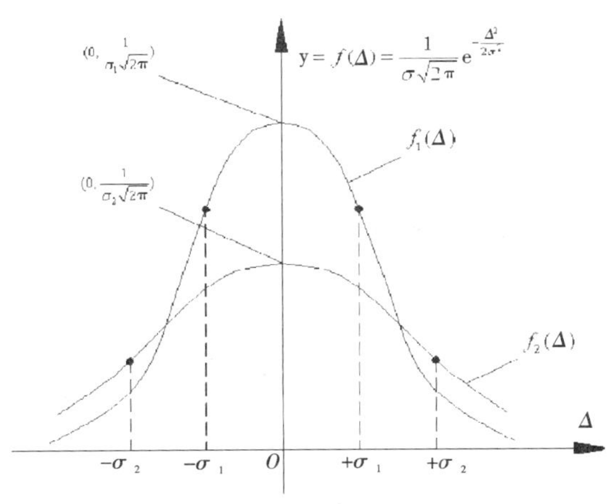

图Ⅳ-2-4

如果令 $f(\Delta)$ 的二阶导数等于 0,可求得曲线拐点的横坐标:

$$f''(\Delta) = \frac{1}{\sigma^3\sqrt{2\pi}}\left(\frac{\Delta^2}{\sigma^2} - 1\right)\mathrm{e}^{-\frac{\Delta^2}{2\sigma^2}} = 0,\text{则}$$

$$\Delta = \pm\sigma$$

也就是说,标准误差的几何意义为随机误差分布曲线上两个拐点的横坐标。

例题Ⅳ-2-1 设某角的真值为 63°43′.3,测量 5 次如表Ⅳ-2-2 所示,求该组观测的标准误差。

表Ⅳ-2-2

观测次序	观测值 l_i	真误差$_i$	误差平方$_i^2$
1	63°42′.7	-0′.6	0.36
2	63°43′.8	+0′.5	0.25
3	63°43′.5	+0′.2	0.04
4	63°42′.4	-0′.9	0.81
5	63°43′.6	+0′.3	0.09
求和			[ΔΔ]=1.55

解：

$$\sigma = \pm\sqrt{\frac{[\Delta\Delta]}{n}} = \pm\sqrt{\frac{1.55}{n}} = \pm 0'.56$$

则该组观测的标准误差为 ±0′.56。以后在与该组观测同样的观测条件下，每观测一次，其观测精度就是 ±0′.56。

2. 平均误差 θ

随机误差绝对值的算术平均值称作平均误差，记作 θ

$$\theta = \frac{[|\Delta|]}{n} = \frac{\sum_{i=1}^{n}|\Delta_i|}{n} = \frac{|\Delta_1| + |\Delta_2| + \cdots + |\Delta_n|}{n}$$

3. 概率误差（或然误差）ρ

概率误差表示在一组观测值中，误差落在 $-\rho$ 和 $+\rho$ 之间的观测次数为总观测次数的 50%。

设 $\Delta_1, \Delta_2, \cdots, \Delta_n$ 为某一组观测误差，且 $|\Delta_1| < |\Delta_2| < \cdots < |\Delta_n|$。

当 n 为奇数时，概率误差为位置在中间的误差值，即

$$\rho = \Delta_{\frac{n+1}{2}}$$

当 n 为偶数时，概率误差为位置在中间的两个误差值的平均值，即

$$\rho = \frac{\Delta_{\frac{n}{2}} + \Delta_{\frac{n+2}{2}}}{2}$$

显然，用这种方法作为随机误差的衡量标准非常简便，在英、美、日等国家常用概率误差来衡量观测的精确度。

4. 标准误差 σ、平均误差 θ、概率误差 ρ 之间的关系

（1）标准误差 σ、平均误差 θ

$$\theta = \sqrt{\frac{2}{\pi}}\sigma \approx 0.797\,9\sigma \approx \frac{4}{5}\sigma$$

$$\sigma = \sqrt{\frac{2}{\pi}}\theta \approx 1.253\theta \approx \frac{4}{5}\theta$$

(2)标准误差 σ、概率误差 ρ

$$\rho \approx 0.6745\sigma \approx \frac{2}{3}\sigma$$

$$\sigma \approx 1.4826\rho \approx \frac{3}{2}\rho$$

例题Ⅳ -2 -2 设航海时分两组观测某角,其误差的绝对值分别如下(单位:分)

第一组	0.3	0.2	0.2	0.2	0.1	0.0	0.2	0.3	0.2	0.3
第二组	0.0	0.1	0.6	0.0	0.1	0.1	0.5	0.4	0.1	0.1

求两组观测值的标准差和平均误差。

解:直观地分析上述数据,可以看出,第一组数据离散程度小,测量精度较高。

$$\sigma_1 = \pm\sqrt{\frac{[\Delta\Delta]_1}{n}}$$

$$= \pm\sqrt{\frac{0.3^2+0.2^2+0.2^2+0.2^2+0.1^2+0.0^2+0.2^2+0.3^2+0.2^2+0.3^2}{10}} \approx 0.22$$

$$\sigma_2 = \pm\sqrt{\frac{[\Delta\Delta]_2}{n}}$$

$$= \pm\sqrt{\frac{0.0^2+0.1^2+0.6^2+0.0^2+0.1^2+0.1^2+0.5^2+0.4^2+0.1^2+0.1^2}{10}} \approx 0.28$$

$$\theta_1 = \frac{[|\Delta|]_1}{10} = \frac{0.3+0.2+0.2+0.2+0.1+0.0+0.2+0.3+0.2+0.3}{10} = 0.20$$

$$\theta_2 = \frac{[|\Delta|]_2}{10} = \frac{0.0+0.1+0.6+0.0+0.1+0.1+0.5+0.4+0.1+0.1}{10} = 0.20$$

两组观测数据,平均误差相同,标准误差相差较大,离散程度小的标准误差更准确。

第四节 误差传播定律

在观测值精度的衡量标准中通常以标准误差作为衡量精度的指标。但在实际工作中,某些未知量不可能或不便于直接进行观测,而需要由另一些直接观测量按照它们之间的函数关系计算出来,即观测结果与观测值之间存在着一定的函数关系。例如,测量不在同一水平面上两点间的距离 d,可以用测距仪测量斜距 h,用经纬仪测量夹角 α,按照 $d=h\cos\alpha$ 来计算。显然,函数 d 的标准误差与观测值 h 及 α 的标准误差之间必定存在某种联系。直接测量的结果有误差,由直接测量值经过运算而得到的间接测量的结果也会有误差,这就是误差的传递。

阐述观测值的标准误差与其函数(往往是观测结果)的标准误差之间的关系的定律,称为误差传播定律。

一、函数的误差传播定律

已知未知量 z 为独立自变量 x,y 的函数,即

$z=f(x,y)$

设 x,y 的独立观测值为 l_1,l_2，其相应的真误差为 x,y，由于 x,y 的存在，使函数 z 亦产生相应的真误差 z。函数 z 的全微分为

$$dz=\frac{\partial f}{\partial x}dx+\frac{\partial f}{\partial y}dy$$

因误差 $\Delta x,\Delta y,\Delta z$ 都很小，故在上式中，可用 $\Delta x,\Delta y,\Delta z$ 替代 dx,dy,dz，则

$$\Delta z=\frac{\partial f}{\partial x}\Delta x+\frac{\partial f}{\partial y}\Delta y$$

式中 $\frac{\partial f}{\partial x},\frac{\partial f}{\partial y}$ 为函数 $f(x,y)$ 对各自变量的偏导数。将 $x=l_x,y=l_y$ 代入各偏导数中，即为确定的常数，设 $\frac{\partial f}{\partial x}|_{x=l_x}=f_x,\frac{\partial f}{\partial y}|_{y=l_y}=f_y$，于是

$$\Delta z=f_x\Delta x+f_y\Delta y$$

为了求得二元函数和观测值之间的标准误差关系式，设想对 x,y 各进行了 n 次观测，则可写出 n 个关系式

$$\Delta z_1=f_x\Delta x_1+f_y\Delta y_1$$

$$\Delta z_2=f_x\Delta x_2+f_y\Delta y_2$$

……

$$\Delta z_n=f_x\Delta x_n+f_y\Delta y_n$$

上式两边平方后求和

$$\sum_{i=1}^{n}\Delta z_i\Delta z_i=f_x^2\sum_{i=1}^{n}\Delta x_i\Delta x_i+f_y^2\sum_{i=1}^{n}\Delta y_i\Delta y_i+2f_xf_y\sum_{i=1}^{n}\Delta y_i\Delta y_i$$

等式两端除以 n，用高斯取和符号"[ΔΔ]"可记作

$$\frac{[\Delta_z\Delta_z]}{n}=f_x^2\frac{[\Delta x\Delta x]}{n}+f_y^2\frac{[\Delta y\Delta y]}{n}+2f_xf_y\frac{[\Delta x\Delta x]}{n}$$

设对 x,y 的观测值 l_1,l_2 为彼此独立的观测，则 $\Delta x\Delta y$ 亦为偶然误差。根据偶然误差的特性可知，当 n 很大时，上式末项趋近于零，于是

$$\lim_{n\to\infty}\frac{[\Delta_z\Delta_z]}{n}=\lim_{n\to\infty}f_x^2\frac{[\Delta x\Delta x]}{n}+\lim_{n\to\infty}f_y^2\frac{[\Delta y\Delta y]}{n}$$

根据标准差定义，上式可写成

$\sigma_z^2=f_x^2\sigma_x^2+f_y^2\sigma_y^2$，即

$$\sigma_z=\pm\sqrt{\left(\frac{\partial f}{\partial x}\right)^2\sigma_x^2+\left(\frac{\partial f}{\partial y}\right)^2\sigma_y^2}$$

按上述方法，可证明当 $z=f(x_1,x_2,\cdots,x_n)$ 时

$$\sigma_z=\pm\sqrt{\left(\frac{\partial f}{\partial x_1}\right)^2\sigma_1^2+\left(\frac{\partial f}{\partial x_2}\right)^2\sigma_2^2+\cdots+\left(\frac{\partial f}{\partial x_n}\right)^2\sigma_n^2}$$

其中 $x_1,x_2,\cdots,x_n$ 为独立直接观测量，它们的标准差分别为 $\sigma_1,\sigma_2,\cdots,\sigma_n$。上式为计算函数标准误差的一般形式。应用上式时，必须注意各观测值是相互独立的变量，而当 l_i 为未知量 x_i

的直接观测值时，可认为各 l_i 之间满足相互独立的条件。

二、误差传播定律的应用

误差传递公式不仅可以用来计算间接测量值 z 的误差，而且还可以用来分析各直接测量值的误差对最后结果影响的大小。对于那些影响大的直接测量值，可预先考虑采取措施。

利用误差传播定律不难导出下面所列简单函数的误差传播规律。

1. $z=Ax$　　$\sigma_z=\pm A\sigma$

2. $z=x_1\pm x_2$　　$\sigma_z=\pm\sqrt{\sigma_1^2+\sigma_2^2}$

3. $z=Ax_1\pm Ax_2\pm\cdots\pm Ax_n$　　$\sigma_z=\pm\sqrt{A_1^2\sigma_1^2\pm A_2^2\sigma_2^2\pm\cdots\pm A_n^2\sigma_n^2}$

4. $z=x_1x_2$　　$\sigma_z=x_1x_2\sqrt{\left(\frac{\sigma_1^2}{x_1}\right)^2+\left(\frac{\sigma_2^2}{x_2}\right)^2}$

5. $z=x^n$　　$\sigma_z=nx^{n-1}\sigma$

6. $z=\sin x$　　$\sigma_z=\pm\cos x\sigma$

7. $z=\ln x$　　$\sigma_z=\frac{\sigma}{x}$

例题Ⅳ-2-3　水准测量，从 A 到 B 高差 $h_{AB}=+12.676$ m，其标准误差 $\sigma_{h_{AB}}=\pm0.009$ m，从 B 到 C 高差 $h_{BC}=+4.285$ m，标准误差 $\sigma_{h_{BC}}=\pm0.005$ m，求高差及其标准误差。

解： $h_{AC}=h_{AB}+h_{BC}=12.676+4.285=+16.961(\mathrm{m})$

$$\sigma_{h_{AC}}=\sqrt{\sigma_{h_{AB}}^2+\sigma_{h_{BC}}^2}=\sqrt{0.009^2+0.005^2}=0.010(\mathrm{m})$$

$$h_{Ac}=+16.961\pm0.010(\mathrm{m})$$

例题Ⅳ-2-4　用六分仪测船舶与物标之间的水平距离 $D=H\cot\alpha$，测得垂直角 $\alpha=1°20'.3$，物标高 $H=60$ m. 若 $\sigma_\alpha=\pm2'$，$\sigma_H=0.06$ m，求水平距离 D 及其标准误差。

解： $D=H\cot\alpha=60\times\cot1°20'.3=2\ 568\ \mathrm{m}\approx1.39\mathrm{n\ mile}$

$$\begin{aligned}\sigma_D&=\pm\sqrt{\left(\frac{\partial f}{\partial H}\right)^2\sigma_H^2+\left(\frac{\partial f}{\partial\alpha}\right)^2\sigma_\alpha^2}\\&=\pm\sqrt{\cot^2\alpha\sigma_H^2+\left(\frac{H}{-\sin^2\alpha}\right)^2\sigma_\alpha^2}\\&=\pm\sqrt{\cot 21°20.3'(0.06)^2+\left(\frac{60}{\sin 21°20'.3}\cdot\frac{2\pi}{60\times180}\right)^2}\\&=\pm79\ 35\ \mathrm{m}\approx\pm0.04\mathrm{n\ mile}\end{aligned}$$

三、观测的最概率值

1. 最概率值的计算

为了消除随机误差对观测结果的影响，需要对同一量进行反复多次观测，以期得到最可靠的结果，即最概率值。问题是最接近于真值的是哪一结果。

设对某未知量进行了一组等精度观测，观测次数 $n\to\infty$，观测值分别为 $l_1,l_2,\cdots,l_n$，其真值

X,相应的真误差为 $\Delta_1,\Delta_2,\cdots,\Delta_n$,则

$$\Delta_1=l_1-X,\Delta_2=l_2-X,\cdots,\Delta_n=l_n-X$$

以上等式两边求和后再除以观测次数 n,则

$$\lim_{n\to\infty}\frac{\Delta_1+\Delta_2+\cdots+\Delta_n}{n}=\lim_{n\to\infty}\frac{l_1+l_2+\cdots+l_n}{n}-X$$

$$\lim_{n\to\infty}\frac{[\Delta]}{n}=\lim_{n\to\infty}\frac{[l]}{n}-X$$

记 $\lim\limits_{n\to\infty}\frac{[l]}{n}$ 为 L,故 $\lim\limits_{n\to\infty}\frac{[\Delta]}{n}=\lim\limits_{n\to\infty}L-X$

根据随机误差的特性,绝对值相等的正、负误差出现的概率相等,则当观测次数 n 趋向无穷时,有 $\lim\limits_{n\to\infty}\frac{[\Delta\Delta]}{n}=0$,从而得到

$$X=L$$

即随着观测次数 n 趋向无穷大,由无穷多次观测值求出的算术平均值 L 就是观测量的真值 X。但无穷多次观测只是理论上的,在实践中是不可能实现的。因此,真值 X 也无法获得。这样,我们取有限次观测结果的算术平均值 $\bar{x}$ 作为该量最接近真值 X 的可靠值,称作最概率值。

$$\bar{x}=\frac{[l]}{n}\approx X$$

2. 最概率值的标准误差

设对某量进行 n 次等精度观测,观测值为 $l_1,l_2,\cdots,l_n$,各观测值的标准误差都相同,即

$$\sigma_1=\sigma_2=\cdots=\sigma_n=\sigma$$

最概率值是观测值的算术平均值

$$\bar{x}=\frac{[l]}{n}=\frac{1}{n}l_1+\frac{1}{n}l_2+\cdots+\frac{1}{n}l_n$$

记最概率值 $\bar{x}$ 的标准误差为 $\sigma_{\bar{x}}$,根据误差传播定律,观测值的算术平均值(最概率值)的标准误差为:

$$\sigma_{\bar{x}}=\pm\sqrt{\left(\frac{1}{n}\right)^2\sigma^2+\left(\frac{1}{n}\right)^2\sigma^2+\cdots+\left(\frac{1}{n}\right)^2\sigma^2}=\pm\frac{\sigma}{\sqrt{n}}$$

上式说明最概率值的标准误差是单一观测标准误差的 $\frac{1}{\sqrt{n}}$ 倍,即最概率值的精度是单一观测精度的 $\sqrt{n}$ 倍。

由 $\sigma_{\bar{x}}=\pm\frac{\sigma}{\sqrt{n}}$ 分析,观测结果精度的高低,决定于观测次数 n 的多少,观测次数越多,观测结果的精度就越高;反之就越低。然而,在实际观测中,事实并非完全如此。

设单一观测的标准误差为 σ。

当 $n=1$ 时,$\sigma_{\bar{x}}=\sigma$;当 $n=4$ 时,$\sigma_{\bar{x}}=\frac{\sigma}{2}$;观测次数仅由 1 次增加到 4 次,观测结果的精度

就提高了两倍。

然而，当 $n=10$ 时，$\sigma_{\bar{x}}=\frac{\sigma}{\sqrt{10}}$；当 $n=40$ 时，$\sigma_{\bar{x}}=\frac{\sigma}{2\sqrt{10}}$；此时若同样提高 2 倍的观测精度，观测次数须增加到 40 次。

在航海观测实际工作中，不可能进行过多次的观测，而且随着观测次数的增多，误差出现的机会也就更多，同时受多种综合因素的影响，观测不一定是等精度观测。因此，为了提高观测精度，应从提高观测水平出发，尽量提高单一观测精度，避免进行过多的重复观测。

第五节　最小二乘法求最概率值

利用算术平均值求最概率值是有一定条件限定的，即被观测对象值的变化相对于观测误差来说小到可以忽略的程度。对于更复杂的观测结果，我们需要利用最小二乘法求其最概率值。

一、残差及其性质

一组观测值中，单一观测值与最概率值（算术平均值）之差称作残差，残差也称改正数，记作 v。

$$v_i=l_i-\bar{x}(i=1,2,\cdots,n)$$

由于真差 $\Delta_i=l_i-X$ 一般无法得到，因此，在实际观测中往往以残差代替真差。

残差有如下性质：

(1)任一列等精度观测值的残差之和等于零，即

$$\sum_i v_i=[v]=0=0$$

对 n 个残差表达式两边求和

$$[v]=[l]-n\bar{x}$$

因为 $\bar{x}=\frac{[l]}{n}$，所以 $[v]=[l]-n\bar{x}=[v]=[l]-n\frac{[l]}{n}=0$

(2)任何一列等精度观测其残差平方和 $[vv]$ 最小

设 α 为一组等精度观测值 $l_1,l_2,\cdots,l_n$ 中任一值，且

$$\alpha\neq\bar{x},u_i=l_i-\alpha$$

$$\begin{cases}u_i=l_i-\alpha(i=1,2,\cdots,n)\\v_i=l_i-\bar{x}(i=1,2,\cdots,n)\end{cases}，则$$

$$u_i=v_i+\bar{x}-\alpha(i=1,2,\cdots,n)$$

令 $\varepsilon=\bar{x}-\alpha(\varepsilon\neq0)$，上式可写为

$$u_i=v_i+\varepsilon(i=1,2,\cdots,n)$$

将 n 个等式两边平方后求和得

$$\sum_{i=1}^{n} u_i^2 = \sum_{i=1}^{n} v_i^2 + 2\varepsilon \sum_{i=1}^{n} v_i + n\varepsilon^2,$$

也可记为

$$[uu] = [vv] + 2\varepsilon[v] + n\varepsilon^2,$$

因为$[v]=0$,则

$[uu]=[vv]+n\varepsilon^2$,其中等式右边第二项 $n\varepsilon^2>0$,显然 $[vv]<[uu]$

开始时已设定 α 为一组等精度观测值 $l_1,l_2,\cdots,l_n$ 中任一值,$\alpha\neq\bar{x}$,所以残差的平方和$[vv]$为最小值。

二、最小二乘法

残差的第二个性质在数学中称作最小二乘法原理。

由随机误差的性质可知,在一组观测值中,绝对值小的误差比绝对值大的误差出现的概率大,也就是说最概率值出现的机会最大。该理论同样适合残差。

设 n 次等精度观测中,L 为最概率值,则

$$v_i = l_i - l$$

由于随机误差服从正态分布,所以残差落在无穷小区间$(v_i, v_i+\Delta v_i)$内的概率

$$p_i = \frac{1}{\sigma\sqrt{2\pi}} e^{-\frac{v_i^2}{2\sigma^2}} \Delta v_i (i=1,2,\cdots,n)$$

残差 v_i 同时出现的概率为:

$$\begin{aligned} p &= p_1 p_2 p_3 \cdots p_n \\ &= \frac{1}{\sigma\sqrt{2\pi}} e^{-\frac{1}{2\sigma^2}(v_1^2+v_2^2+\cdots+v_n^2)} \Delta v_1 \Delta v_2 \cdots \Delta v_n \end{aligned}$$

要使上式得到最大值,则必须使有最小值。

也就是说,只有$[vv]$为最小值

$v_1^2+v_2^2+\cdots+v_n^2=\sum_{i=1}^{n} v_i^2=[vv]$时,概率 p 才最大,概率最大时,所对应的残差最小,残差最小所对应的那个值 L 即是最概率值 $\bar{x}$。

结论:当残差的平方和为最小时,所对应的那个值就是最概率值。或者说最概率值在能使残差的平方和为最小的条件下求出。

三、算术平均值与最小二乘法之间的关系

算术平均值与最小二乘法均可用来求最概率值。对等式 $v_i=l_i-L$ 两边平方后求和,则$[vv]=[ll]-2L[l]+n\varepsilon L^2$,即

$$\sum_{i=1}^{n} v_i^2 = \sum_{i=1}^{n} l_i^2 - 2L \sum_{i=1}^{n} l_i + nL^2$$

上式两边对 L 求一阶偏导数并令其等于零,显然,当残差的平方和$[vv]$对 L 的二阶偏导数

大于零时,其值最小。

$$\frac{\partial\sum_{i=1}^{n}v_i^2}{\partial L}=\frac{\partial\sum_{i=1}^{n}l_i^2}{\partial L}-\frac{2\partial L\sum_{i=1}^{n}l_i}{\partial L}+\frac{n\partial L^2}{\partial L}$$

$$\frac{\partial\sum_{i=1}^{n}v_i^2}{\partial L}=-2\sum_{i=1}^{n}l_i+2nL=0$$

$$\sum_{i=1}^{n}l_i-nl=0,L=\frac{\sum_{i=1}^{n}l_i}{n}=\bar{x}$$

又残差的平方和对 L 的二阶偏导数 $\frac{\partial^2\sum_{i=1}^{n}v_i^2}{\partial L^2}=2>0$,即 $L=\bar{x}$ 时,残差的平方和最小,这时求得的值 $L=\bar{x}$ 是最概率值。

可见,在消除系统误差的 n 次等精度观测中,观测值的最概率值就是算术平均值,这说明算术平均值与最小二乘法两者是统一的,然而,基于算术平均值发展起来的最小二乘法原理能够适用于更复杂的情况,从而获得更广泛的应用,使它成为数据处理的一项重要方法。

第六节 观测平差

自然界中任何未知量的真值都是无法确知的,只能通过重复观测,对其作出可靠的估计。重复观测的目的还在于发现和消除粗差,提高观测结果的精度。

重复测量形成了多余观测,加之每一个观测值必然存在的误差,这就产生了观测值之间的矛盾。为了消除矛盾,必须将一系列带有随机误差的观测值,通过合理的数学方法,按照一定的数据处理原则,采用适当的计算方法,对有矛盾的观测值加以必要而又合理的调整和修正,从而求得观测的最可靠值,同时对观测进行质量评估。这一数据处理的过程称作观测平差。

平差按性质分有直接观测平差、间接观测平差、条件观测平差。其中与航海专业密切相关的是前两种。按观测条件,又分等精度直接观测平差和非等精度直接观测平差。平差结果是得到未知量最接近其真值的、最可靠的估值,即“最概率值”。

一、标准误差最概率值的计算

设一组等精度观测值为 $l_i(i=1,2,\cdots,n)$.

最概率值为 $\bar{x}=\frac{l_1+l_2+\cdots+l_n}{n}=\frac{[l]}{n}$;

最概率值精度为 $\sigma_{\bar{x}}=\frac{\sigma}{\sqrt{n}}$,其中标准差 $\sigma=\pm\sqrt{\frac{[\Delta\Delta]}{n}}$ 为单一观测精度。

在实际观测中个别观测量的真值 X 是知道的,例如三角形内角和为 180°等,但绝大多数观测量的真值并不知道。由于真误差 $\Delta = l - X$,所以 $\sigma = \pm\sqrt{\frac{[\Delta\Delta]}{n}}$ 仅限于理论上讨论。标准误差实际上的计算则需借助残差来进行。

设 $l_i(i=1,2,\cdots,n)$ 是某量的 n 次等精度观测值,各观测值的真误差 $\Delta_{\bar{l}}$ 和残差 $\sigma_{\bar{l}}$ 为

$$\begin{cases}\Delta_i = l_i - X(i=1,2,\cdots,n)\\ v_i = l_i - \bar{x}(i=1,2,\cdots,n)\end{cases}$$

两式相减整理 $\Delta_i = v_i + \bar{x} - X = v_i + \Delta_{\bar{x}}$

其中 $\Delta_{\bar{x}} = \bar{x} - X = \frac{[l]}{n} - \frac{nX}{n} = \frac{\Delta_1 + \Delta_2 + \cdots + \Delta_n}{n} = \frac{[\Delta]}{n}$ 为算术平均值的真误差。

对等式 $\Delta_i = v_i + \frac{[\Delta]}{n}$ 两边平方后求和,则

$$[\Delta\Delta] = [vv] + 2[v]\frac{[\Delta\Delta]}{n} + n\left(\frac{[\Delta]}{n}\right)^2$$

由于残差之和 $[v]=0$,所以 $[\Delta\Delta] = [vv] + n\left(\frac{[\Delta]}{n}\right)^2$

两边除以 n $\qquad \frac{[\Delta\Delta]}{n} = \frac{[vv]}{n} + \left(\frac{[\Delta]}{n}\right)^2$

其中
$$\left(\frac{[\Delta]}{n}\right)^2 = \frac{(\Delta_1 + \Delta_2 + \cdots + \Delta_n)^2}{n^2}$$
$$= \frac{(\Delta_1^2 + \Delta_2^2 + \cdots + \Delta_n^2) + (2\Delta_1\Delta_2 + 2\Delta_1\Delta_3 + \cdots + 2\Delta_{n-1}\Delta_n)}{n^2}$$
$$= \frac{[\Delta\Delta]}{n^2} + \frac{2}{n^2}\sum_{i=1}^{n-1}\sum_{j=i+1}^{n}\Delta_i\Delta_j$$

则 $\sum_{i=1}^{n-1}\sum_{j=i+1}^{n}\Delta_i\Delta_j = 0$,因此

$$\Delta_{\bar{x}}^2 = \left(\frac{[\Delta]}{n}\right)^2 = \frac{[\Delta\Delta]}{n^2}$$

所以

$$\frac{[\Delta\Delta]}{n} = \frac{[vv]}{n} + \frac{[\Delta\Delta]}{n^2}$$

由标准差定义 $\sigma^2 = \frac{[\Delta\Delta]}{n}$ 可得

$$\sigma^2 = \frac{[\Delta\Delta]}{n} + \frac{\sigma^2}{n}$$

整理后,得到单一观测的标准误差最概率值计算公式,即

$$\sigma = \pm\sqrt{\frac{[\Delta\Delta]}{n-1}}$$

这一公式称为贝塞尔公式,可以表示观测量的随机误差及测量值的精密度。目前各种函数计算器都具备误差统计功能,可以直接计算观测量的算术平均值、标准差等。

最概率值的标准误差 $\sigma_{\bar{x}}$ 则为

$$\sigma_{\bar{x}} = \pm\frac{\sigma}{\sqrt{n}} = \pm\sqrt{\frac{[\Delta\Delta]}{n(n-1)}}$$

最概率值与最概率值的标准误差之代数和 $\bar{x} \pm \sigma_{\bar{x}}$ 称为观测结果。即观测结果的数值均包含在以 $\bar{x}$ 为中心、以 $|\sigma_{\bar{x}}|$ 为半径的邻域之内。

例如,观测结果 25°36′.8 ±0′.4,表示观测结果数值在区间(25°36.4′,25°37.2′)内。

航海观测常用95% 不确定度描述最概率值的精度,即观测结果为 $\bar{x} \pm 95\%$,其不确定度为 $\bar{x} \pm 1.96\sigma_{\bar{x}} \approx \bar{x} \pm 2\sigma_{\bar{x}}$

因此,在进行平差计算时,为保证观测结果的精度,要将数值超过 $2\sigma_{\bar{x}}$ 的观测值作为粗差予以剔除。

二、等精度直接观测平差

等精度条件下,用观测仪器或器材直接测量所求量,并对所得到的观测数据进行处理的方法称为等精度直接观测平差。

(1)根据观测值 l_i 分别计算

①最概率值 $\bar{x} = \frac{[l]}{n}$;

②各单一观测值残差 $v_i = l_i - \bar{x}$;

③残差和$[v]$;

④各单一观测值的残差平方 v_i^2;

⑤残差平方和$[vv]$。

(2)计算单一观测标准误差 $\sigma = \pm\sqrt{\frac{[\Delta\Delta]}{n-1}}$

(3)若$|v_i| > 2|\sigma|$,将其对应的观测值作为粗差剔除,重新计算 $\bar{x}$、v_i、$[v]$、v_i^2、$[vv]$及 σ。

(4)求最概率值的标准误差:

$$\sigma_{\bar{x}} = \pm\frac{\sigma}{\sqrt{n}} = \pm\sqrt{\frac{[\Delta\Delta]}{n(n-1)}}\text{。}$$

(5)写出观测结果:$\bar{x} \pm \sigma_{\bar{x}}$。

例题Ⅳ -2 -5 六分仪观测某角度八次,观测值 l_i 记录如下表:

观测次序	1	2	3	4
观测值 l_i	53°40′.1	53°39′.8	53°42′.9	53°39′.0
观测次序	5	6	7	8
观测值 l_i	53°39′.2	53°39′.4	53°39′.1	53°39′.7

求该组观测值的单一观测标准误差、最概率值的标准误差和观测结果。

解：$\bar{x} = \dfrac{l_1 + l_2 + \cdots + l_8}{n}$

$$= 53°39' + \frac{1'.1 + 0'.8 + 3'.9 + 0' + 0'.2 + 0'.4 + 0'.1 + 0'.7}{8} = 53°39'.9$$

列表

观测值 l_i	残差 $v_i = l_i - \bar{x}$	残差平方 v_i^2	重新计算 v_i	重新计算 v_i^2
53°40'.1	+0.2	0.04	+0.6	0.36
53°39'.8	-0.1	0.01	+0.3	0.09
53°39'.9	+3.0	9		
53°39'.0	-0.9	0.81	-0.5	0.25
53°39'.2	-0.7	0.49	-0.3	0.09
53°39'.4	-0.5	0.25	-0.1	0.01
53°39'.1	-0.8	0.64	-0.4	0.16
53°39'.7	-0.2	0.04	+0.2	0.04
$\bar{x}$ = 53°39'.9	[v] = 0	[vv] = 8.28	[v] = -0.2	[vv] = 1

$$\sigma = \pm\sqrt{\frac{[\Delta\Delta]}{n-1}} = \sqrt{\frac{8.28}{7}} = \pm 1'.09$$

$$2\sigma = 2'.18$$

粗差检验：由表中数据看到观测值 l_3 的残差 $v_3 = 3' > 2\sigma = 2'.18$，将 l_3 视为粗差剔除，用其余观测值重新计算。

$$\bar{x} = 53°39' + \frac{1'.1 + 0'.8 + 0' + 0'.2 + 0'.4 + 0'.1 + 0'.7}{8} = 53°39'.5$$

$$[v] = -0.2 \qquad [vv] = 1$$

$$\sigma = \pm\sqrt{\frac{[\Delta\Delta]}{n-1}} = \pm\sqrt{\frac{1}{6}} = \pm 0'.41$$

最概率值标准误差

$$\sigma_{\bar{x}} = \pm\frac{\sigma}{\sqrt{n}} = \pm\sqrt{\frac{[\Delta\Delta]}{n(n-1)}} = \pm\sqrt{\frac{1}{7\times 6}} = \pm 0'.15$$

观测结果

$$x = \bar{x} \pm \sigma_{\bar{x}} = 53°39'.5 \pm 0'.15$$

三、等精度间接观测平差

在等精度条件下，根据一个或多个直接观测结果，利用一定的函数关系，求得被测量的方法称为等精度间接观测，即所求量与观测值之间具备一定的函数关系。

设函数 $z = f(x_1, x_2, \cdots, x_n)$

按所求量在函数表达式中所处的位置不同间接观测平差可分为：

(1)直接观测 $x_1, x_2, \cdots, x_n$ 的值，代入函数表达式求出 z 及误差。

(2)直接观测 z 的值，代入函数表达式反求出 $x_1, x_2, \cdots, x_n$ 及误差。

航海上以第二种为主。例如：$D = f(\varphi, \lambda)$，直接观测 D（物标间距数离），求 λ 及 φ（测者经、纬度）下面以二元一次方程 $z = f(x_1, x_2)$ 为例来研究等精度线性函间接观测平差的原理。

要得到未知量 x_1, x_2 的最概率值，须观测两次 z 得到两个方程，解方程组，即可求得.但在实际工作中，为了提高观测精度通常要进行多次观测，这样得到的方程个数就大于未知量的个数，因此用一般解方程的办法或算术平均值法求最概率值均无法求解。然而，我们知道，最概率值的取得是在残差平方和最小的前提下得到的，因此我们可以利用最小二乘法求出解最概率值的方程即法方程，从而解得未知量的值。

由以上原理可以得到等精度线性函数间接观测平差步骤：

①根据观测值列观测方程组，设 x_1, x_2 为所求量，l_i 为观测值。$l_i(i = 1, 2, \cdots, n)$，$n > 2$

$$a_i x_1 + b_i x_2 = l_i$$

②列残差方程组，$v_i = l_i - (a_i x_1 + b_i x_2)$，为便于计算，一般写为

$$-v_i = a_i x_1 + b_i x_2 - l_i$$

③由最小二乘法原理求残差平方和的最小值

若

$$[vv] = \sum_{i=1}^{n} (a_i x_1 + b_i x_2 - l_i)^2$$

为最小值，则

$$\begin{cases} \dfrac{\partial [vv]}{\partial x_1} = 2 \displaystyle\sum_{i=1}^{n} a_i (a_i x_1 + b_i x_2 - l_i) = 0 \\ \dfrac{\partial [vv]}{\partial x_2} = 2 \displaystyle\sum_{i=1}^{n} b_i (a_i x_1 + b_i x_2 - l_i) = 0 \end{cases}$$

$$\begin{cases} \displaystyle\sum_{i=1}^{n} (a_i a_i x_1 + a_i b_i x_2 - a_i l_i) = 0 \\ \displaystyle\sum_{i=1}^{n} (a_i b_i x_1 + b_i b_i x_2 - b_i l_i) = 0 \end{cases}$$

$$\begin{cases} [aa] x_1 + [ab] x_2 = [al] \\ [ab] x_1 + [bb] x_2 = [bl] \end{cases}$$

(3)求最概率值

$$\begin{cases} x_1 = \dfrac{[al][bb] - [bl][ab]}{[aa][bb] - [ab]^2} \\ x_2 = \dfrac{[aa][bl] - [ab][al]}{[aa][bb] - [ab]^2} \end{cases}$$

例题Ⅳ-2-6 观测中分别测得山高为 105 m，灯塔高为 16 m，山脚到灯塔顶高度为 120 m，试求灯塔高和山高的最概率值？

解:(1)列观测方程组

$$\begin{cases}1x_1+0x_2=105\\0x_1+1x_2=16\\1x_1+1x_2=120\end{cases}$$

(2)列表

n	a	b	l	a^2	b^2	ab	al	bl
1	1	0	105	1	0	0	105	0
2	0	1	16	0	1	0	0	16
3	1	1	120	1	1	1	120	120
$\sum$				2	2	1	225	136

$$\begin{cases}2x_1+x_2=225\\x_1+2x_2=136\end{cases}$$

解方程组,得最概率值

$$\begin{cases}x_1=104.7\\x_2=15.7\end{cases}$$

四、非等精度直接观测平差

非等精度直接观测是指在不同观测条件下进行的观测,在航海观测中,不同的仪器、不同的观测者、不同的观测方法、不同的观测次数等,得到的观测结果,都属于非等精度直接观测。由于对每次观测结果的信赖程度不同,需要通过非等精度直接观测平差得到最可靠的观测结果,即最概率值。

1. 非等精度直接观测的最概率值

在对某量进行非等精度观测时,各观测结果的标准误差也各不相同,各观测值便具有程度不同的可靠性。在求未知量的最可靠估值时,就不能像等精度观测那样简单地取算术平均值。非等精度观测值的可靠性,可用称为观测值“权”的数值来表示。“权”是权衡轻重的意思,观测值的精度愈高,其权愈大。

例如用六分仪分 A、B 两组观测太阳高度(见表Ⅳ-2-3),每组观测次数不同,每次观测的标准误差均为 σ,即每组内各观测值是等精度的。

表Ⅳ-2-3

组别	观测值	精度	观测结果 $\bar{x}=\frac{[l]}{n}$	观测结果的精度 $\sigma_{\bar{x}}=\frac{\sigma}{\sqrt{n}}$
A	l_1 l_2 l_3	σ σ σ	$\overline{x_1}=\frac{l_1+l_2+l_3}{3}$	$\sigma_{\overline{x_1}}=\pm\frac{\sigma}{\sqrt{3}}$
B	l_1 l_2	σ σ	$\overline{x_2}=\frac{l_1'+l_2'}{2}$	$\sigma_{\overline{x_2}}=\pm\frac{\sigma}{\sqrt{2}}$

这些观测值的可靠程度都相同,若每组分别取算术平均值作为最后观测结果的最概率值,则

$$\overline{x_1}=\frac{l_1+l_2+l_3}{3}$$

$$\overline{x_2}=\frac{l_1'+l_2'}{2}$$

由于两组观测次数不同,则有不同的观测精度,属于非等精度观测。故求最后结果的最概率值时应将两组观测值合为一组,则

$$\bar{x}=\frac{l_1+l_2+l_3+l_1'+l_2'}{5}=\frac{(l_1+l_2+l_3)+(l_1'+l_2')}{3+2}=\frac{3\overline{x_1}+2\overline{x_2}}{3+2}$$

显然,A 组的算术平均值$\overline{x_1}$精度高,可靠程度就高,在最概率值中所占的比例大,其权重也大;B 组的算术平均值$\overline{x_2}$精度低,可靠程度就低,在最概率值中所占的比例小,其权重也小。A,B 两组观测值在结果中所占的比例为 3∶2。

权只有相对意义,起作用的不是其数值的大小,而是其比值,权通常用字母 p 表示,且恒取正值。上面例子中,如果设 A 组$\overline{x_1}$权为 p_1,B 组$\overline{x_2}$权为 p_2,则最概率值

$$\bar{x}=\frac{p_1\overline{x_1}+p_2\overline{x_2}}{p_1+p_2}$$

这种计算方法实际上是各观测值的加权平均,比算术平均值更合理。同理可得,观测组数为 n,且各观测组的算术平均值为$\overline{x_i}$,相应的权为 p_i 时,最概率值为

$$\bar{x}=\frac{p_1\overline{x_1}+p_2\overline{x_2}+\cdots+p_n\overline{x_n}}{p_1+p_2+\cdots+p_n}=\frac{[px]}{[p]}$$

校核计算式$[pv]=0$

2. 权与标准误差的关系

一定的标准误差,对应着一个确定的误差分布。观测值的绝对误差越小,其值越可靠,权就越大。因此,也可根据绝对误差来定义观测值的权。

设 n 个非等精度观测值的标准误差分别为 $\sigma_1,\sigma_2,\cdots,\sigma_n$,则各观测值的权可以定义为

$$p_1=\frac{\lambda}{\sigma_1^2},p_2=\frac{\lambda}{\sigma_2^2},\cdots,p_n=\frac{\lambda}{\sigma_n^2}$$

其中 λ 可取为任意正常数。

前面所举的例子 A 组的 l_1,l_2,l_3 和 B 组的 $l_1'l_2'$ 是等精度观测,观测值的标准误差为 σ,则 A 组的算术平均值$\overline{x_1}$的标准误差 $\sigma_{\overline{x_1}}=\pm\frac{\sigma}{\sqrt{n}}=\pm\frac{\sigma}{\sqrt{3}}$,则 B 组的算术平均值$\overline{x_2}$的标准误差 $\sigma_{\overline{x_2}}=\pm\frac{\sigma}{\sqrt{n}}=\pm\frac{\sigma}{\sqrt{2}}$,于是

$$p_1=\frac{\lambda}{\sigma_{\overline{x_1}}^2}=\frac{\lambda}{\left(\frac{\sigma}{\sqrt{3}}\right)^2}=\frac{3\lambda}{\sigma^2}$$

$$p_2=\frac{\lambda}{\sigma_{\bar{x}_2}^2}=\frac{\lambda}{\left(\frac{\sigma}{\sqrt{2}}\right)^2}=\frac{2\lambda}{\sigma^2}$$

设式中任意常数 $\lambda=\sigma^2$，则 $\bar{x}_1,\bar{x}_2$ 的权为

$$p_1=3, p_2=2$$

由上式可知，权与标准误差的平方成反比。任意选择 λ 值，可以使权转化为便于计算的数值。

3. 权的计算方法

设观测 m 组，各观测组的标准误差为 $\sigma_i(i=1,2,\cdots,m)$。

（1）权与相应的标准误差的平方成反比，比例系数为 λ，则

$$p_1:p_2:\cdots:p_m=\frac{\lambda}{\sigma_1^2}:\frac{\lambda}{\sigma_2^2}:\cdots:\frac{\lambda}{\sigma_m^2}$$

由此式看出，权随着 λ 值的不同而不同，但比例关系不变，为保持相同的比例关系，同一问题中，只能取同一个 λ 值。在计算过程中，尽量取使得计算简单的 λ 值，以求得相应的权。

（2）权与各观测组标准误差 σ_i 及观测次数 $n_i(i=1,2,\cdots,m)$ 有关，有

$$p_1:p_2:\cdots:p_m=\frac{n_1}{\sigma_1^2}:\frac{n_2}{\sigma_2^2}:\cdots:\frac{n_m}{\sigma_m^2}$$

（3）单位权

在航海观测的数据处理中，为了计算方便，往往设某一观测结果的权为 1，称单位权，记作 p_0。p_0 作为其他观测结果之权 p_i 的标准。

例题Ⅳ－2－7 设对某一角度进行了 n 次观测，求其最概率值的权

解：设一测回角度观测值的标准误差为 σ，则最概率值的标准误差为

$$\sigma_{\bar{x}}=\frac{\sigma}{\sqrt{n}}$$

由权的定义并设 $\lambda=\sigma^2$，则一测回观测值的权为

$$p=\frac{\lambda}{\sigma^2}=\frac{\sigma^2}{\sigma^2}=1$$

算术平均值的权为

$$p_{\bar{x}}=\frac{\lambda}{\sigma_{\bar{x}}^2}=\frac{\sigma^2}{\frac{\sigma^2}{n}}=n$$

由例题Ⅳ－2－7 可知，取一测回角度观测值之权为 1，则 n 个测回观测值的算术平均值的权为 n。故角度观测的权与其测回数成正比。在非等精度观测中引入“权”的概念，可以建立各观测值之间的精度比值，以便更合理地处理观测数据。

例如，设每一测回的观测值标准误差为 σ，其权为 p_0，并设 $\lambda=\sigma^2$，则有

$$p_0=\frac{\lambda}{\sigma^2}=\frac{\sigma^2}{\sigma^2}=1$$

设某一观测结果的权为 p_0，其标准误差称作单位权标准误差，一般用 σ_0（或 μ）表示。对

于标准误差为 σ_i 的观测值，由于 $p_0\sigma_0^2 = p_1\sigma_1^2 = \lambda$，则其权 p_i 为

$$p_i = \frac{\sigma_0^2}{\sigma_1^2}$$

相应的有标准误差的另一表达式

$$\sigma_i = \sigma_0\sqrt{\frac{1}{p_i}}$$

例题Ⅳ－2－8 设观测某角两组观测结果为 L_1, L_2，相应的标准误差分别为 $\sigma_1 = \pm 0'.3$，$\sigma_2 = \pm 0'.2$，求这两组观测结果的权。

解：（解法一）$p_1 : p_2 = \frac{\lambda}{\sigma_1^2} : \frac{\lambda}{\sigma_2^2} = \frac{\sigma_2^2}{\sigma_1^2} = \frac{4}{9} = 4:9$

（解法二）令第一组观测结果的权为 1，即 $p_1 = 1$，则单位权标准误差

$$\sigma_0 = \sigma_1 = \pm 0'.3$$

$$p_2 = \frac{\sigma_0^2}{\sigma_2^2} = \frac{9}{4}$$

$$p_1 : p_2 = 1 : \frac{9}{4}$$

由此看到，不同方法求得权的计算结果不同，但比例关系不变，则它们在观测结果中，所占的比例不变。

4. 最概率值的精度

可以证明，单位权的标准误差 $\sigma_0 = \pm\sqrt{\frac{[pvv]}{m-1}}$

最概率值的标准误差

$$\sigma_{\bar{x}} = \pm\sqrt{\frac{[p]}{[p](m-1)}}$$

式中 $[p]$ 为加权残差平方和，m 为观测组数。

五、非等精度直接观测平差方法

（1）列表求各组算术平均值 $\bar{x}_i$ 及相应的权 p_i。

（2）求最概率值 $\bar{x} = \frac{[px]}{[p]}$。

（3）求各组残差 v_i、加权残差 p_iv_i 及加权残差和 $[pv]$。

在非等精度直接观测中 $[pv] = 0$，但由于凑整误差，使 $[pv] \neq 0$，一般

$$[pv] < \frac{1}{2}[p]$$

（4）求各组加权残差平方 $p_iv_i^2$，加权残差平方和 $[pvv]$。

（5）求单位权标准误差。

$$\sigma_0 = \pm\sqrt{\frac{[p]}{(m-1)}}$$

(6)求最概率值的标准误差。

$$\sigma_{\bar{x}} = \pm\sqrt{\frac{[p]}{[p](m-1)}}$$

(7)列出观测结果 $\bar{x} \pm \sigma_{\bar{x}}$。

例题Ⅳ-2-9 设对某角进行四组观测,其中 $\bar{x}_i$ 为每组观测的算术平均值,σ_i 为单一观测精度,n_i 为每组观测的次数($i=1,2,3,4$)。

第一组:$\bar{x}_1 = 36°25'.6, \sigma_1 = \pm 0.1, n_1 = 3$

第二组:$\bar{x}_2 = 36°25'.1, \sigma_2 = \pm 0.3, n_2 = 18$

第三组:$\bar{x}_3 = 36°25'.4, \sigma_3 = \pm 0.4, n_3 = 16$

第四组:$\bar{x}_4 = 36°25'.9, \sigma_4 = \pm 0.2, n_4 = 16$

求:(1)各观测组的权;

(2)单位权的精度;

(3)该角度的最概率值及精度。

解:设各组权为 p_1, p_2, p_3, p_4,则

$$p_1 : p_2 : p_3 : p_4 = \frac{n_1}{\sigma_1^2} : \frac{n_2}{\sigma_2^2} : \frac{n_3}{\sigma_3^2} : \frac{n_4}{\sigma_4^2} = \frac{3}{0.01} : \frac{18}{0.09} : \frac{16}{0.16} : \frac{16}{0.04} = 3:2:1:4$$

令 $p_3 = p_0 = 1$,则 $p_1 = 3, p_2 = 2, p_4 = 4$,则该角最概率值 $\bar{x}$ 为

$$\bar{x} = \frac{[px]}{[p]} = \bar{x}_0 + \frac{[px]}{[p]} = \bar{x}_0 + \frac{p_1\bar{x}_1 + p_2\bar{x}_2 + p_3\bar{x}_3 + p_4\bar{x}_4}{p_1 + p_2 + p_3 + p_4}$$

$$= 36°25' + \frac{0'.6\times3 + 0'.1\times2 + 0'.4\times1 + 0'.9\times4}{3+2+1+4} = 36°25'.6$$

x_i	v_i	p_i	p_iv_i	v_i^2	$p_iv_i^2$
36°25′.6	0	3	0	0	0
36°25′.1	−0.5	2	−1	0.25	0.50
36°25′.4	−0.2	1	−0.2	0.04	0.04
36°25′.9	+0.3	4	+1.2	0.09	0.36
$\bar{x}$ = 36°25′.6		[p] = 10	[pv] = 0		[pvv] = 0.90

$$\sigma_0 = \pm\sqrt{\frac{[pvv]}{m-1}} = \pm\sqrt{\frac{0.9}{4-1}} = \pm 0'.55$$

$$\sigma_{\bar{x}} = \pm\sqrt{\frac{[pvv]}{[p](m-1)}} = \pm\sqrt{\frac{0.9}{10\times3}} = \pm 0'.17$$

即观测组各组的权为 $p_1 = 3, p_2 = 2, p_3 = 1, p_4 = 4$。

单位权的精度 σ_0 为 $\pm 0'.55$。

该角的最概率值为 $\bar{x} = 36°25'.6$,其精度为 $\pm 0'.17$。

复习题Ⅳ

1. 误差的来源与分类是什么?

2. 误差的处理方法是什么?

3. 什么叫直接观测和间接观测?

4. 什么叫等精度观测和非等精度观测?

5. 随机误差的衡量标准是什么?

6. 随机误差具有哪些特征?

7. 等精度条件下观测某一角度,误差数据如下:

$-6''$, $+10''$, $+12''$, $+4''$, $+3''$, $-11''$, $+15''$, $-4''$, $-13''$, $-18''$, $-5''$, $+7''$

求:(1)该观测组的标准误差;

(2)使用前面 7 次观测数据求标准误差;

(3)比较两个标准误差,可以说明什么?

8. 对某基线的长度测量 5 次,分别为 82.15 m,81.37 m,83.46 m,82.59 m,82.23 m,基线长 82.36 m,试求该观测组的标准误差。

9. 随机误差出现的概率有何规律?

10. 对某角测量 300 次,每次测量的标准误差 $\sigma = \pm 4'$,则 300 次中

(1)误差在 $-2'.7$ 和 $+2'.7$ 之间的测量有多少次?

(2)误差的绝对值大于 $8'.0$ 的测量有多少次?

(3)误差在 -4.0 和 $+7'.8$ 之间的测量有多少次?

(4)误差的绝对值大于 $12'.0$ 的测量有多少次?

11. 为什么说在等精度观测条件下算数平均值是最概率值?

12. 什么叫残差? 残差的特性是什么?

13. 用六分仪等精度观测某高度角 7 次,结果如下:

15°15'.3,45°15'.6,45°15'.5,45°15'.3,45°15'.4,45°16'.4,45°15'.7

求:最概率值。

14. 用六分仪等精度观测一组太阳视半径,数据如下:

15'.9,15'.8,16'.2,16'.1,15'.8,15'.9,15'.8,16'.0

求其最概率值。

15. 已知真航向 $TC = CC + Var + \delta$,读取磁罗经航向 CC 的标准误差为 $\pm 0°.3$,从海图上选取磁差 Var 的标准误差为 $\pm 0°.3$,而从自差表中选用自差 δ 的标准误差为 $\pm 0°.5$,求真航向 TC 的标准误差。

16. 已知高度差 $Lh = h_t - h_c$,真高度 h_t 是连续观测 3 次得到的,每次单一观测标准误差为 $\sigma = \pm 1'.0$,计算高度 h_c 的标准误差为 $\sigma_{h_c} = \pm 0'.2$,求高度差的标准误差 σ_{Dh}。

17. $a = 4b - 3c - 2d$,已知 b, c, d 的标准误差分别为 $\sigma_b = \pm 1'.2$,$\sigma_c = \pm 1'.0$,$\sigma_d = \pm 1'.3$,求 a 的标准误差 σ_a。

18. 填空

(1)误差主要分为(　　)和(　　)。

(2)随机误差的衡量标准有(　　　)、(　　　)、(　　　),它们之间的关系是(　　　),(　　　　　)。

(3)等精度观测中,最概率值的标准误差公式为(　　　)。

(4)已知真航向 $TC = CC + Var + \delta$,则真航向的标准误差为(　　　　　)。

(5)随机误差的特性有(　　　)、(　　　)、(　　　)、(　　　)。

(6)标准误差值越(　　),观测中(　　)误差越(　　　),观测精度越(　　　)。

(7)等精度观测中观测结果的最概率值为(　　　)。

(8)对某一基线的 100 次测量中,标准误差均为 ±0.6 m,则 100 次观测中,误差介于 −1.2 m～−0.6 m 的约有(　　)次。

(9)误差传播规律(　　　　　　　　　　　)。

试写出两个常用函数误差传播公式(　　　　　　)、(　　　　　　)。

(10)残差的特性有(　　　)、(　　　)。

19. 等精度条件下对某方位角观测 6 次,结果如下:

62°35′.2,62°35′.7,62°35′.5,62°35′.4,62°35′.3,62°35′.6

求:观测的最概率值。

20. 测定船舶与某灯塔间的水平距离 $D = H\cot\alpha$,已测得垂直角 $\alpha = 0°41'.5$,$\sigma_\alpha = \pm 1'.0$,灯塔高 $H = 44.44$ m,$\sigma_H = \pm 0.04$ m,求距离及 D 其标准误差 σ_D。

21. 某角真值 47°15′.4,观测值分别为:

47°15′.2,47°15′.3,47°15′.5,47°15′.1,47°15′.6,47°15′.7,47°16′.4

求:该角的标准误差。

22. 对某角度进行 7 次等精度观测,结果如下:

72°42′.2,72°42′.9,72°42′.4,72°42′.2,72°42′.5,72°42′.3,72°42′.4

求:最概率值、单一观测精度和观测结果的 95% 不确定度。

23. 用六分仪等精度观测一组太阳视半径数据如下:

15′.9,15′.8,16′.2,16′.1,15′.8,15′.9,15′.8,16′.0

求其最概率值及其精度。

24. 已知 $T = \alpha + \beta$ 现分别对角 α 和角 β 进行测量,记录如下:

α:58°41′.1,58°40′.3,58°40′.6,58°40′.8,58°41′.0

β:45°02′.7,45°02′.8,45°02′.6,45°02′.0,45°03′.3

求:(1) T 的最概率值,(2) T 的标准误差。

25. 海上测得灯塔高为 18 m,山高是塔高的 3 倍,塔顶到山脚的高度为 70 m,试求塔高和山高的最概率值。

26. 甲、乙两人同时对某一角度进行观测,结果为:

甲:37°26′.5,37°26′.3,37°26′.1;

乙:37°26′.8,37°26′.5,37°26′.9,37°26′.7,37°27′.1。

试求:(1)上述各观测组的权;

(2)单位权的标准误差;

(3)加权算术平均值及其标准误差。

27. 甲、乙二人对某一基线进行测量,测量值如下:

甲测量 9 次: 53. 41 m、53. 34 m、53. 27 m、53. 18 m、53. 23 m、53. 39 m、53. 46 m、53. 22 m、53. 29 m;

乙测量 5 次: 53. 44 m、53. 39 m、53. 24 m、53. 37 m、53. 46 m。

求:(1)甲、乙二人测量的最概率值各是多少?

(2)每人的单一观测精度和观测结果的精度各是多少?

(3)谁的最概率值较精确?

28. 大副、二副、三副、轮流用六分仪观测某一水平夹角,记录分别如下:

大副:$\bar{x}_1 = 45.2°, n_1 = 4$

二副:$\bar{x}_2 = 45.9°, n_2 = 3$

三副:$\bar{x}_3 = 45.5°, n_3 = 6$

其中:$\bar{x}_i$ 为每人观测的算术平均值;n_i 为每人的观测次数($i = 1,2,3$)

求:(1)各观测组的权;

(2)单位权的精度;

(3)该角的最概率值及其精度。

29. 对某一距离分三组进行观测,每组数据如下(单位:n mile):

第一组:$\bar{x}_1 = 16.5, \sigma_1 = \pm 0.3$

第二组:$\bar{x}_2 = 16.2, \sigma_2 = \pm 0.1$

第三组:$\bar{x}_3 = 16.9, \sigma_3 = \pm 0.5$

求:观测的最概率值及其精度。

30. 填空

(1)平差的目的是(　　　)、(　　　)、(　　　)。

(2) 在等精度观测条件下,最概率值的标准误差与单一观测的标准误差的关系是(　　　),其实用公式为(　　　)。

(3)权的含义是(　　　　　)。

(4)非等精度观测中,最概率值的计算公式(　　　)。

(5)由误差方程组得到的法方程组为(　　　)。

31. 用六分仪测量某物标的方位角,得到数据为:

47°40′.1,47°42′.8,47°41′.1,47°39′.8,47°40′.3,47°39′.5,47°39′.9

求:(1)测量中是否存在粗差;

(2)单一观测精度;

(3)观测的最概率值及其精度。

32. 六分仪指标差 $i=-\frac{1}{2}(I_1+I_2)$,其中 I_1 是太阳上边与其影像相切的读数,I_2 是太阳下边与其影像相切的读数。分别对 I_1、I_2 进行6次观测:

I_1:35′15″,35′10″,35′20″,35′15″,35′10″,35′25″

I_2:−35′15,−35′20,−35′10,−35′05,−35′10″,−35′15″

求:指标差 i 的最概率值及其精度 σ_i。

33. 测量一河的宽度,记录为:75.3 m、75.4 m、76.2 m、76.5 m、75.8 m、76.0 m、76.1 m、75.1 m,求河宽的最概率值及其精度。

34. 某船锚泊在某地,由大副和二副轮流使用同一架六分仪对同一水平夹角进行测量,分别得到如下两组数据:

大副:32°22′.0,32°22′.7,32°22′.2

二副:32°22′.9,32°22′.5,32°22′.4

求:这个角的最概率值及精度。

35. 分四组观测某角,其中:$\bar{x}_i$、σ_i、$n_i(i=1,2,3,4)$分别为每组观测的算术平均值、单一观测精度及观测次数,数据记录如下:

第一组 $\bar{x}_1=28°12'.0,\sigma_1=\pm3'.0,n_1=27$

第二组 $\bar{x}_2=28°15'.0,\sigma_2=\pm5'.0,n_2=25$

第三组 $\bar{x}_3=28°10'.0,\sigma_3=\pm2'.0,n_3=20$

第四组 $\bar{x}_4=28°18'.0,\sigma_4=\pm4'.0,n_4=32$

求:(1) 各观测组的权;

(2) 单位权的精度;

(3) 该角度的最概率值及其精度。

36. 船长、大副、二副、三副同时对某角度进行观测,其中每人观测的算术平均值和观测次数分别为 $\bar{x}_i$、$n_i(i=1,2,3,4)$,数据如下:

船长:$\bar{x}_1=26°40'03'',n_1=12$

大幅:$\bar{x}_2=26°40'07'',n_2=18$

二副:$\bar{x}_3=26°40'08'',n_3=24$

三副:$\bar{x}_4=26°40'05'',n_4=30$

求:观测组的最概率值及其精度。

37. 已知 $\sin 14°=0.2419$,$\sin 15°=0.2588$,用比例内插法计算 $\sin 14°12'$。

38. 见下表,求 $\varphi(1.83)$,$\varphi(1.87)$。

x	$\varphi(x)$
0.80	0.788 1
0.85	0.802 3
0.90	0.815 9

课外读物Ⅳ

天文定位

天文导航/定位系统的主要任务就是精确地拍摄一颗或多颗星的影像。从而获得这些星在CCD平面坐标系中的坐标,经星图识别算法后,知道了这些星在标准星库中的对应星号,也就知道了在天球坐标下的坐标,这样就得到了两个坐标系:CCD平面坐标和对应的天球坐标,通过计算,得到两个坐标系之间的位置传递函数,有了位置传递函数,就可以将CCD天文相机观测的目标在相机视场内的CCD平面坐标转换为天文坐标,完成观测目标的天文定位。

天文定位的基本原理:测者利用六分仪观测天体高度,并根据记录的天文钟测天时刻的世界时,可从《航海天文历》中查得天体坐标,相应地求得天体在地面上投影点的地理坐标。以该点为圆心、天体顶距(天体高度的余角)为半径画出天文船位圆;两个同时(前后紧接着的两次观测视为同时)观测得出的天文船位圆的交点,即为观测天体时的天文船位。这种天文船位圆的半径通常达数千海里,直接按上述方法作天文船位圆求船位是困难的。

天文定位的实用方法是在基本原理的基础上演进而来的,称高度差法(又称截距法)。

其定位步骤是:

①用六分仪测定天体的观测高度(hs),并记录观测时的世界时。

②根据观测时的世界时计算求得该天体的计算高度(hc)和计算方位(Ac)。

③将观测高度修正为天体真高度(ht)。

④求高度差(Dh),$Dh = ht - hc$。

⑤从推算船位依据Ac画出天体方位线,在该线上根据高度差截得一个截点(K)。

⑥通过K作天体方位线的垂线,即为天文船位线。

同时测得两条或两条以上的天文船位线,其交点即为天文船位。当测太阳中天(正午)高度或测北极星高度求船位线时,高度差法可以演进为测太阳中天高度求纬度或测北极星高度求纬度等方法。天体定位方式有同时测天定位和异时测天定位两种。前者主要是在晨昏朦影时同时观测两个或两个以上天体的高度进行定位;后者是在白天相隔一定时间观测太阳高度,根据两次观测的时间间隔,按移线定位的方法将两条天文船位线转移到同一时刻相交,定出船位。天文定位的精度取决于天文船位线的精度和两天体方位的夹角。天文船位线的精度主要取决于观测高度的精度和计时的准确性,两天体方位夹角以90°为最好。有经验的测者在良好条件下定位的误差一般不超过2海里。

天文定位所用仪器简单、可靠,定位方法独立性强,隐蔽性好,定位误差稳定,满足远离海岸时的航海要求。用常规六分仪观测天体高度须满足既能看到天体又能看到清晰的水天线两个条件。因此,天文定位的时机受天气条件限制,一般只能在晴朗的晨昏和白天进行定位。

天文定位技术是一门既古老又精确的导航方法,起源于航海。中国古籍中有许多关于将天文应用于航海的记载,西汉时代《淮南子·齐俗训》就说过:“夫乘舟而惑者,不知东西,见斗极则悟矣”,如果在大海中乘船而不知东方或西方,那观看北极星便明白了。宋代指南针应用于航海,大约到了明代,我国天文航海技术有了很大的发展,己能观测星的高度来定地理纬度。过洋牵星术,普遍用于航海导航,《郑和航海图》中就有四幅过洋牵星图,其中所标注位置误差一般不超过5度。

20世纪中叶,载人航天技术极大地促进了天文导航技术在航天领域的发展,阿波罗登月和苏联空间站都使用了天文导航技术。美国国家航空航天局在1998年10月发射的“深空一号”探测器所使用的自主光学导航系统(AutoNav),根据已知星历的小行星和恒星来定位,所确定的飞船轨道误差在250千米和0.2米每秒的范围。近年来高精度天文导航系统,已突破现白昼测星技术,白天可测得+2.5等星。

天文导航的主要优点在于它不需要建立陆基台站或向空间发射轨道运行体,是一种被动式的自主测量,不怕外界的电磁干扰和破坏,而且主要观测目标是距离遥远的永恒星体,因而有隐蔽性好、生命力强、可靠性高等优越性。在无线电导航和卫星导航受到干扰或破坏时,启用天文导航更具有深远的意义。由于天文导航有上述独特的优越性和军事上的重要意义,所以各国在发展诸如惯导、卫导、无线电导航的同时,从不间断地发展天文导航,且达到颇高精度,例如,德国在2002年研制出基于天文导航原理的天顶仪TZK2-D,测量地理经纬度的精确度已经达到0.2。

天文定位系统,是利用CCD天顶仪对测站天顶的星像进行拍摄,并对拍摄星图图像中的星体目标进行提取和精确定位;结合测站概略经纬度、拍摄天文时刻及基准电子星图库,对星图中的恒星目标进行匹配识别;最后,利用匹配识别的恒星信息通过天体物理学的方法进行解算,精确计算测站的大地经纬度等地理信息。

天文航海定位是针对船舶在海洋中行进时,对天体进行定位数据测量,通过反馈回的观测数据,应用天文定位理论,进行数学模型构建并运用相关的公式法则,对观测数据进行处理,最终确定船体地理位置的一门天体定位导航的科学。天文航海学涵盖了多个领域的理论,其涉及到用于天文定位的时间系统知识、天文数学、天文常识等。运用天文学的相关知识原理在航海中定位是一种常用的传统定位方法,尤其是船舶常用的电子导航定位系统被干扰或者毁坏时,船舶就会因无法辨别方位而不能正常的行驶,这时天文定位就会发挥其无可比拟的优势。如何将现代电子科学技术在天文定位中进行最有效的利用,使传统天文定位为人类更好的服务,是各个航海科研机构研究的重要指向,也是传统航海定位突破枷锁、瓶颈的一个重要契机。

美国的全球定位系统(GPS)、欧洲的伽利略定位系统、俄罗斯CLONSS(格洛纳斯)全球导航定位系统及中国的北斗导航定位系统已经投入使用或即将投入使用。随着电子科技导航的快速发展及其定位的精确性、快捷性及方便性;天文定位被逐渐的边缘化,但是它仍然是从事航海事业者的一门必修科目。因为天文导航定位的仪器相对比较简单而且容易操作,测量的物标是天体,不会因为人为的因素变化,可靠性高;天文定位的隐秘性高也是其一大优势,在定位操作过程中不会因为有电磁信号、光电信号而暴露，这在电子对抗战争中的作用不言而喻。

然而，天文航海定位亦有其缺陷，比如它的定位数据必须是人工测量，并且绘图、计算过程比较复杂且需要进行大量数据的处理，这些方面无不制约了天文航海定位的发展应用。尤其是全球导航定位系统显示的是船体的实时船位，而天文定位确定船体船位需要经过数据观测、数据处理及资料查询等相关过程，得到的船体位置是数据测量时的船位，与实时船位有一定的差距。对于快速航行的船舶，一次船体定位的计算过程需要的时间，就是十几海里到几十海里的距离，这对在海洋中行驶的船舶是致命的弊端。这促使我们必需寻找一种科学的方式避免这些缺陷，从而使天文航海定位能真正的为我们所用，使其在航海导航定位系统中发挥着不可或缺的作用。

总而言之，与现代全球导航定位系统相比，船体定位的滞后性为天文定位的致命弊端；将现代的电子技术应用于传统的天文定位，是解决这个问题的可行方案。将 STM32 单片机技术应用于天文航海定位，进行船用天文定位计算器的研制，这对传统天文定位数据处理效率差、定位精确度低及定位实时性滞后的弊端得到极大改善；航海从业者可以容易的操作仪器，读取所测量天体的各种相关的定位数据；将测量的天体定位数据，通过液晶屏输入，按键求解即可。从而不用再进行大量数据的人工运算处理、多条船位线的绘制及误差的分析与修正，极大方便了航海人员的航海定位的可操作性。